|grafit|

© 2012 by GRAFIT Verlag GmbH
Chemnitzer Str. 31, 44139 Dortmund
Internet: http://www.grafit.de
E-Mail: info@grafit.de
Alle Rechte vorbehalten.
Umschlaggestaltung: Peter Bucker
Druck und Bindearbeiten: GGP Media GmbH, Pößneck
ISBN 978-3-89425-409-4
1. 2. 3. 4. 5. / 2014 2013 2012

H. P. Karr, Herbert Knorr &
Sigrun Krauß (Hg.)

Kalendarium des Todes

Mord am Hellweg VI

Kriminalstorys

Herausgegeben von H. P. Karr, Herbert Knorr und Sigrun Krauß im Auftrag der *Kreisstadt Unna, Kulturbetriebe und* des *Westfälischen Literaturbüros in Unna e.V.* für die Veranstaltergemeinschaft *Mord am Hellweg*, Europas größtem internationalem Krimifestival.

Mord am Hellweg VI (15. September bis 10. November 2012) ist ein Projekt der Kulturregion Hellweg mit/oder in den Kreisen, Städten und Gemeinden Ahlen, Bergkamen, Bönen, Dortmund, Erwitte, Fröndenberg, Gelsenkirchen, Hagen, Hamm, Holzwickede, Kamen, Lüdenscheid, Lünen, Oelde, Recklinghausen, Schwerte, Soest, Unna, Unna (Kreis), Werl, Werne und Wickede (Ruhr) in Zusammenarbeit mit der *HanseTourist Unna*, dem Bürger- und Kulturzentrum *Rohrmeisterei Schwerte*, der *Evangelischen Akademie Villigst im Institut für Kirche und Gesellschaft der EKvW*, MELANGE *(Gesellschaft zur Förderung der Kaffeehauskultur e.V.)* und dem *Literaturmuseum Westfalen* (Kulturgut Haus Nottbeck) unter Federführung des *Westfälischen Literaturbüros in Unna e.V.* (Dr. Herbert Knorr) und der *Kreisstadt Unna, Kulturbetriebe* (Sigrun Krauß M. A.; V. i. S. d. P.).

Inhalt

Ein Kalendarium des Todes

Mit Mord(s)geschichten durch das Jahr

Der mörderische Hellweg ist zurück und dies ist der sechste Band der legendären *Mord-am-Hellweg*-Anthologien, in denen seit 2002 alle zwei Jahre Hellweg-Storys der besten deutschen und internationalen Krimiautorinnen und -autoren versammelt erscheinen. Kriminalgeschichten, die eigens für das größte europäische Krimifestival geschrieben werden. Vergleichbares? Fehlanzeige!

Doch *Mord am Hellweg VI* präsentiert in diesem Jahr nicht nur zweiundzwanzig neue spannende, witzige oder skurrile Mordgeschichten an den Spielorten des Festivals zwischen Lippe, Emscher und Ruhr, in Dortmund, Unna und Soest, Hamm, Hagen und vielen anderen Orten. *Mord am Hellweg VI* hilft Ihnen diesmal mit einem mörderischen Kalendarium durchs ganze Jahr – und auch durch das nächste, damit Ihnen die Zeit bis zum Festival 2014 nicht zu lang wird.

Das kriminelle Jahr am Hellweg beginnt etwa mit dem Neujahr in Ahlen, von dem der Schweizer Newcomer Sunil Mann erzählt, gefolgt vom Aschermittwoch in Hamm vom Altmeister Frank Göhre über den *Halloween in der Hellweg-Bahn* von Lokalmatador Raimon Weber bis hin zum Barbaratag in Kamen, über den Stefan Holtkötter Dinge zu erzählen weiß, die Sie in höchstes Erstaunen versetzen werden. Außer zu Ihrem Vergnügen können Sie die Geschichten natürlich auch als Warnung lesen – an welchen Tagen Sie besser nicht in bestimmten Städten auftauchen sollten, weil dann dort gerade mörderische Dinge passieren.

Das *Kalendarium des Todes* ist nämlich, wenn Sie so wollen, auch ein Sachbuch, ein warnender Weg- und Jahresweiser, der Sie etwa vor dem 1. April in Holzwickede warnt,

9

denn dort ist jede Art von Scherzen tödlich, wie der Kabarettist Erwin Grosche mit seiner Geschichte mehr als drastisch beweist. Die bayerische Erfolgsautorin Rita Falk schickt ihren Kultkommissar Franz Eberhofer an Silvester nach Gelsenkirchen, und auch wenn in dieser Fußballstadt ebenfalls die bayerischen Farben regieren – Blau-Weiß ist eben nicht Blau-Weiß!

Wie Sie an der Aufzählung unserer Autorinnen und Autoren schon gesehen haben, konnten in diesem Jahr eine ganze Reihe Prominente von Bühne, Funk und Fernsehen überzeugt werden, allein oder im Team mit ihrem/ihrer Lieblingskrimi-Autor/-in eine Hellweg-Story zu schreiben. Wie wir die Promis überredet haben? Nun, indem wir ihnen ein Angebot gemacht haben, das sie nicht ablehnen konnten: nämlich einen Auftritt beim größten Krimifestival Europas.

Also schrieb Marie-Luise Marjan mit Ralf Kramp über den Muttertag in Fröndenberg. Joe Bausch, bekannt als raubeiniger Pathologe aus den Kölner *Tatort*-Filmen, im wirklichen Leben Knastarzt in der JVA Werl, erzählt gemeinsam mit Nina George von einer tödlichen Liebe in Bönen. WDR-Moderator und Schauspieler Thomas Hackenberg fand auf der Buslinie R 81 der Verkehrsgesellschaft Kreis Unna die Inspiration zu seiner Story, und Opernstar René Kollo inszeniert mit seinem Mord bei Wagners *Götterdämmerung* ganz große Oper in Hagen.

Mit ihren unkonventionellen, überraschenden und originellen Storys sind unsere ›Grenzgänger‹ damit die perfekte Ergänzung für den klassischen Spannungsmix dieses Bandes, denn für ihn schreiben auch ausgewiesene Krimiautorinnen und -autoren wie Norbert Horst, Alexandra Kui, Gunter Gerlach, Jürgen Kehrer, Peter Godazgar, Volker Kutscher und viele andere.

Zu welchen Taten die Mitglieder dieser illustren Gesellschaft während ihrer ausführlichen Recherche vor Ort am Hellweg inspiriert wurden, können Sie im vorliegenden *Kalendarium des Todes* mit zweiundzwanzig ausgewählten

(Mords-)Feiertagen nachlesen. Und denken Sie erst gar nicht darüber nach, was wäre, wenn wir dreihundertfünfundsechzig Geschichten eingeplant hätten …

Und Spannung und Spaß haben Sie hoffentlich auch dabei. Wir wünschen es Ihnen jedenfalls.

H. P. Karr, Herbert Knorr und Sigrun Krauß
Nach Diktat aus dem Staub gemacht – bloß weg vom Hellweg!

Neujahr

Die Assoziation des Jahresendes mit dem Namen Silvester
(›Waldmensch‹, von lateinisch silva ›Wald‹) geht auf das
Jahr 1582 zurück. Damals verlegte die gregorianische Kalenderreform den letzten Tag des Jahres vom 24. Dezember auf den 31. Dezember, den Todestag des Bischof Silvester (im Jahr 335). Der liturgische Kalender führt den
Tag seit 813 auch als dessen Namenstag. Auf den 31. Dezember des alten Jahres folgt mit dem 1. Januar Neujahr,
der erste Tag des neuen Jahres, den viele Zeitgenossen nur
teilweise bei Bewusstsein erleben, weil sie noch mit dem
Abbau des Restalkohols von der Silvesterfeier beschäftigt
sind. Von einem Wendepunkt der mörderischen Art, der
in der Nacht auf Neujahr stattfindet, erzählt der Schweizer Sunil Mann in seiner Geschichte, die uns in die deutsche Vergangenheit zurückführt ...

Sunil Mann

Wiedersehen in Ahlen

Energisch schob er das Kinn vor, hielt die Luft an und holte aus – ein gezielter Hieb mit der Axt zwischen die Augen und das Schwein sackte zusammen. Der Schein der Laterne, die seine Frau mit zittriger Hand hochhielt, kerbte Schatten in Arthurs Gesicht, während er abwartend verharrte, die Axt bereits wieder erhoben, den Körper angespannt für den zweiten Schlag. Doch das Tier regte sich nicht mehr. Rasch legte er das Werkzeug zur Seite und beugte sich über die Sau, um ihr mit einem raschen Schnitt die Kehle zu durchtrennen. Dann richtete er sich schnaufend auf und warf seiner Frau einen fragenden Blick zu. Diese schüttelte beruhigend den Kopf. Außer dem sanften Gluckern des Blutes im bereitgestellten Zuber war nichts zu hören, Stille lag in dieser Juninacht über der Kolonie.

Sie hatten kein Licht gemacht, um jedes unnötige Risiko zu vermeiden. Im Dunkeln, beschienen nur von einem buttergelben Mond, überbrühten sie das Tier mit kochendem Wasser und schabten dann in mühseliger Arbeit die Borsten mit Dosendeckeln ab. Sie mussten leise sein, das kleinste Geräusch konnte sie verraten. Anschließend schleppten sie das Schwein hinunter in die Waschküche, wo Arthur irgendwann nach Kriegsbeginn dicke Nägel in die Tür geschlagen hatte. Gemeinsam hievten sie das Tier hoch, um es an den Hinterbeinen aufzuhängen. Dann trat sie einen Schritt zurück und wischte sich den Schweiß von der Stirn. Erst da bemerkte sie, wie Arthur sie angrinste, auf diese ganz besondere Art, und ehe sie sich wehren konnte, hatte er sie an sich gezogen und küsste sie ungestüm. Was doch der Geruch von Blut und rohem Fleisch in einem Mann auszulösen vermochte!

»Rasch, wir müssen uns beeilen!«, ermahnte sie ihn flüsternd und stieß ihn von sich weg. Sie konnte sich ein Kichern nicht verkneifen, als er nochmals nach ihrem Hintern grabschte. Widerwillig ließ er von ihr ab und griff zum Messer. Mit einer schwungvollen, von oben her geführten Bewegung trieb er dem Schwein die Klinge zwischen die Beine und schlitzte ihm den Bauch bis zum Hals auf.

Kartoffelschalen, dachte Gertrud, damals habe ich immer Kartoffelschalen auf den Herd geworfen oder Milch verschüttet, damit es so richtig stank. Sie erinnerte sich noch genau, wie sie das zerlegte Schwein auf Zehenspitzen in die kleine improvisierte Küche unter dem Dach getragen hatten, einen Raum, den sie schon am Tag zuvor mit Decken abgedichtet hatten, um den verlockenden Duft am Entweichen zu hindern, und wo Gertrud im Verborgenen das Fleisch in Gläser einkochte. In diesem warmen Sommer durften sie keine Zeit verlieren, sonst verdarb das Schlachtgut. Der Gestank der Kartoffelschalen sollte derweil verhindern, dass die Nachbarn misstrauisch wurden.

Denn auf den Hunger folgte der Neid und für ein schwarz geschlachtetes Schwein hätte man ihnen garantiert die Lebensmittelrationen gekürzt.

Merkwürdig, woran man sich später erinnert, dachte Gertrud und stützte sich auf den Stock, während sie mit schlurfenden Schritten auf das Taxi zuging, das vor der Pension auf sie wartete. Und andere Dinge vergisst man völlig. Oder versucht zumindest, nicht an sie zu denken.

Die Veranstaltung in der Stadthalle würde erst am Mittag beginnen, doch sie wollte vorher eine kleine Rundfahrt machen. Sie würde immer noch viel zu früh dort sein. Ob er wohl kommen würde? Lebte er überhaupt noch? Ihr Herz begann, heftig zu klopfen. Falls ja, was sollte sie zu ihm sagen? Dass sie vergeblich versucht hatte, ihn ausfindig zu machen? Dass es in den letzten fünfundsechzig Jahren keinen einzigen Tag gegeben hatte, an dem sie nicht an ihn gedacht hatte?

Bange blickte Gertrud aus dem Fenster, auf Ahlen, das ihr so fremd geworden war. Beinahe hatte sie den Ort nicht mehr erkannt. Wie schnell doch die Jahre vergangen waren.

»Da wohnen jetzt die Türken«, erklärte der Taxifahrer, dem exotischen Namen auf der Lizenz nach offenbar selbst nicht von hier, als sie ihm die Kolonie als erstes Fahrziel angab. »Zum größten Teil jedenfalls.«

Ob nach dem Krieg viele Juden zurückgekehrt seien, fragte sie.

Er zuckte vage mit den Schultern.

Wahrscheinlich nicht, dachte Gertrud, weshalb hätten sie auch zurückkommen sollen?

Ahlen, die erste judenfreie Stadt, damals im Jahr neununddreißig, man war stolz darauf. Nicht unbedingt in der Kolonie, dort stand man den Nationalsozialisten eher kritisch gegenüber, dafür umso mehr auf der anderen Seite der Bahngleise, welche die Stadt schon damals nicht nur geografisch zweiteilte.

»Hier ist es!«, rief sie, als das Taxi in die Kohlenstraße einbog, und klopfte aufgeregt von hinten an den Fahrersitz. »Halten Sie!«

Nachdem sie ausgestiegen war, blieb sie in einiger Entfernung von dem Haus stehen, als hielte ein unsichtbarer Zaun sie zurück. Die Fassade war neu gestrichen, ansonsten sah es genauso aus wie damals. Zwar wirkte die Protzkarre vor der Einfahrt fehl am Platz und die schreiend bunten Synthetikvorhänge hinter den Fenstern fand sie schlicht stillos, aber der Charakter der Kolonie, wie die von der Zeche für die Bergleute und ihre Familien erbaute Siedlung genannt wurde, war unverändert: schmale, saubere Sträßchen, an denen sich beinahe identisch aussehende Häuschen mit aufgeräumten Gärtchen eng aneinanderreihten und damit an die sterilen Vororte in amerikanischen Fernsehserien erinnerten.

Sie wollte sich gerade abwenden, als sich der bunte Vorhang zu bewegen schien. Schlagartig überkam sie ein Gefühl der Beklemmung. So wie damals. Als würde sie beobachtet.

Gertrud schnappte nach Luft. Niemand überwachte sie, redete sie sich ein, nicht mehr. Eilig machte sie kehrt, erst als sie das Taxi erreicht hatte, blickte sie nochmals zurück. Der Vorhang regte sich nicht mehr.

Angst hatte ihren Alltag bestimmt. Angst vor den Bombenangriffen; Angst, dass sie nicht genügend Essen zusammenkriegte und die Kinder hungern mussten, vor allem aber die Angst um Arthur. Dabei hatte die Zukunft so vielversprechend ausgesehen, damals, am schönsten Tag in ihrem Leben.

Sie hatten bis tief in die Nacht getanzt. Charleston, Walzer, Polka, der Swing kam gerade auf. Sie hatten erst kürzlich das Häuschen in der Kolonie bezogen und Gertrud hatte in Erfahrung gebracht, dass die Witwe Janssen gegenüber als eine der Ersten in der Nachbarschaft ein Grammofon besaß. Nach längerem Zureden und unterstützt durch einen Korb mit Esswaren, hatte die Janssen sich schließlich bereit erklärt, das Erdgeschoss ihres Häuschens für die Feier auszuräumen, und während die Jungen über die improvisierte Tanzfläche wirbelten, wurde im Heim des jungen Paares das Festmahl zubereitet. Immer wieder balancierten die stolzen Mütter üppig mit Fleisch und Bratkartoffeln beladene Platten in den Garten hinter dem Haus, wo Arthur mit seinen Brüdern Tische und Bänke für die Hochzeitsgäste aufgestellt und mit Girlanden und Lampions für ein stimmungsvolles Ambiente gesorgt hatte. Es wurde viel gelacht, getrunken auch, und es war bereits weit nach Mitternacht, als Gertrud unter dem Jubel der Menge eine Schüssel mit gebratenen Heringen gegen den Kater am nächsten Morgen auftrug.

Nachdem die letzten Gäste endlich aufgebrochen waren, nahm Arthur seine frisch angetraute Frau bei der Hand und führte sie die Treppe hinauf ins Schlafzimmer.

»Warte, ich hab etwas für dich«, flüsterte sie und überreichte ihm das Geschenk, für welches sie so lange gespart hatte. Verlegen hielt er das Medaillon der heiligen Barbara, der Schutzpatronin der Bergleute, in der Hand und betrachtete es lange. Da er keine Anstalten machte, es umzulegen, tat sie es schließlich für ihn. Dann klappte sie das mit einem winzigen Riegel verschlossene Schmuckstück wie eine Taschenuhr auf und hielt es ihm hin, damit er sehen konnte, was sie passend zugeschnitten und hineingesteckt hatte.

»Eine Fotografie von dir?« Seine Stimme klang heiser.

»So bin ich immer bei dir, unter Tag und auch sonst«, erklärte sie und legte die Hände auf seine Schultern. Als sie ihn küsste, bemerkte sie überrascht, dass seine Wangen tränennass waren.

Wahrlich der schönste Tag in ihrem Leben, dachte Gertrud wehmütig. Doch dann kam der Krieg und die Dinge begannen, sich zu verändern.

Am Anfang dachte sie sich nichts dabei, wenn die Witwe Janssen vormittags zu einem Plausch hochkam. Das war eben der Zusammenhalt in der Kolonie, sagte sie sich, der von vielen gepriesen wurde. So erfuhr sie immerhin stets den neusten Klatsch und war bestens darüber informiert, was in der Zeche lief. Die Witwe ließ sich auch mit bissigen Kommentaren über die Nachbarn aus und machte sich hinter vorgehaltener Hand über die Nationalsozialisten lustig.

Meist kam sie unangemeldet, stand unvermittelt vor der Tür, schon bald jedoch trat sie auch ein, ohne anzuklopfen. Gertrud, die sich jedes Mal erschreckte, wenn die Alte plötzlich in der Küche stand, traute sich nichts dagegen zu sagen. Denn auch über die Witwe Janssen erzählte man sich so dieses und jenes in der Kolonie.

Gertrud wusste, dass die Janssen ihren Mann bei einem Arbeitsunfall in der Zeche verloren hatte, seither beherbergte sie notgedrungen zwei Kostgänger. Die Häuser in der Kolonie waren den Bergleuten vorbehalten, erklärte Arthur, als Gertrud ihn eines Abends danach fragte. Verstarb einer Frau der Mann und niemand im Haushalt arbeitete im Pütt, verlor sie automatisch das Wohnrecht. Mit der Aufnahme der beiden Kumpel hatte die kinderlose Witwe immerhin vermeiden können, aus dem Haus vertrieben zu werden. Zudem besserte das Kostgeld ihre kärgliche Rente beträchtlich auf. Doch die wenig angenehme Situation, nach dem Verlust ihres Gatten mit zwei wildfremden Männern unter einem Dach hausen zu müssen, hatte sie bitter werden lassen. Wohl um allfälligen Gerüchten über sie und ihre Kostgänger vorzubeugen, trug sie stets eine griesgrämige Miene zur Schau, und wenn jemand in der Nachbarschaft beim Obmann wegen irgendeines Vergehens angeschwärzt worden war, konnte man sicher sein, dass die Janssen dahintersteckte.

Gertrud fiel erst allmählich auf, wie sich die Janssen auch bei ihr umsah, gründlicher als nötig gewesen wäre. Im Vorbeigehen inspizierte sie den Garten, überprüfte die Anzahl der Tiere im Schweinekoben hinter dem Haus und stellte den Kindern verfängliche Fragen. Doch außer dem hin und wieder schwarz geschlachteten Schwein, dem Lohn für ihre nachmittägliche Schufterei auf dem Feld beim Bauern, hatte sich Gertrud nie etwas zuschulden kommen lassen.

Bis Arthur den Russen mitbrachte. So sehr sie ihren Mann auch liebte, im Verlauf ihrer Ehe hatte Gertrud feststellen müssen, dass er ein zu weiches Herz hatte. Nicht unbedingt eine schlechte Charaktereigenschaft, das war ihr wohl bewusst, aber schließlich herrschte Krieg. Da konnte man sich kein Mitleid leisten.

Als immer mehr russische Gefangene zur Arbeit in der Zeche gezwungen wurden, kam Arthur oft völlig verstört nach Hause. »Die brechen vor Hunger zusammen!«, berichtete er ihr eines Abends fassungslos. Die Fremden würden schikaniert, manchmal verprügelt oder je nach Gutdünken der Aufseher sogar erschlagen. Jedes Tier würde besser behandelt.

»Halt dich da raus, hörst du!« Gertrud wusste, dass es strengstens untersagt war, mit Zwangsarbeitern in Kontakt zu treten. In der Kolonie kursierte die Geschichte einer Frau, die mit einem von ihnen angebändelt hatte und in der Folge ins KZ abtransportiert worden war.

Doch trotz ihrer Warnungen freundete sich ihr Mann mit einem Russen an, einem gewissen Sergej. Manchmal packte er einen Kanten Brot ein, um ihn dem neu gewonnenen Kumpel heimlich zuzustecken, hin und wieder ein Stückchen Wurst. Doch eines Abends kam Arthur ganz aufgeregt hereingestürzt, zog die Vorhänge zu und hastete dann durch die Küche zum Hintereingang, der zum Garten hinausführte.

Die aufflackernde Angst schnürte Gertrud die Kehle zu, als er den bis auf die Knochen abgemagerten Mann hereinbat. Dieser zierte sich, schaute Gertrud mit seinen tief in den Höhlen liegenden Augen unsicher an und wollte sich nicht einmal setzen. Erst als sie schließlich seufzend eine Schüssel Milchsuppe vor ihn hinstellte, ließ er sich nieder und begann zögerlich, dann gierig das Mahl zu verschlingen. Gertrud sah ihren Mann beklommen an, doch dieser zuckte nur mit den Schultern und griff nach dem Medaillon, das um seinen Hals baumelte, als wollte er sich damit gegen ihren Unmut schützen. Wider Willen musste Gertrud lächeln.

Suppe lief dem Russen übers Kinn, während er den Löffel immer wieder in den Napf tauchte. Die Kinder stießen sich tuschelnd an und sahen ihm fasziniert dabei zu. Als er fertig war, lehnte er sich mit einem wohligen Seufzer zurück und sah dankbar zu Gertrud auf. Als sich ihre Blicke trafen, zuckte sie erschrocken zurück und wandte sich nach Arthur um. Doch der schien nichts bemerkt zu haben. Für einen Sekundenbruchteil war da etwas in Sergejs Augen aufgeblitzt, das sie erschaudern ließ. Eine ganz andere Art von Hunger. Doch dann war der rohe Ausdruck auch schon wieder verschwunden und sie fragte sich, ob sie sich nicht geirrt hatte.

Schon wenige Tage später schmuggelte Arthur den Russen erneut an den Nachbarn vorbei, und nach einigen Wochen war es Gertrud bereits zur Gewohnheit geworden, vor dem Abendessen die Vordertür zu verriegeln, die Vorhänge zu schließen und einen Teller mehr aufzudecken.

Nachdem sie die verschlungenen Sträßchen der Kolonie hinter sich gelassen hatten, beschleunigte das Taxi und steuerte auf die Ahlener Altstadt zu.

»Wir sind da.« Der Taxifahrer deutete auf ein klobiges Bauwerk, dessen Fassade aus bräunlichem Spiegelglas bestand. Das war also die Stadthalle.

Gertrud war nach dem Krieg nicht mehr nach Ahlen zurückgekehrt. Erst als sie vor einigen Monaten durch Zufall gelesen hatte, dass man als Zeichen der Wiedergutmachung ehemalige Zwangsarbeiter aus dem Zweiten Weltkrieg nach Ahlen einladen wollte, hatte sie sich gesagt, dass es an der Zeit war, sich ihrer Vergangenheit zu stellen.

Diese Stadthalle hatte sie in ihrem Leben noch nie gesehen, doch der verglaste Klotz schien ihr nicht ins Stadtbild zu passen. Aber vielleicht war so was heutzutage ja modern.

Es war an einem Donnerstag geschehen, ein Dreivierteljahr vor Kriegsende. Im März noch hatten die Alliierten die Zeche bombardiert, der schwerste Angriff seit Langem, bei dem über zweihundert Menschen starben und unzählige Wohnhäuser zerstört wurden. Nur wenige Tage später wurde bereits wieder Kohle gefördert. Nicht alle Bergleute waren eingezogen worden, Arthur gehörte zu den Glücklichen, die nicht an die Front mussten. Aber die Arbeit war gefährlich geworden, die Zwangsarbeiter waren durch die permanente Unterernährung geschwächt und nicht voll einsatzfähig, gleichzeitig wurden die erfahrenen Zechenkumpel immer rarer.

So standen denn eines Mittags einige Kumpel vor ihrer Haustüre, drehten betreten die Mützen in den Händen und berichteten von dem ungesicherten Nebenschacht, in den Arthur gestürzt war. Unzugängliches Gelände. Keine Chance, die Leiche zu bergen, es tue ihnen leid.

Als wären ihre Stimmen von weit her gekommen, erinnerte sich Gertrud, während sie sich aus dem Taxi helfen ließ. Sie hatte einfach dagestanden und kein Wort hervorgebracht, während ihre Welt um sie herum zusammengebrochen war und eine Dunkelheit sie erfasst hatte, die sie in den folgenden Wochen beinahe verschlungen hätte. Hatte weinend vor einem leeren Grab gekniet und sich am liebsten selbst hineingelegt.

Mit zitteriger Hand kramte Gertrud ihren Geldbeutel hervor und bezahlte den Fahrer. Ich wüsste nicht, was ich getan hätte, dachte sie, wenn Sergej nicht gewesen wäre.

Sie hörte das zögerliche Klopfen an der Hintertür erst, nachdem sie das Kartoffelwasser abgeschüttet hatte. Als sie öffnete, stand er da, und im ersten Moment wäre sie ihm vor Erleichterung beinahe um den Hals gefallen. Dann hatte sie sich alarmiert umgesehen. Seit Arthurs Tod spionierte die Witwe Janssen noch häufiger hinter ihr her und kam zu allen möglichen Tageszeiten vorbei. Bei allem, was sie tat, bei jedem Schritt kam Gertrud sich beobachtet vor.

»Wir müssen leise sein«, wisperte sie, während sie Sergejs Hand ergriff und ihn rasch in die Küche hineinzog. Sie schloss die Vorhänge und drehte das Licht herunter, bevor sie ihm einen Teller Stampfkartoffeln hinstellte, doch er aß nicht sofort.

»Es tut mir leid, was mit Arthur passiert ist«, sagte er leise in gebrochenem Deutsch, und sie nickte, während sie gegen die aufsteigenden Tränen ankämpfte.

»Du bist hier immer willkommen«, erklärte sie mit fester Stimme. »Arthur hätte das so gewollt.«

Wie oft hatte er bei ihr gegessen! Gertrud seufzte, während sie sich auf der Tafel im Eingangsbereich der Stadthalle orientierte, in welchem Raum die Feier stattfinden würde. Manchen Abend hatten sie, als die Kinder längst im Bett waren, beim spärlichen Licht der Laterne gemeinsam am

Tisch gesessen und flüsternd Pläne geschmiedet! Wie das sein würde, nach dem Krieg. Was sie dann tun wollten. Man erfuhr von offizieller Seite wenig, aber nach allem, was erzählt wurde, würde es nicht mehr lange dauern. Der Hitler zeigte sich zwar unverwandt zuversichtlich, doch in der Kolonie gab man immer weniger auf das andauernde Propagandagebrüll.

Sergej brachte sie wieder zum Lachen. Mit diesem Blitzen in seinen stahlblauen Augen erzählte er ihr von Russland, den endlosen Wäldern, dieser Weite. War er bei ihr, konnte sie für ein paar Stunden die bedrückenden Sorgen vergessen. Noch hatte sich niemand von der Zeche gemeldet, doch Gertrud wusste, dass sie bald ausziehen müsste. Keines ihrer sechs Kinder war schon vierzehn und konnte für Arbeiten im Bergbau eingesetzt werden, und um Kostgänger aufzunehmen, fehlte ihr schlichtweg der Platz. Wenig begeistert hatte der Bauer, bei dem sie nachmittags arbeitete, zugesagt, sie und die Kinder vorübergehend aufzunehmen; sie wusste aber, dass längerfristig eine andere Lösung hermusste.

»Komm mit mir nach Russland!«, schlug Sergej an jenem verhängnisvollen Neujahrsmorgen des Jahres 1945 plötzlich vor.

Er hatte die Nacht bei ihr verbracht, war nach der Silvesterfeier in der Kolonie, an der Gertrud teilgenommen hatte, zu ihr ins Haus geschlichen. Als die Kinder endlich im Bett waren, hatte sich Gertrud zu ihm an den Küchentisch gesetzt und gemeinsam hatten sie die ganze Nacht diskutiert.

»Ach Sergej, was redest du denn da?« Gertrud flüsterte, um die Kinder nicht aufzuwecken

»Ich meine es ernst. Meine Familie besitzt ein großes Haus, da gibt es genug Platz für alle.«

»Aber was soll ich denn in Russland? Ich war doch noch nie weg von hier.«

»Wir werden Schweine halten, aber nicht nur zwei oder drei in einem Pferch hinter dem Haus wie du jetzt, sondern eine ganze Herde, dazu einen großen Garten anlegen …«

»Du bist ein Träumer, Sergej.«

»Ich meine es ernst. Komm mit mir!«

»Es ist spät. Du musst gehen!«, erklärte Gertrud und stand abrupt auf, doch er griff nach ihrer Hand und hielt sie fest.

»Wir könnten glücklich sein«, flüsterte er eindringlich.

Sie hielt inne und sah ihn mit plötzlichem Erkennen an, worauf er sich rasch erhob und sie an sich zog.

»Ich kann nicht«, flüsterte sie und schob ihn weg. »Es tut mir leid.«

Enttäuscht sah er sie an. »Weißt du denn nicht, dass ich dich …«

»Sergej!« Vor Schreck zuckte Gertrud so heftig zusammen, dass er sie auf der Stelle losließ.

Ein eiskalter Luftzug hatte sie gestreift und als sie zur Tür blickte, stand sie da. Mitten in der Küche. Wie lange, konnte Gertrud nicht sagen, doch lange genug, damit sich ein hämisches Lächeln auf ihrem Gesicht hatte breitmachen können. Hatte sie tatsächlich vergessen, die Haustür abzuschließen? Wahrscheinlich nachdem sie mit den Kindern draußen auf das neue Jahr angestoßen hatten.

»Hab ich doch richtig gesehn, dass hier jemand zu Besuch ist!« Die Janssen wandte sich zur Tür. »Die trauernde Witwe feiert also den Beginn des neuen Jahres in den Armen eines Zwangsarbeiters. Ich bin sicher, das wird eine ganze Menge Leute interessieren.«

»Witwe Janssen, bitte!« In ihrer Verzweiflung packte Gertrud sie am Ellbogen und riss sie herum, so heftig, dass die Frau zu Boden stürzte. Entsetzt schlug sich Gertrud die Hände vor den Mund. »Das wollte ich nicht!«

»Das wirst du bitter bereuen, du Hure!« Wütend rappelte sich die Witwe auf. »Im KZ wirst du an mich denken! Und deinen Liebhaber da werden sie noch erschlagen, bevor die Sonne untergeht, dafür werde ich höchstpersönlich sorgen!«

Wie versteinert verfolgte Gertrud, wie die Janssen nach der Türklinke griff. Im selben Moment streifte ihr Blick den Herd. Den Hackblock daneben. Ihr blieb keine Wahl.

»Witwe Janssen!«

Die gehässige Alte drehte sich nach ihr um.

Energisch schob Gertrud das Kinn vor, hielt den Atem an und holte aus – ein gezielter Hieb mit der Axt zwischen die Augen und die Witwe sackte zusammen.

Erstaunlich, was Schweine alles fressen, dachte Gertrud mit Schaudern und setzte sich in die hinterste Sitzreihe des noch leeren Saals in der Stadthalle. Für die Schweine im Koben hinter dem Haus war das damals ein üppiges Neujahrsmahl gewesen Es war nichts übrig geblieben.

Sergej hatte sie nie mehr gesehen. Wenige Tage nach dem Mord an Witwe Janssen wurde ihr förmlich mitgeteilt, dass sie ihr Haus zu verlassen habe, und wie abgemacht war sie mit den Kindern zuerst zum Bauern gezogen. Später dann, nach Kriegsende, zu Verwandten in der Nähe von Hamburg. Aus Briefen einer Nachbarin erfuhr sie vom rätselhaften Verschwinden der Witwe Janssen in der Neujahrsnacht. Man hatte einen ihrer Kostgänger verhaftet, mit dem sie angeblich eine Affäre gehabt hatte, mangels Beweisen war er aber bald wieder freigelassen worden.

Auch über Unruhen in der Kolonie wurde ihr berichtet, die Zwangsarbeiter hätten nach dem Zusammenbruch des Deutschen Reichs einige ihrer ehemaligen Peiniger umgebracht und Häuser geplündert. Gertrud hatte keine Ahnung gehabt, wie sie Sergej in dem Durcheinander der Nachkriegszeit wiederfinden sollte. Sie hatte nicht einmal gewusst, ob er noch lebte und falls doch, wohin es ihn verschlagen hatte.

Nachdem die Witwe Janssen blutüberströmt vor ihnen zusammengebrochen war, hatte er Gertrud noch geholfen, das zu tun, was getan werden musste und war dann aus dem Haus geschlichen, um ins Lager zurückzukehren. Als sie sich ein paar Monate später schriftlich bei der Zeche nach seinem Aufenthaltsort erkundigt hatte, hatte sie keine Antwort erhalten.

»Gertrud!«

Sie schreckte aus ihren Gedanken hoch und erblickte ein verwittertes Männchen, das mit ausgebreiteten Armen auf sie zuwackelte.

»Ich habe zu Gott gebetet, dass du kommst.«

»Sergej?« Beinahe hätte sie ihn nicht wiedererkannt. Wäre da nicht dieses Blitzen in seinen stahlblauen Augen gewesen. Mit einem Mal begann sie zu zittern.

Umständlich erhob sie sich und als sie in seine Arme sank, empfand sie ein Gefühl, als sei sie endlich zu Hause angekommen.

»Gertrud, Gertrud«, flüsterte Sergej mit rauer Stimme in ihr Ohr. »Ich hab dich so vermisst.«

»Meine Güte, Sergej, wie lange ist das her?« Ihre Tränen sickerten in den Stoff seines hellblauen Hemdes.

»Siebenundsechzig Jahre, vier Monate und dreizehn Tage.«

Sie hob den Kopf und sah ihn an. »So lange lass ich dich nie mehr warten.«

»Erinnerst du dich an unsere letzte Stunde? Damals konnte ich den Satz nicht beenden, wegen der Witwe Janssen ...«

»Lass uns von etwas anderem sprechen.«

»... doch jetzt kann ich es endlich tun: Ich liebe dich, Gertrud.«

»Sergej«, sagte sie leise und fuhr ihm über die eingefallene Brust. Plötzlich stutzte sie. Befingerte den Anhänger seiner Kette erneut und knöpfte dann mit hastigen Bewegungen sein Hemd auf.

Erschrocken wich Sergej zurück, doch sie zerrte ihn entschlossen am Hemdsaum zu sich hin und legte das Medaillon frei: die heilige Barbara.

»Ich kann dir alles erklären«, stammelte er, während sie den Verschluss aufschnappen ließ. Der Anblick ihres eigenen Fotos verschlug ihr den Atem. Exakt zugeschnitten, damit es passte. So wie sie es Arthur damals geschenkt hatte. Damit sie immer bei ihm sei, unter Tag und sonst auch. Entsetzt starrte sie Sergej an, mit einem Mal begreifend.

»Er ist damals gar nicht in den Schacht gestürzt, nicht wahr, Sergej? Du hast ihn hinuntergestoßen! Nachdem du ihn erschlagen und ihm das Medaillon abgenommen hast.«

»Gertrud, ich …« Sein Kinn zitterte.

Ohne das Ende seiner Entgegnung abzuwarten, schlug sie die Kette an seinem Hals über Kreuz, sodass die silbernen Glieder tief in die faltige Haut schnitten. Dann zerrte sie daran, mit der ganzen Kraft, die ihr das Leben gelassen hatte.

Valentinstag

Der Valentinstag ist der Tag der Liebenden. Benannt wurde er nach dem Bischof Valentin von Terni, der als Priester Trauungen vornahm – gegen das Verbot des Kaisers. Er starb am 14. Februar 268 durch Enthauptung. An diesem Tag überrascht man den geliebten Menschen mit Blumen (Rosen!) und Süßigkeiten (Pralinen!) oder einem kleinen Geschenk. Es hält sich zwar das Gerücht, der Valentinstag sei eine Erfindung der Blumenhändler und der Schokoladenhersteller, doch lassen sich dafür keine handfesten Beweise finden. Peter Godazgar glaubt in seiner Story fest daran, dass dieser Tag den Liebenden die schöne Gelegenheit gibt, dem anderen zu sagen: Merci, dass es dich gibt!

Peter Godazgar

Merci, Chérie, in Unna

Dienstag, 14. Februar 2006

Und dann erklang der Schluss der Arie *Amami Alfredo* aus *La Traviata*. Und Richard Gere kletterte die Feuerleiter hinauf, dieser mutige, mutige Mann. Der kleine Rosenstrauß, den er kurz zuvor gekauft hatte, klemmte zwischen seinen Zähnen, und er kletterte immer weiter, obwohl er unter dieser schrecklichen Höhenangst litt.

Dann war er endlich oben und dort nahm ihn Julia Roberts in Empfang, diese wunderschöne und doch so tief verletzte Frau, die ihr schweres, schweres Schicksal als Straßenmädchen so tapfer ertrug.

Und Richard fragte sie: »Und was passiert, nachdem der Prinz die Prinzessin aus dem Turm gerettet hat?«

Und Julia antwortete: »Die Prinzessin rettet daraufhin sein Leben.«

Und dann küssten sie sich.

Valentina schniefte. Das Taschentuch in ihrer verkrampften Hand war völlig durchnässt. Auch von rechts hörte sie jetzt leise Geräusche. Valentina war glücklich. Nicht nur, dass Sven ihr zum Valentinstag diesen schönsten aller Liebesfilme geschenkt hatte (dass er schon zwei Mal in ihrem DVD-Regal stand, spielte in diesem Moment eine untergeordnete Rolle), nicht nur, dass er ihn sich dann auch noch gemeinsam mit ihr ansah, nein: Er war auch noch gerührt!

Innerlich hatte sie ihm bereits verziehen, dass er das DVD-Geschenk mit einer Schachtel *Merci* komplettiert hatte, diesem Geschenk-GAU, diesem in Schokolade gegossenen Ausdruck an Ideenlosigkeit.

Valentina hasste *Merci*. Aber sie liebte Liebesfilme.

Vorsichtig äugte sie nach rechts.

Ihr Lächeln gefror.

Sven war neben ihr auf der Couch zusammengesunken, sein Kopf hing schief auf der Lehne. Ein Speichelfaden rann aus seinem rechten Mundwinkel, und die Geräusche, die Valentina eben noch als Ausdruck seiner tief empfundenen Rührung gedeutet hatte, waren nichts anderes als – irgendetwas zwischen Sabbern und Schnarchen.

Angeekelt wandte Valentina sich ab und starrte aus dem Fenster. Doch auch der Blick auf den großartig angestrahlten Turm der evangelischen Stadtkirche von Unna konnte ihre Laune nicht verbessern. Ihr wurde klar: Aus der Hochzeit, auf die sie sich gedanklich vorbereitete, seit Sven ihr vor zwei Monaten bei Kerzenschein im Restaurant *Flammes* einen Heiratsantrag ins Ohr geflüstert hatte, übrigens nach einer Kinomatinee mit dem Streifen *Vier Hochzeiten und ein Todesfall* im *Filmcenter* – aus dieser Hochzeit würde nichts werden.

Mittwoch, 14. Februar 2007

Sie saßen im *Morgentor* und hatten gerade den Nachtisch verspeist – eine Trilogie von irgendwas: drei winzige Töpfchen: Crème brulée, Walnusseis und eine Mousse von … von was noch mal? Ananas?

Dieser Schuft, dachte Valentina zärtlich, als sie ihren Blick durch die urige Gaststube in dem alten Fachwerkhaus schweifen ließ. Da tut er die ganze Zeit so, als sei der romantische Restaurantbesuch sein einziges Geschenk an diesem Tag. Und dann schiebt er auf einmal dieses Päckchen über den Tisch. Papier mit Rosenaufdruck, ein Schleifchen … oh, sie könnte ihn knuddeln!

Was da wohl drin war? Es fühlte sich irgendwie weich an. Ihr Herz klopfte, als sie vorsichtig das Geschenkband abstreifte und ein kleines längliches Päckchen herauszog.

Das war ja …

Lange starrte sie das Geschenk an und erwachte erst aus ihrer Trance, als sie Ulfs Stimme hörte: »Du hast keine im

Auto. Hab ich dir schon oft gesagt. Man muss aber eine haben.«

Sie starrte immer noch auf sein Geschenk. Eine Erste-Hilfe-Tasche.

»Man muss eine im Auto haben!«, wiederholte Ulf. »Sie lassen einen sogar durch den TÜV fallen, wenn man keine hat!«

Sie starrte auf die knallrote, pralle Tasche.

»Freust du dich denn gar nicht?«, fragte Ulf, der plötzlich aussah wie ein Seehundbaby. Kurz bevor es vom Holzknüppel getroffen wird.

Für den Bruchteil einer Sekunde spürte Valentina fast so etwas wie Mitleid.

Donnerstag, 14. Februar 2008

Dieter saß am Frühstückstisch, mampfte geräuschvoll sein Müsli und las gleichzeitig die *Westfälische Rundschau*. »Hohoho«, rief er fröhlich, ohne aufzuschauen. »Jetzt wird es gefährlich in Unna! Wir haben einen Serienkiller.«

»Wieso?« Valentina starrte gedankenverloren auf das *Notting-Hill*-Plakat an der Küchentür.

»Mordserie am Hellweg – drei tote Männer. Polizei hat keine Spur vom Täter.«

»Aha«, murmelte Valentina, aber sie war mit ihren Gedanken woanders. Ich bin jetzt achtunddreißig Jahre alt, dachte sie. Langsam wurde es Zeit, wenn sie noch Kinder haben wollte. Und sie wollte Kinder haben. Aber wollte sie sie mit Dieter? Sie starrte auf Hugh Grant. Ja, der würde ihr gefallen. Von den Augen her. Dazu ihr Kinn und Dieters dichter blonder Haarschopf …

»Hör mal«, sagte Dieter und begann mit Dramatik in der Stimme, aus der Zeitung zu zitieren. »Muss man also damit rechnen, dass in den kommenden Tagen erneut eine Leiche gefunden wird? Der Polizeisprecher verbannt das ins Reich der Spekulation. Dass die drei Opfer jeweils um den Valentinstag herum getötet wurden, sei wohl eher zufällig. Die

Opfer hätten sich nicht gekannt und die einzige, wenngleich rätselhafte Gemeinsamkeit sei, dass man bei allen ein Schokoladenpapier der Sorte *Merci* gefunden habe. Aber auch das …«

Nee, dachte Valentina, wieso sollten sich Rüdiger, Sven und Ulf auch gekannt haben?

Dieter sah von seiner Lektüre auf und grinste Valentina breit an. »Wo wohl das nächste Opfer abgelegt wird?«

Ach, Rüdiger, dachte Valentina mit einem Anflug von Zärtlichkeit. Er war ihr Erster gewesen … Allgemeinarzt, groß und schlank. Hätte sie ihm eine zweite Chance geben sollen? Nein – niemand nannte Leonardo DiCaprio einen aufgeblasenen Angeber und erklärte einem, dass man nach dem Untergang der *Titanic* unmöglich so lange im eiskalten Atlantik überleben und seiner Angebeteten dabei auch noch endlose Liebesschwüre ins Ohr hauchen könne. »Aus medizinischer Sicht völliger Quatsch!«, hatte er gesagt. Selbst jetzt, vier Jahre später, spürte Valentina wieder die Wut in sich hochsteigen. Als ob es darauf ankäme!

»Hörst du mir überhaupt zu?«

Sie schreckte hoch. »Was?«

Dieter lächelte sie an und deutete auf den mit einer Schleife verzierten Umschlag, der neben ihrem Teller lag: »Alles Liebe zum Valentinstag!«

Später am Abend spazierten sie, die Arme untergehakt, die Bahnhofstraße entlang, kreuzten den Marktplatz, bogen in die Massener Straße ein und standen schließlich vor Unnas Kino, dem *Filmcenter*, um Dieters Geschenk einzulösen. Zwei Kinogutscheine.

Valentina freute sich. Sie war zwar kein großer Til-Schweiger-Fan, aber *Keinohrhasen,* der aktuelle Streifen des Schönlings, versprach immerhin ein Mindestmaß an romantischer Abendunterhaltung am Valentinstag.

Doch dann hörte sie irritiert, wie Dieter an der Kasse sagte: »Zwei mal Kino zwei bitte.«

Kino zwei? Lief *Keinohrhasen* nicht im Kino vier? Aber da drehte sich Dieter auch schon um und zog sie in Richtung der Kinosäle.

»Läuft *Keinohrhasen* nicht in Kino vier?«, fragte sie, als sie am Süßigkeitenstand warteten.

»*Keinohrhasen*?« Dieter orderte mit einem Fingerschnippen einen Fünf-Liter-Eimer Popcorn. »Sorry, aber zwei Stunden die Knödelstimme von diesem Schweiger ... Nee, echt nicht.«

»Ähm ... Und was gucken wir stattdessen?«

Dieter sah sie strahlend an. »*Rush Hour 3*. Mit Jackie Chan. Dem lustigen kleinen Chinesen. Bei der Vorschau hast du ziemlich gelacht.«

»Ich habe aber die Teile eins und zwei nicht gesehen«, meinte Valentina matt.

»Ist auch nicht nötig. Frag mich einfach, wenn du irgendwas nicht verstehst.« Er nahm den Popcorn-Eimer entgegen und sagte zur Bedienung: »Und für meinen Schatz noch eine Packung *Merci*.« Er strahlte Valentina an. »Die magst du doch so, oder?«

Samstag, 14. Februar 2009

Einen Moment lang dachte Valentina: Er hat überhaupt kein Geschenk für mich. So erstaunt, wie Roger sie angesehen hatte, als sie ihm die DVD *Liebe braucht keine Ferien* überreicht hatte.

»Ach, Valentinstag?«, hatte er augenzwinkernd gesagt. »Is das heute?«

Später dachte sie: Hätte er doch bloß wirklich kein Geschenk für mich gehabt. Denn nach einem flüchtigen Blick auf die DVD und der Bemerkung, Cameron Diaz sei ja wohl »voll der heiße Feger«, hatte Roger ihr grinsend ein kleines, flaches Päckchen unter die Nase gehalten, das auf einer Packung *Merci* lag.

Valentina hatte die Schokolade mit einem sehr leisen Seufzer auf den Tisch gelegt und dann das Päckchen geöffnet. Sie musste eine Weile auf den Inhalt geglotzt haben, denn irgendwann fragte Roger: »Na?«

Sie sah erst Roger an und dann wieder das Geschenk. »*Love dice?*«

Roger kicherte: »Vorspielwürfel. Leuchten sogar im Dunkeln.«

»Vorspielwürfel?«

»Unterwerft euch gemeinsam der Macht der Würfel …«, las Roger von der Packung ab, »… und ihr werdet völlig neue Dinge erleben. Immer und immer wieder.« Er grinste anzüglich. »Ist ein Klassiker unter den erotischen Geschenken.«

Valentina versuchte, es positiv zu sehen. Okay, er hatte sich offenbar Gedanken gemacht. Doch bedeutete *dieses* Geschenk im Umkehrschluss nicht auch, dass er mit seinem, besser: mit ihrer beider, Liebesleben unzufrieden war?

Als sie die Würfel später im Bett ausprobierten, stellte sich heraus, dass das nicht der optimale Ort für ein Würfelspiel war, einfach, weil die Dinger dauernd in der Besucherritze zwischen den Matratzen verschwanden. Aber man fand sie da auch schnell wieder, denn sie leuchteten tatsächlich.

»Los, wirf!« Roger drückte ihr die Würfel in die Hand. Valentina ließ sie vorsichtig auf die Bettdecke rollen und las: »*Body*. Und *Nipples*.« Sie sah Roger an. »Und nun?«

»Tja …«, machte Roger. »*Body* halt, wir können uns ja umarmen. Und du kannst vielleicht an meiner Brust …, also … meine … na ja … ähmm … Wäre natürlich besser gewesen, wenn *ich Nipples* gewürfelt hätte.« Er griff die Würfel und rollte sie über die Matratze. Einer kollerte auf den Boden. »*Massage*«, las Roger auf dem Würfel, der oben geblieben war. Dann lehnte er sich aus dem Bett, angelte nach dem zweiten. »*Ears*.«

»Aha«, meinte Valentina. »Das heißt, ich bekomme jetzt von dir eine Ohrenmassage oder was?«

Roger lehnte sich beleidigt zurück und verschränkte die Arme vor seiner behaarten Brust, die Valentina eigentlich nicht unattraktiv fand. »Ach, menno«, maulte er. »So macht's keinen Spaß! Du musst schon mitmachen.«

Valentina nahm ihm die Würfel aus der Hand und ließ sie wieder fallen. »*Suck* und *Lick*«, meldete sie.

»Na bitte«, meinte Roger erfreut und schob die Bettdecke nach unten. »Jetzt kommen wir der Sache doch schon näher.« Und während Valentina der Sache näher kam, wurde ihr immer klarer, dass dieses Vorspiel ein Nachspiel haben würde.

Sonntag, 14. Februar 2010

Ja, warum denn nicht? War doch völlig okay, den Valentinstag mal so zu verbringen. Ganz ohne einen idiotischen Macker, der im falschen Moment einschlief oder rülpste oder ohne Vorwarnung ihre Brüste betatschte oder ihr ein Duftwässerchen mit halb abgekratztem Sonderpreisetikett überreichte, als sei es ein Diamantcollier. Oder immer wieder diese verdammten *Merci*-Packungen!

Sie drückte eine Taste auf der Fernbedienung und der DVD-Spieler warf *Schlaflos in Seattle* aus. Sie packte die Silberscheibe in die Hülle, legte sie auf den Stapel zu *Notting Hill*, *Titanic* und *Ghost – Nachricht von Sam*. Bei der Zusammenstellung des Programms für ihre ganz persönliche Valentinstagsfilmnacht war sie auch auf *Rush Hour 1* und *Rush Hour 2* in der Jackie-Chan-Premium-Edition-Steelbox gestoßen. Dieter hatte ihr dieses Juwel des Martial-Arts-Kinos zwei Tage nach dem traumatischen Abend im *Filmcenter* geschenkt.

Auf dem Weg zur Toilette trat Valentina ans Küchenfenster und blickte hinüber zur evangelischen Stadtkirche. Der Turm strahlte hell im Licht – für Jennifer. So hatte es jedenfalls in der Zeitung gestanden: *Heute leuchtet der Kirchturm für Jennifer Schröpke, als Zeichen der Liebe ihres Mannes Heinz.*

Valentina schluckte und fragte sich, ob der Kirchturm eines Tages auch für sie leuchten würde?

Wieder im Wohnzimmer, griff Valentina zu *Tatsächlich ... Liebe*. Hugh Grant war ein würdiger Abschluss dieses perfekten, na ja, fast perfekten Abends. Seufzend startete sie die DVD und griff in die Chipstüte. Und schon während der ersten Szenen auf dem Londoner Flughafen kamen ihr die Tränen der Rührung.

Im nächsten Moment klingelte ihr Telefon. Ärgerlich sah sie auf das Display – und augenblicklich erhöhte sich ihr Pulsschlag. Valentina drückte auf die Taste mit dem grünen Hörer und hauchte: »Ja...aah?«

»Tut mir leid«, hauchte Klaus. »Es ging nicht eher. Hast du schon geschlafen?«

»Nei...hein«, hauchte Valentina zurück.

»Kann ich noch vorbeikommen?«

»Jetzt noch?«

»Zu spät?«

Valentina lächelte. »O nein ...«

Montag, 14. Februar 2011

Nein, auf gar keinen Fall! Es war ganz und gar nicht okay, den Valentinstag so zu verbringen. In einem Saal des *Filmcenters* bei einer Sondervorführung von *Bettgeflüster*. Allein! Und um sie herum nur Rentnerpaare, die nach *Old Spice* und *Tosca* rochen und bei jedem Dialog von Rock Hudson und Doris Day in asthmatisches Gelächter ausbrachen. Zum Kotzen!

Valentina war sauer. Klaus hatte sie versetzt. Wieder mal. Andererseits: Wunderte sie sich denn wirklich darüber? Wie oft schon war bei ihren Verabredungen irgendwas dazwischengekommen. Irgendwas? Na ja, wohl eher: irgendwer. Oder genauer: seine Frau. Eine gewisse Susanne, von der sich Klaus seit nunmehr zweieinhalb Jahren trennte.

Aber heute Abend, das war schon dreist! Valentina hatte vor dem *Filmcenter* gewartet und zugesehen, wie die Rentnerbrigade ihre Karten kaufte und gegenüber das Jungvolk die *Lindenbrauerei* zum Valentins-Rave enterte, als die SMS von Klaus kam: *Geh schon rein, ich komme auf jeden Fall noch dazu.*

Na klar, dachte Valentina und fragte sich, für wen wohl diesmal der Turm der evangelischen Stadtkirche strahlte.

Sie ärgerte sich über sich selbst, denn die Sache mit Klaus war doch von Anfang an zum Scheitern verurteilt gewesen. Der Klassiker: Geliebte eines verheirateten Mannes. Ha! Lächerlich! Valentina hatte es gleich gewusst, aber trotzdem nicht von Klaus lassen können.

Ach, Klaus … Der erste Mann, dessen Lieblingsfilme nicht *Matrix*, *Rambo* und *Terminator* waren. Der erste Mann, der bei *Casablanca* weinen konnte. Und es auch tat. Der erste Mann, der kochen konnte – und zwar richtig kochen, nicht nur eine Dose Ravioli aufwärmen. Der erste Mann, der zärtlich sein konnte. Und der dennoch männlich war. Und leidenschaftlich, o ja! Valentina dachte an die nächtlichen Treffen an warmen Sommerabenden im Kurpark Königsborn. Einmal hatten sie sich direkt unter der Halbkugel des Monopteros geliebt, diesem kleinen, kreisrunden Tempelchen mit den sechs Säulen, vor dem sich die Hochzeitspaare so gern knipsen ließen, wenn sie von der Trauung aus der Christuskirche herüberkamen.

Es war Valentina zwar zuerst ein bisschen pietätlos vorgekommen, weil sie ein paar Jahre zuvor hier im Kurpark erst Sven und danach auch Ulf abgelegt hatte – aber dann hatte Klaus sie mit seinen Zärtlichkeiten zuerst auf andere Gedanken und dann fast um den Verstand gebracht.

Die Nacht mit Klaus im Monopteros war zweifellos aufregend gewesen. Und doch: Hinterher blieb, wie stets, ein schales Gefühl. Es setzte spätestens ein, wenn er gegen Mitternacht hektisch wurde und sich mit einem »Ich muss los« verabschiedete.

Auf der Leinwand erkannte Doris Day gerade, welch übles Doppelspiel Rock Hudson mit ihr getrieben hatte. Valentina erschrak, als sich jemand neben sie setzte, der nach *Cool Water* duftete.

37

»Tut mir leid«, hauchte Klaus. »Ging nicht eher.«
Ach, Klaus! Sie beugte sich zu ihm und küsste ihn.

Dienstag, 14. Februar 2012

Schon komisch. Jetzt wohnte sie seit acht Jahren in Unna – und war doch noch nie im *Zentrum für Internationale Lichtkunst* gewesen. Sie stand im ZIB, dem *Zentrum für Information und Bildung*, vor jener Tür, hinter der sie gleich mit den anderen Gästen in die ehemaligen Lagerräume der *Lindenbrauerei* hinabsteigen würde.

Klaus' Frau war irgendwo im Ausland. Aber es war auch egal, wo sie war. Klaus hatte sich von ihr getrennt. Er hatte es tatsächlich getan.

Und nun stand er neben ihr. Hielt ihre Hand. Keine Versteckspiele mehr. Keine schnellen Nummern im Kurpark, keine hastigen Aufbrüche. Wobei, die Nummern im Kurpark, die könnte man doch beibehalten. Quasi als nostalgische Reminiszenz an alte Zeiten. Alles würde gut werden. Sie hatte es geschafft. Acht Jahre ohne Medikamente, dachte Valentina mit einem gewissen Stolz. Es hatte gutgetan. Na ja, nicht allen – aber *ihr*, ihr hatte es gutgetan, und das war ja wohl das Wichtigste.

Sie sah zu Klaus hinauf, er erwiderte ihren Blick. Ein kurzes Lächeln nur, dann wurde sein Gesichtsausdruck wieder ernst. Valentina hatte Verständnis dafür. Er hatte doch so viel um die Ohren. Er stand dermaßen unter Druck. Wie viele Tote waren es inzwischen? Ich verliere langsam den Überblick, dachte Valentina. *Merci*-Sven und Erste-Hilfe-Ulf am Monopteros, Action-Dieter vor dem *Filmcenter*, Vorspielwürfel-Roger vor dem Eingang des Casinos – und, ja, Joachim auf dem Verlobungsstein im Kurpark, nur einen Steinwurf vom Monopteros entfernt. Valentina kannte die Inschrift auswendig: *Setzt sich ein holdes Mägdelein / um Mitternacht, doch ganz allein, / ein Weilchen nur auf diesen Stein, / im selben Jahr wird Braut sie sein.*

Joachim, mein verklemmter Klempner, dachte Valentina

etwas wehmütig. Eigentlich war Joachim ja nur ein Mittel für sie gewesen, um Klaus zu ärgern, und es hatte ihn deshalb außer der Reihe getroffen, am Muttertag, als er sie beim romantischen Mondscheinspaziergang im Kurpark mit einer Packung *Mon Chéri* und einem Heiratsantrag überraschte.

Die Museumsführerin erschien und im selben Moment, in dem sie die Tür aufschloss, beugte sich Klaus zu Valentina herab und flüsterte ihr etwas ins Ohr.

»Die nächste Installation heißt: *Tunnel of Tears*, der Tränentunnel«, sagte die junge Frau zwanzig Minuten später, als sie die Besucher in einen rot beleuchteten Raum führte, hinter dem ein blau beleuchteter lag.

Sie spürte, wie Klaus nach ihrer Hand suchte.

Die Führerin redete, aber Valentina verstand kein Wort. Tränentunnel, dachte sie nur immer wieder. Tränentunnel. Tränentunnel.

Klaus' Gesicht näherte sich ihrem. »Tut mir leid«, flüsterte er. Sie wankte der Gruppe hinterher in den blau beleuchteten Raum. Klaus fingerte schon wieder nach ihrer Hand, sie wehrte sich nicht.

»Tut mir leid«, hauchte Klaus erneut. »Ich bin einfach noch nicht so weit. Ich kann sie nicht verlassen.«

Valentina blieb stumm. Die Führerin redete. Die Gäste bestaunten den *Tunnel of Tears*.

»Valentina«, flüsterte Klaus. »Das verstehst du doch? Wir könnten … ich meine, wir könnten uns doch trotzdem weiter … sehen.«

Was Valentina sah, war ein dunkler Spalt am rechten Ende des blauen Raums. Sie nickte mechanisch.

Die Besuchergruppe setzte sich langsam in Bewegung, verließ den blauen Raum, ging zurück in Richtung des roten Gewölbes. Niemand achtete auf das Paar, das da im Tränentunnel zurückblieb.

Valentina griff nach seiner Hand und zog ihn ins Dunkle, das sich rechts am Ende des blau angestrahlten Raums auftat. Sie konnte spüren, wie sein Atem drängender wurde. Sie küsste ihn. »Mh …« flüsterte er. »Du schmeckst nach Schokolade …«

»So magst du es doch«, wisperte sie.

»Valentina«, murmelte er. »Wir können doch nicht …«

Aber gegen ihre Hand an seinem Gürtel tat er nichts.

»Keine Sorge, Liebster«, hauchte sie. »Es geht ganz schnell.«

Klaus Rebers wurde erst ein halbes Jahr später gefunden – nahezu unversehrt. Was kein Wunder war, angesichts der guten Kühlung in den Kellerräumen, wie ein eigens hinzugezogener Rechtsmediziner aus Köln bei der Pressekonferenz der Polizei erklärte. Es gab natürlich ein enormes Rauschen im Blätterwald. Kein Wunder, das war ja auch die Sensation schlechthin: Ausgerechnet der leitende Ermittler in der längst berühmt-berüchtigten Unnaer *Merci*-Mordserie war selbst ermordet worden – nach dem Genuss eines *Merci*-Riegels, wie die Analyse des Mageninhalts ergeben hatte.

Immerhin war der Unglückliche damit – wenngleich auf die denkbar makaberste Weise – von den Vorwürfen entlastet, die nach seinem Verschwinden die Runde gemacht hatten: dass er mit einer Jüngeren durchgebrannt sei. Dass er als Folge eines Burn-outs einfach abgetaucht sei.

Ja, der arme Kerl war zwischenzeitlich sogar selbst als möglicher *Merci*-Killer in Verdacht geraten.

Jetzt erlangte Klaus Rebers traurige Berühmtheit als das letzte Opfer der Mordserie. Zumindest in Unna.

Donnerstag, 14. Februar 2013

Valentina zündete die letzte Kerze an und schaute eine Weile gedankenverloren auf den festlich gedeckten Tisch.

Doch, sie fühlte sich wohl hier in Iserlohn. Die Kolleginnen in der Physiotherapiepraxis, in der sie seit einem Dreivierteljahr arbeitete, waren nett. Und die Kollegen auch. Vor allem einer. Heiner.

Heiner Kamphausen.

Valentina lief ein Schauer über den Rücken beim Gedanken an Heiners schlanke Hände, mit denen er bei ihr bis jetzt noch jede Verkrampfung in wirklich jedem Körperteil gelöst hatte. Es flirrte und surrte zwischen ihnen, dass ihr die Knie weich wurden. Nur dass Heiner ihr bis jetzt noch nicht gestanden hatte, was er für sie empfand. Aber er war kurz davor. Ihre *Pretty-Woman*-DVD lag startbereit im Player, da ertönte Musik von draußen. Sie eilte zum Fenster und riss es auf.

Und da war er, Heiner, dieser Mann, der sie so begehrte. Mit einem Strauß Rosen, den er in der Hand hielt, im Hof vor ihrem Fenster.

Und aus dem Rekorder, den er mitgebracht hatte, schallte Udo Jürgens.

Und Heiner, die Rosen zwischen den Zähnen, reichte Valentina die Geschenkpackung *Merci*, die er liebevoll mit einer selbst gebundenen Schleife verziert hatte.

Und Udo sang »Merci, für die Stunden, Chérie …«

Und Heiner wusste nicht, dass er in diesem Moment einen sehr, sehr großen Fehler gemacht hatte.

Aschermittwoch

Am Aschermittwoch ist nicht nur laut dem entsprechenden Karnevalsschlager ›alles vorbei‹, es beginnt auch die Fastenzeit, mit der im christlichen Glauben an die vierzig Tage erinnert wird, die Jesus fastend in der Wüste verbrachte. Die Fastenzeit beginnt am sechsundvierzigsten Tag vor dem Ostersonntag – frühestens am 4. Februar und spätestens am 10. März – mit der Spendung des Aschekreuzes und endet am Karsamstag. Von einer seltsamen Affäre, die am Aschermittwoch ihren dramatischen Höhepunkt erreicht, erzählt Frank Göhre.

Frank Göhre

Gut leben, früh sterben in Hamm

Costa Lazakis fuhr den ersten VRL-Bus des Tages. Es war die Linie 4 und es war Mittwoch, der 22. Februar.

Es war der Aschermittwoch.

Die Gründung der Stadt lag auf den Tag genau 786 Jahre zurück, doch das wusste der auf Rhodos geborene und in Werl aufgewachsene Costa nicht. Und er wusste auch nicht, dass der Oberbürgermeister der Stadt aus eben diesem Anlass rund sechshundert Bürgerinnen und Bürger sowie zahlreiche Ehrengäste in das Kurhaus Bad Hamm geladen hatte und wie schon im Jahr zuvor in seiner Begrüßungsrede anmerken würde, wie gut es sich in der inzwischen rund 190.000 Einwohner großen Stadt am Hellweg leben lasse.

Davon völlig unbelastet, lenkte Costa seinen Bus auf den Willy-Brandt-Platz. Und da sah er es. Er sah es im Licht der Scheinwerfer und der Tag war für ihn gelaufen.

An dem orangefarbenen Elefanten mit der Aufschrift *Gemeinsam mehr erreichen* lehnte steif wie ein Brett ein Mann. Er war nackt und auf seinem schlaff herabhängenden Geschlechtsteil steckte eine Miniaturnarrenkappe.

Helau, helau, helau, ihr Jecken!

Costa glaubte, seinen Augen nicht zu trauen.

Er vergaß zu bremsen. Der Bus rollte direkt auf den nackten Mann zu. Erst im letzten Moment riss Costa das Steuer herum. Doch nach wie vor blieb sein Fuß wie festgenagelt auf dem Gaspedal und so bretterte das Fahrzeug der Verkehrsgemeinschaft Ruhr-Lippe mit entsprechender Geschwindigkeit an die Abfalltonne neben der Eingangstür des rauchfreien Hammer Bahnhofs.

Das also war's dann.

Der Streifenbeamte Fred Meisenkötter, der kurz darauf mit seiner Kollegin eintraf, konnte den toten, aber keinerlei äußere Verletzungen aufweisenden Mann am Elefanten zweifelsfrei identifizieren. Es war sein Schwager Oliver Fritsche, als freiberuflicher Werbetexter von der Stadt damit beauftragt, zur heutigen Feier des Gründungsjubiläums eine aktuelle Diashow zu präsentieren. Mit abfälligem Blick auf das mit der Schellenkappe ausgestattete Glied des Toten kommentierte Meisenkötter: »Hat sich ausgebimmelt!«

Bimmel bimmel bam, bimmel bimmel bam – Fritsche kann!

Es war knapp drei Monate zuvor, im November letzten Jahres, als Oliver Fritsche tatsächlich noch konnte. Kerngesund und putzmunter stand er da auf dem matschigen Acker jenseits des Hafens der von Graf Adolf dem Ersten gegründeten Stadt und richtete seine Digitalkamera auf die Archäologin von der Uni Bochum. Sie hockte vor etlichen Tonscherben und einem alten Steigbügel.

»Interessant aber ist *das* hier«, sagte sie und hielt demonstrativ ein ovales Metallstück hoch.

»Moment, Moment«, stoppte Fritsche sie. »Das muss ich auf Band aufnehmen.« Vorher aber zoomte er ihr Gesicht noch nah heran, sehr, sehr nah. Sie hatte ein hübsches, schmales Gesicht mit hohen Wangenknochen, graugrünen Augen und einem sinnlichen Mund. »Fantastisch!«, rief er. »Ich denke, Ines, Sie sollten wirklich die Erzählerin in meiner Präsentation sein – ›Hamm, vom frivolen Badehaus zur Maximetropole‹, jetzt mal nur so in Kladde gesprochen. Wir müssen dann natürlich auch noch ein Shooting mit Ihnen auf einem unserer Elefanten machen!«

»Aber …«

»Kein aber, Ines. Kein aber.« Fritsche zog seinen kleinen Sony-Rekorder hervor und schaltete ihn ein. »Die Fakten – bitte. Ton läuft.«

»Aber ich kann vorerst nur vermuten …«

»Diese Münze in Ihrer Hand …«

»Herr Fritsche – bitte …«

»Oliver. Für Sie Oli. Ines – es ist doch nicht gänzlich aus der Luft gegriffen. Dieses Stück Metall kann doch durchaus die damals gängige Währung für – nun ja, für den Eintritt in ein etwas freizügiges Badehaus gewesen sein, das erste Badehaus unserer traditionsreichen Stadt – von Bad Hamm. Heilbad Hamm. Das ›Bad‹ kommt doch nicht von ungefähr.«

»Ich kann mich wirklich nicht darauf festlegen«, sagte die junge Archäologin und ließ das Metallstück wieder zurück in ein Plastiktütchen gleiten.

Sie trat dicht an Fritsche heran.

Sie roch verdammt gut.

»Bedrängen Sie mich nicht«, sagte sie und schenkte ihm ein kleines verschmitztes Lächeln.

Fritsche sah sich um. Niemand war zu sehen.

Er steckte den Rekorder weg und zog sie heftig an sich.

Ines widersetzte sich nicht, als er sie leidenschaftlich küsste.

… jaaaa, Fritsche kann!

»Du bringst Dreck ins Haus«, empfing ihn Tilde.

»Das war jemand vor mir«, sagte Fritsche und mühte sich aus den Gummistiefeln. Er musste sich dabei an der Garderobe abstützen. In dem ovalen Spiegel wurde das Gesicht seiner langjährigen Ehefrau sichtbar. Ihre Wangen waren gerötet.

»Fred war nur bis an die Tür. Er holt uns Pizza. Mir war danach.«

»Dann guten Appetit auch«, sagte er. »Ich muss mich fix umziehen. Ich habe noch einen Termin.«

»Zum Essen?«

»Du hast es erraten. Genialer Gedankenschluss, meine Liebe. Gratuliere. Ja, zum Essen. Zum Essen im *Denkma(h)l*. Und jetzt mach bitte Platz, ich will ins Bad.«

Tilde schnaubte entrüstet. Er beachtete sie nicht weiter, sondern zauberte sich in Gedanken Ines herbei – eine ger-

45

tenschlanke, jugendliche Erscheinung neben diesem Kartoffelsack.

Ha! Ha-ha!

Kartoffeln in den Keller, das Mädel macht die Tage heller!

Fritsche toupierte gerade sein Haar zu einer verwegenen Tolle, als er seinen Schwager Meisenkötter hereintrampeln hörte.

»Mein Gott, mein Gott!«, hörte er ihn rufen. »Mein Gott, Tilde – das ist furchtbar, das ist entsetzlich! Sie haben sie gerade gefunden! Hinter dem Schützenhof! Tabletten und Alkohol, eine ganze Flasche Wodka …!«

»Wen? Mona …?«

»Mein Gott, wie verzweifelt muss das Mädchen gewesen sein. Ist Oliver noch nicht zurück?«

Oliver Fritsche musste sich am Waschbecken abstützen. Ihm wurde übel. Er schloss die Augen und als er sie wieder öffnete, starrte er in sein aschfahles Spiegelbild.

Fritsche deutete vor dem offenen Grab auf dem kleinen Friedhof Mark eine Verbeugung an. Er schwitzte in seiner knapp sitzenden schwarzen Lederhose. Seine Schuhe drückten.

Er musste den Eltern die Hand reichen, seinen Nachbarn.

Er musste ihnen sein Beileid aussprechen. Der schon seit Jahren depressiven Mutter, dem herrischen Vater.

Fritsche fand keine passenden Worte. Er murmelte etwas in sich hinein.

Spatzen auf der Friedhofsmauer kennen keine tiefe Trauer.

»Ihr kommt doch noch mit in die *Alte Mark?*«, fragte Monas Vater.

Es klang wie ein Befehl. Es war ein Befehl.

Tilde kuschte. Sie nickte heftig.

Fritsche verachtete sie wieder einmal. »Tut mir leid, Heiner«, sagte er zu dem mit durchgedrücktem Kreuz dastehenden Preuß. »Ich muss noch ins Rathaus. Der Auftrag, du weißt. Diese Präsentation für das Stadtjubiläum im Februar. Ich hab nur noch ein paar Wochen …«

»Nur auf ein Glas – in Gedenken an Mona.« Die Mutter begann augenblicklich wieder zu schluchzen. Und auch seine Tilde tupfte mit einem Tempotuch an ihren Augen herum.

Fritsche spürte, dass sich eine Hand schwer auf seine Schulter legte.

»Selbstverständlich gehen wir mit«, sagte sein Schwager. Meisenkötter verstärkte den Druck, seufzte. »Ich will es immer noch nicht wahrhaben. Mir ist, als ob Mona erst gestern noch bei uns reingeschaut hat …«

»Ja, ja«, sagte Fritsche jetzt schnell.

»Ich muss dir ja nicht sagen, wie wichtig du ihr warst«, sagte Preuß.

Fritsche glaubte, in seinen Augen ein verächtliches, ein böses Funkeln zu bemerken. Diese Drecksau!

Fritsche dachte an Mona. Er dachte schon seit Tagen an sie. Immer und immer wieder. Und im Moment dachte er daran, was sie ihm bei einem ihren ›zufälligen‹ Treffen im Wellnessbereich des *Maximare* unter Tränen gebeichtet hatte.

»Entschuldige, Ines!«, sagte Fritsche. »Aber diese Beerdigung sitzt mir noch immer in den Knochen.« Er schwang sich aus dem niedrigen Bett mit der zu weichen Matratze und stieg in seine Unterhose.

Die Archäologin richtete sich auf. »Kein Problem. Das kann jedem mal passieren.« Sie stopfte sich beide Kissen in den Rücken und griff nach ihren Zigaretten. Nach dem ersten Zug sah sie zur Decke des schäbigen Hotelzimmers hoch.

»Vielleicht bin ich dir aber auch zu fordernd«, sagte sie. »Die meisten Männer kommen damit nicht klar.«

»Das klingt, als ob du schon jede Menge gehabt hättest.«

»Die Uni ist groß«, scherzte sie.

»Ines – bitte, das ist nicht witzig. Herrgott noch mal, ich fühl mich mies.«

»Zimmerservice gibt's hier wohl nicht.« Sie schnippte die Asche in die Coladose auf dem Nachttisch. Die Cola war während der langwierigen Bemühungen um leidenschaftlichen Sex schal geworden.

Fritsche wurde laut. »Nein, das ist nun mal nicht das *Mercure!* Keine vier Sterne oder sonst was! Was glaubst du, warum?!«

»Ach, Oli«, unterbrach Ines ihn.

»Weil man mich da kennt!«, schrie er. »Das käme meinen Neidern gerade recht, um mich bei der Stadt auszubooten.«

»Du musst nicht gleich aggressiv werden.«

Fritsche machte nur noch eine wütende Geste. Er wandte sich ab.

Während er sich vollständig ankleidete, sah er aus dem Fenster. Ein Kaftanträger schlurfte draußen vorbei, in beiden Händen prall gefüllte Einkaufstüten.

Fritsche zog die Gardine ganz beiseite und öffnete das Eckfenster. Es wehte eisig kalt herein. Er lehnte sich kurz hinaus und sah rüber zur Wilhelmstraße.

Vor seinem inneren Auge zogen bunt gekleidete und abenteuerlich maskierte Frauen in Richtung Schützenhof, sie schwangen große Besen, pfiffen auf Trillerpfeifen, rasselten und trommelten.

Weiberfastnacht! Weiberfastnacht!

Es war ein ohrenbetäubender Lärm und inmitten der Menge wurde die wie auf einem Trampolin in die Höhe hüpfende Mona sichtbar – in ihrem hellblauen, eng anliegenden Trikot und der Schellenkappe, unter der ihre blonden Haare bis über die Schultern fielen. Sie hielt ein Schild vor die Brust und Fritsche las: *Sugardaddy!*

Sugardaddy! Sugardaddy!

Sugardaddy!

Fritsche rieb sich die Schläfen.

Diese Drecksau! Diese Drecksau von Vater!

Er hörte, dass jetzt auch Ines aufstand und drehte sich seufzend zu ihr um.

»Und nun?«, fragte sie. »Soll ich zurückfahren oder hast du eine Idee, wie wir den angebrochenen Nachmittag noch einigermaßen befriedigend gestalten können?«

»Lass uns die Fotos machen«, sagte er matt.

»So, wie ich bin?«

»Bei den Elefanten«, sagte Fritsche. »Den Trail entlang.«

Sie schmatzte genüsslich.

»Von Rüssel zu Rüssel?«, fragte sie.

Fritsche fand ihren Humor inzwischen äußerst grenzwertig. Er würde diese Beziehung doch schon bald wieder kappen müssen.

Sind die Mädel erst mal älter, werden die Gefühle kälter.

Tilde Fritsche stellte ihrem Bruder den Lieblingskrug ihres Mannes hin, einen Humpen mit Zinndeckel. Sie schenkte ihm das Bier ein und füllte auch die beiden Schnapspinnchen. Die Geschwister prosteten sich damit zu.

Fred Meisenkötter strich über seinen Schnauz. Er trug noch seine Uniform. »Das muss aber unter uns bleiben«, sagte er. »Kein Wort zu Oliver.«

»Wann rede ich schon noch mit ihm?«

»Was weiß ich.«

»Du wohnst direkt über uns. Du würdest es hören.«

Fred schüttelte den Kopf. Er nahm einen großen Schluck aus dem Humpen und beäugte dann genauer die Aufschnittplatte.

»Ich hab's sozusagen zufällig erfahren«, sagte er. Er entschied sich für die daumendick geschnittene Sülzwurst. »Einer von den Kriminalen hat's ausgeplaudert. Mona war in der neunten Woche.«

Tilde schlug entsetzt die Hand an den Mund.

Fred bestrich das Körnerbrot mit Butter und belegte es.

»In der neunten Woche«, wiederholte er. »Der Heiner soll total ausgerastet sein – kann man ja verstehen, also ich kann das nur zu gut verstehen. Gerade mal siebzehn, die Kleine, und schon schwanger.«

49

Tilde starrte ihn immer noch aus weit aufgerissenen Augen an.

Ihr Bruder nickte bekräftigend. Er zerschnitt das belegte Brot in mundgerechte Happen und begann, sie bedächtig zu verzehren.

»Nein«, brachte Tilde schließlich heraus. »Das ist … ich meine, es war doch nie von irgendeinem Freund die Rede. Oder hast du …?«

»Was …?«

»Du hast sie doch morgens oft an der Schule abgesetzt. Hat sie da nie was erzählt?«

»Tilde«, sagte Fred und bedachte sie mit einem nachsichtigen Blick. »Schwesterherz – was soll sie schon groß gesagt haben? Wir sind mit ihren Eltern per Du, wir sind ihre Nachbarn. Glaubst du im Ernst, da spricht sie mit einem von uns über irgendwelche Intimitäten? Nee, nee, und wenn das dem Heiner zu Ohren gekommen wäre, bei seiner Affenliebe zu ihr …«

Von draußen war Olivers Range Rover zu hören. Fritsche fuhr vor und betrat wenig später die Küche. Fred hob grüßend die Hand. Tilde reagierte nicht auf ihn.

»Macht euch keine Umstände«, sagte Fritsche in die Runde. Er bemerkte seinen Humpen auf dem Tisch, zuckte die Achseln und nahm sich ein Bier aus dem Kühlschrank. »Ihr werdet mich ohnehin die nächsten Tage kaum zu Gesicht bekommen. Ich hab noch eine Menge mit der Präsentation für die Jubiläumsfeier zu tun, harte Arbeit.« Er betrachte das Etikett der Bierflasche und schnippte entschlossen mit den Fingern.

Kommst du mal nicht gleich vom Fleck, gönn dir fix ein Isenbeck!

Es war zwei Tage nach Weihnachten und es war kurz vor Mitternacht, als Fritsche eine in seinem Verständnis geniale Passage für die Diashow konzipiert hatte. Ödes Ackerland, überblendet vom Grundriss einer antiken Therme.

Die Solequellen. Ines hält das ovale Metallstück hoch. Die Inschrift, in freier Übersetzung aus dem Lateinischen: *Du kommst als Fremder und gehst als Freund.* Das sich öffnende Stadttor. Dampfbad. Schemenhafte Gestalten. Massierende Hände, schlanke Frauenhände. Entspannt auf steinernen Bänken liegende Männer, nur ein schmales Tuch über den Lenden: »Trotz allem Zwist und Hader zwischen dem weltlichen westfälischen Adel und dem Erzbischof von Köln war im heimischen Hammona Zeit und Raum für Sinnesfreuden.« Harter Schnitt. Die Garde der grün-weißen Karnevalisten auf dem Marsch zur Schützenhalle: »Und das kennzeichnet bis heute unsere Stadt – der Spaß am Leben, an Lust und Genuss.« Überblende: Ines am Fenstertisch im *Denkma(h)l,* vor sich auf dem Teller dicke Bohnen mit Bauchfleisch, deftige westfälische Kost …

Fritsche blickte von seinem Material auf. Er glaubte, ein Bimmeln gehört zu haben.

Er ging ans Fenster und sah raus auf die Straße. Im Schein der Laterne stand sein Nachbar, Monas Vater, stand Heiner Preuß.

Der Mann schwankte. Sein Kopf kippte von einer Seite zur anderen. Preuß trug Monas Narrenkappe und die Glöckchen bimmelten und bimmelten und bimmelten.

Monas Narrenkappe!

»Herrgott noch mal!«, fluchte Fritsche mit flacher Stimme. Sein Nachbar war offenbar strunzbesoffen und völlig durchgeknallt.

Auf Krawall gebürstet.

Der Sugardaddy!

Preuß sah zu ihm herüber. Er lachte, er lachte ein deutlich vernehmbares höhnisches Lachen. Und dann sang er. Er sang laut, er grölte: »Bimmel bimmel bam, bimmel bimmel bam – Fritsche kann! Bimmel bimmel bam, bimmel bimmel bam …!«

Oben im Haus wurde ein Fenster aufgerissen und Fritsche hörte die sonore Stimme seines Schwagers. Zum ersten

Mal seit Langem war er froh, einen Polizisten im Haus zu haben.

»Fred hat sich um ihn gekümmert«, sagte Tilde, ohne von der Zeitung aufzublicken.

Fritsche registrierte, dass sie weder Kaffee gekocht, geschweige denn frische Brötchen gekauft hatte. Er nahm einen Schluck Milch aus der Tüte.

»Das hast du alles mitgekriegt?«

»Vom ersten Moment an. Schon wie er im Stechschritt die Straße entlanggegangen ist.«

»Peinlich«, sagte Fritsche. »Ausgesprochen peinlich. Wir leben hier im guten, alten Stadtteil Mark und nicht unter Prolls.«

»Er hat nun mal schwer daran zu knapsen«, sagte seine Gattin. Sie faltete den Lokalteil zusammen und stemmte sich vom Küchentisch hoch. Fritsche vermutete, dass sie schon wieder einige Kilo mehr auf ihren ohnehin schon fetten Hüften hatte.

»Woran zu knapsen? Dass er in bester Lage wohnt? Im schmucken Einfamilienhaus mit Carport und allem Pipapo. Ha, ha, ha, da kann ich doch nur lachen!«

»An Monas Schicksal. Sie war doch schwanger.«

Fritsche brauchte einen Moment.

»Was, bitte? Schwanger?«

Tilde hatte ihm den Rücken zugekehrt. Sie fummelte an der Spüle herum, drehte den Wasserhahn auf.

»Ich rede mit dir!«, schrie Fritsche. »Mona schwanger? Wer sagt das? Von wem hast du das?« Er merkte, dass er die Kontrolle über sich verlor, aber ihm war nicht bewusst, was er dann noch herausschrie: »Das ist doch lächerlich! Das wüsste ich aber!«

Fritsche checkte auf vorerst unbestimmte Zeit im *Mercure* ein. Tilde war ihm auf die Nerven gegangen und die Visage von Monas Vater musste er auch nicht haben.

Er verneinte die Frage des Rezeptionisten, ob er für das Silvestermenü reservieren wolle, und begann, gleich nachdem er sich in dem Privilege-Zimmer mit Queen-Size-Bett einquartiert hatte, die Minibar zu leeren. Schon gut abgefüllt versuchte er, die immer noch wie Hornissen in seinem Hirn herumschwirrenden Gedanken an Mona, an ihre Schwangerschaft und an ihren möglicherweise daraus resultierenden Suizid in einer schäbigen Ecke hinter dem Schützenhof zumindest vorübergehend zu verscheuchen, indem er Ines telefonisch ein diesmal wirklich angenehmes Zusammensein in dem Vier-Sterne-Hotel zusicherte.

Teufel auch, er war besoffen!

Ines allerdings bedauerte relativ emotionslos, sein Angebot ausschlagen zu müssen, da sie bereits im 10.49-Uhr-IC nach Innsbruck sitze und bis zum 8. Januar im Skiurlaub sei. – *Auch angeschlagen, Neustart wagen!*

Es war sein Schwager Fred, der ihn aufspürte und zur Rückkehr nach Hause veranlasste, pünktlich zu Silvester. Über Mona und die Nachbarn fiel kein einziges Wort.

Der Jahreswechsel wurde nicht gefeiert. Fred musste zu verstärkten Fahrzeugkontrollen antreten, Tilde zog sich nach dem Verzehr mehrerer Bockwürste und einer mehr als üppigen Portion Kartoffelsalat in ihr separates Schlafzimmer zurück und Oliver blieb beim Zappen zwischen den TV-Sendern schließlich bei der deutschen Schlagernacht hängen und war von Andrea Berg, *Die Gefühle haben Schweigepflicht*, zu Tränen gerührt.

Als Oliver Fritsche Anfang des Jahres seine rasante und mit Interviews, Stadtgeräuschen und Liveaufnahmen diverser Konzerte im Kurhaus lebendig gestaltete Diashow über Hamm im Wandel der Zeiten seinen Auftraggebern im Rathaus präsentiert hatte, konnte er nicht nur parteiübergreifende Anerkennung und Begeisterung verbuchen, sondern vor allem die zweite Rate des fünfstelligen Honorars.

Beschwingt schlenderte er danach durch die Stadt und traf

vor dem *Heinrich-von-Kleist-Forum* überraschend auf seinen Nachbarn Heiner Preuß. Beide waren unangenehm berührt. Wie schockgefroren standen sie sich wortlos gegenüber.

»Wir sollten miteinander reden«, sagte Preuß schließlich. Er hatte ein paar großformatige Bücher unter den Arm geklemmt, die er offenbar in der Stadtbücherei ausgeliehen hatte. Fritsche konnte erkennen, dass es sich bei einem um einen Ratgeber für Arbeiten mit Holz handelte. Er nickte knapp zu dem *Café am Eck* hinüber.

»Wie du meinst«, sagte Oliver.

Nachdem sie Platz genommen und bestellt hatten, machte Fritsche den Anfang.

»Also«, sagte er. »Um was geht's?«

»Das wissen wir doch beide.«

»Hilf mir, Heiner.«

Preuß strich über seine Bartstoppeln. Er war nicht rasiert und er sah überhaupt scheiße aus. Dunkle Ringe unter den Augen, abgemagert. Er ließ sich einen Moment Zeit.

»Ich hatte im letzten Jahr einige Male beruflich im *Maximare* zu tun«, sagte er dann. »Sie hatten Probleme mit ihrer Umwälzpumpe.« Er lächelte ein müdes Lächeln. »Dabei hörte ich, dass Mona da zwei-, manchmal sogar dreimal wöchentlich die Sauna aufsuchte – von dir begleitet. Oder auch mit dir verabredet.«

Fritsche gab sich so locker wie eben möglich. »Ja, und?«, fragte er.

»Das ist meine Frage«, sagte Preuß. »Mir wurde gesagt, dass ihr sehr vertraut miteinander wart.«

Fritsche zuckte die Achseln. Er nahm einen Schluck Cappuccino. »Ja«, bestätigte er dann. »Vertraut, das waren wir. So vertraut wie … wie ein Vater mit seiner Tochter.«

Preuß hob die Augenbrauen. »Wie soll ich das verstehen?«

»Hattest du etwa kein gutes Verhältnis zu Mona?«

Preuß schluckte. Er schüttelte den Kopf. Er schwieg, schien nachzudenken.

»Wir haben es bis heute nicht übers Herz gebracht, auch nur irgendetwas in ihrem Zimmer zu verändern«, sagte er nach einer Weile. »Ich mag nichts von ihren Sachen anrühren. Sie hat so viel aufbewahrt – lieb gewonnene Erinnerungsstücke. Mona war das Wertvollste in unserem Leben.«

Fritsche verkniff sich einen Kommentar.

»Bei mir hat sie sich nur oft ausgeweint«, sagte er stattdessen. Er merkte, dass er sich jetzt doch verspannte. Er saß auch nicht bequem.

»In der Erdsauna oder in der Solegrotte, ja?«, fragte Preuß. »Zu gewissen Zeiten doch recht intime Orte.« Er verzog verächtlich das Gesicht. »Ich glaube, ich muss mir doch mal Monas Notizen vornehmen. Sie hat ja immer viel aufgeschrieben.«

Eine Drohung. Eine unverhohlene Drohung!

Fritsche entschied, dass es nun reichte. Er legte einen Zehner auf den Tisch und stand auf.

»Halt mich auf dem Laufenden«, sagte er. »Du bist eingeladen.« Er wartete keine Reaktion ab und verließ betont aufrecht das *Café am Eck.*

Die närrischen Tage brachen an. Pinkfarben kostümierte Frauen mit Schweineschnauzehauben fühlten sich als Sechserpack sauwohl. In der Bahnhofshalle wurde es jeck. Notdürftig bekleidete Piratenbräute kippten eine Runde *Kleiner Feigling* nach der anderen. Ein Obdachloser behauptete, der maskierte Exbundespräsident zu sein, und verlangte die VIP-Suite im *Mercure*-Hotel. In der Commerzbank tanzten Lotter- und Luderweiber um einen goldenen Buddha. Das Hammer Prinzenpaar wurde im *Maximare* getauft und im Pavillon hinterm Kurhaus zogen sich zwei Gymnasiastinnen einen fetten Joint rein.

In seiner Wohnung in Mark wurde Oliver Fritsche von seiner Frau ans Telefon gerufen.

Es war Donnerstag, der 6. Februar, Altweiberfastnacht, und Fritsche hatte abends eine Verabredung mit einer jun-

gen türkischen Kickboxerin. Er bereitete ein weiteres Groß-
projekt für das *Referat Stadtmarketing und Touristik* vor,
Arbeitstitel: *In Gottes und in Allahs Namen – geglückte Integ-
ration.*

»Wer will was?«, fragte er.

Tilde hielt ihm wortlos das Mobilteil hin. Fritsche bemerkte erst jetzt, dass sie lindgrüne Pluderhosen, eine rote
Strohperücke und eine ebenfalls knallrote Schaumstoffnase
trug – der emotionale Airbag für jede Situation. Kopfschüttelnd meldete er sich. Tilde watschelte zurück in die Küche,
aus der es nach gebratenem Speck roch.

»Euer Nachbar«, sagte der Anrufer. »Heiner. Ich will dir
was zeigen.«

»Unser Gespräch betreffend?«

»Du wolltest informiert werden.«

»Das ist richtig«, sagte Fritsche. »Aber im Moment passt
es überhaupt nicht.«

»Ja, du bist natürlich in diesen Tagen auf dem Ritt.« Er
lachte freudlos. »Entschuldige, aber ... ach, ich weiß nicht.
Wie sieht's am Dienstag aus? Da hat das fröhliche Treiben –
ha, ha, das Treiben, ja – da hat's doch ein Ende.«

»... trinken wir erst mal ein Tässchen Kaffee, eine gute Tasse
Kaffee«, war Tildes Reaktion auf die Mitteilung ihres Bruders, wo und in welchem Zustand ihr Gatte aufgefunden
worden war. »Du hast doch bestimmt auch noch nicht gefrühstückt.«

»Ein kleiner Happen kann nicht verkehrt sein«, sagte Fred
Meisenkötter und sah zu, wie Tilde Butter, Eier, Speck und
luftgetrocknete Rohwurst hervorkramte und die Pfanne
vom Haken nahm.

Wenig später schaufelten beide eine ordentliche Portion
Rührei in sich hinein, gut gesalzen und gepfeffert.

»Tja«, sagte Tilde dann. »Nun is er also nicht mehr.«

»Mausetot ist er«, bekräftigte Fred. Er stand auf und wedelte imaginäre Flusen von seiner Uniformjacke. Er nahm

die Kaffeetasse mit zum Fenster und sah rüber zum Nachbarhaus.

»Gehst du zu ihm?«, fragte Tilde.

»Muss wohl«, sagte Fred. Er nahm einen Schluck und noch einen, und als er die Tasse geleert hatte, straffte er sich und atmete tief durch.

Monas Mutter öffnete ihm und trat beiseite. Sie war im Morgenmantel, hatte gerötete Augen und roch stark nach Alkohol.

»Er ist im Keller«, sagte sie. »Er ist ja nur noch da unten.«

»Aber mit dem Saunabau ist er doch schon 'ne Zeit lang durch.«

»Das musst du dir selbst ansehen. Mich kriegste nicht dazu.«

Fred Meisenkötter nickte. Er stieg die schmale Treppe hinunter und sah, was er zu sehen erwartet hatte.

Fritsches Kleider hingen am Haken der Saunakabine. Seine halbhohen Lederstiefel standen ordentlich nebeneinander. Auf dem Boden lagen zwei Holzkeile, mit denen Preuß die Kabinentür offenbar verrammelt hatte – nachdem Fritsche hineingegangen war. Hinein in die hundert Grad Hitze.

Unter Vortäuschung eines gemeinsamen Saunagangs, einem ruhigen Gespräch unter Männern. Ein Gespräch über Mona, die ja so oft und so gerne mit Fritsche in einer der *Maximare*-Saunen gewesen war. In Gedenken an sie, ein letztes Mal.

Meisenkötter seufzte schwer.

Er wandte sich Preuß zu.

Heiner Preuß baumelte von der Decke herab. Wie Fritsche am Elefanten war auch er nackt. Er hatte sich am Heizungsrohr aufgeknüpft.

Fred Meisenkötter ging in die Hocke. Er fand das aus dem Buch *Sauna: Planung. Ausführung. Zubehör* herausgerissene Vorsatzblatt im Duschbecken. Es war feucht. Unter dem Stempel der Stadtbücherei Hamm las er, was in krakeliger Schrift geschrieben war: *Wir sind alle mal Sünder.*

Genau, sagte der Streifenbeamte Fred Meisenkötter sich. Stimmt zum einen und entschuldigt zum anderen gleich alles. Passt zu heute, passt zu diesem schon früh verkorksten Tag – passt zu Aschermittwoch.

29. Februar

Es gibt ihn nur alle vier Jahre – den sogenannten Schalttag, den 29. Februar. Wer an diesem Tag geboren ist, ist irgendwie etwas Besonderes und kokettiert meistens mit seinem jugendlichen Alter, und sie oder er wissen oft nicht, wann sie ihren Geburtstag feiern sollen. Es ist der sechzigste Tag des gregorianischen Kalenders, nach dem seit der Kalenderreform von Papst Gregor XIII. im Jahr 1582 unsere Tage gezählt werden – und wir brauchen ihn, um die in vier Jahren aufgelaufene Differenz zwischen Kalenderjahr und Sonnenjahr auszugleichen. Ein Jahr ist ein Schaltjahr, wenn die Jahreszahl durch vier, aber nicht durch hundert teilbar ist (oder umgekehrt). Daher spielt die Story von Jürgen und Marita Alberts also am 29. Februar 2012 oder erst wieder 2016. Besser, Sie lesen sie also noch in diesem Jahr ...

Jürgen und Marita Alberts

Triple death in Münster – Chronik eines angekündigten Abgangs

Vorspiel auf dem Golfplatz

Der Driver lag gut in der Hand. Hans-Henning schwang ihn ein paar Mal durch die Luft. Heute würde er es allen zeigen. Das große Winterturnier auf dem Golfplatz Münster-Wilkinghege.

Tssssschisch.

Wieder ließ Hans-Henning den Driver fliegen. Obwohl er längst aus Plastik war, nannten ihn ältere Golfcracks immer noch das Einserholz. Ja, früher ... Da gab es satte Gewinne zu erzielen, noch sattere Boni, stolze fünfundzwanzig Prozent Rendite, die der größte Banker aller Zeiten in Frankfurt proklamiert hatte. Selbst in der schwersten Krise.

An diesem Morgen verabschiedete sich Hans-Henning von seiner Frau mit dem Versprechen, dass er als Sieger heimkehren werde. Das würde der erste Höhepunkt des Jahres werden, der zweite folgte am 29. Februar: Hans-Hennings sechzehnter Geburtstag, wie er gern betonte, damit sei er jetzt nun aus der Pubertät heraus und zum Mann geworden! Und natürlich hatte sich das Datum als Hochzeitstag für seine Tochter geradezu aufgedrängt – der 29. Februar war besser als alle Schnapszahldaten, er war leicht zu merken und – nicht zu unterschätzen – es würde seine Zeit dauern, bis die Ehe ins verflixte siebte Jahr kam. Was für Aussichten!

»Hans-Henning Heimbrecht!« Sein Name wurde aufgerufen. »Flight 8!«

Per Auslosung war die Vierergruppe zusammengestellt worden. Der Chef der größten Krankenversicherung in NRW, ein dicklicher Rheinländer; der Tennislehrer seines jüngsten Sohnes; ein Halbpromi aus der Medienszene, der Zuschauer dazu animierte, beim Sender anzurufen; und er, Hans-Henning, der Chef der ältesten Privatbank in Münster. Er hätte lieber einen der wirklichen Cracks in seinem Flight gehabt, denn diesmal war er fit. Fit wie ein Einsereisen.

HHH, so ließ er sich nennen, »aus Triple A«, fügte er gerne hinzu, und spielte damit auf seine elegante Adresse an: die Annette-Allee am Aasee. Wo auch ein früherer NRW-Landesbankchef wohnte. Gleich gegenüber dem Zentralfriedhof.

Hans-Henning hätte den schönsten Job der Welt haben können. Wenn nur diese jammerlappigen Kunden nicht wären: Mieslinge, Krakeeler, Moserer allesamt, die ihm all die Jahre aus der Hand gefressen und dabei prima kassiert hatten. Und nun Tag für Tag ihn und seine Kundenberater in die Depression trieben.

Der Halbpromi aus dem Fernsehen gestand Hans-Henning, er habe nie besonders gut gespielt, aber es gehe ja immerhin um einen guten Zweck und da dürfe er nicht fehlen.

Niete, dachte der Banker. Den würde er nicht zur Hochzeit seiner Tochter einladen. Zu diesem Anlass musste es ein richtiger Promi sein, wie dieser Schauspieler, der den Wilsberg im ZDF gab. HHH hatte schon eine Anfrage bei dessen Agenten laufen.

Von dem Versicherungsdickerchen war keine Gegenwehr zu erwarten. Der Tennislehrer seines Sohnes hatte im letzten Jahr sein Handicap unter acht geschraubt, der konnte ihm Paroli bieten, aber auch nur auf den ersten zehn Löchern. Beim Winterturnier wurde auf dem Fairway, kurz vor den abgedeckten Greens, ein Stück Wiese gemäht und es wurden provisorische Holes geschaffen. Dort musste eingelocht werden.

»Gehen wir's an«, sagte Hans-Henning und schaute herausfordernd in die Runde. Alle zehn Minuten wurde ein Flight gestartet, damit die nachkommenden Spieler nicht zu sehr drängelten, musste man sich ranhalten.

Hans-Henning griff in die Vordertasche des Golfbags, um einen Ball herauszuholen. Setzte das Tee auf die Marke und legte den Ball … Moment, Mooooment … Er drehte sich entschuldigend zu den anderen um und hielt einen Tischtennisball hoch.

»Blöder Scherz von meinen Enkeln! Wartet …«

Die anderen grienten.

Auch der zweite Ball war nur zum Ping-Pong-Spielen geeignet. Hans-Henning wurde hektisch. Er riss nacheinander alle Taschen seines Golfbags auf, in denen Tees und Markers, die auf dem Grün den Ball eines Gegners ersetzten, und gewöhnlich jede Menge Golfbälle lagen. Diesmal waren es nur Tischtennisbälle.

»Willst du einen von mir?«, fragte der Tennislehrer. Sein Tonfall passte Hans-Henning überhaupt nicht.

Der Halbpromi klaubte drei der weißen Bällchen vom Green und jonglierte mit ihnen.

Das brachte den Banker um die Contenance. Er riss dem Tennislehrer den Golfball aus der Hand, setzte ihn auf das Tee und machte einen Abschlag, der in die Vereinsgeschichte Wilkinghegs eingehen sollte. Statt zu schwingen, hackte er den Ball … ganze fünfzehn Meter weit – er landete noch vor dem Abschlag für Damen.

»Loch neunzehn«, johlte das Versicherungsdickerchen, »eine Runde im Klubhaus für alle, lieber Ha-He-He!« Die drei Buchstaben klangen wie das wiehernde Gelächter eines Pferdes.

Hans-Henning hätte dem Versicherungsfritzen am liebsten das Maul gestopft. Mit einem Tischtennisball.

Erster Tod: Das große Fressen wird bestellt

Der Mann wählte und wartete, bis abgenommen wurde. »Heimbrecht hier, verbinden Sie mich mit Ihrem Chef«, sagte er mit sonorer Stimme.

»Augenblick«, kam es zurück, »er ist gleich für Sie zu sprechen.«

Nur fünf Sekunden später war der Chef der *Butterhandlung*, dem ersten Feinkostgeschäft Münsters, das sich in der Bogenstraße befand, am Apparat.

»Lieber Herr Kehrer«, sagte der Sonore, »wir müssen noch mal über das Büfett für den 29. Februar sprechen. Das scheint mir allzu konservativ zu sein. Nach der Hochzeit in der Clemenskirche geht's ja hinüber in den *Erbdrostenhof* an der Salzstraße zur großen Party und ich möchte in dem barocken Ambiente dort ausgefallene Speisen offerieren ... gerade in diesen Zeiten ist Innovation gefragt!«

Kehrer räusperte sich. »An mir soll es nicht liegen. Wir können alles anbieten, was auf dem europäischen Markt zu bekommen ist. Einmal pro Woche bestellen wir sowieso bei *Rungis* in Paris, also nur zu!«

»Haben Sie Schlangenfleisch, gebeizt in einer scharfen Chilisoße?«

»Ich schau mal nach!«

Es dauerte eine Weile, bis der Feinkosthändler sich wieder meldete. »Über die gewünschte Marinade muss ich mich schlau machen, aber Schlangenfleisch – null Problemo.«

Sie sprachen des Weiteren über Springbock, Krokodil, Affenhirn ...

»Mein Kompliment für Ihre exquisiten Ideen«, wandte Kehrer schließlich behutsam ein. »Aber ob Ihre Gäste das in dieser ... sagen wir *geballten* Form mögen?«

»Ich will, dass die Hochzeitsgäste sich an dieses Fest erinnern«, sagte der Mann mit der sonoren Stimme. »Nicht nur des exquisiten Datums wegen. Mal was anderes als immer nur Mozzarella mit Tomaten und Basilikum, Rinderbraten mit dreierlei Gemüse, Matjes mit Zwiebel und Apfel ...«

»Das hatten Sie ja nun nicht gerade bestellt«, unterbrach ihn der Chef des überregional bekannten Cateringunternehmens. *Kehrer bringt's auf den Tisch des Hauses*, war der Slogan seiner Firma.

»Ist mir nicht ausgefallen genug! Es gibt in anderen Ländern so viele Genüsse, von denen man nur träumen kann ...

Und ich will die Gäste meiner Tochter ein wenig verführen. Sie sollen nachher sagen: ›Die Heimbrecht-Hochzeit war der Höhepunkt des Jahres – unvergesslich, einmalig, sensationell.‹ Denn nicht zuletzt habe ich an diesem Tag Geburtstag, Herr Kehrer.«

»Sie sind der Kunde! Wie gesagt, wir können alles besorgen. Wenn wir rechtzeitig Bescheid wissen. Auch gebratene Ameisen und geröstete Zikaden aus China, wenn Sie so etwas dabeihaben möchten.«

Dann sprachen sie über einen Salat aus Straußeneiern und gelben Eierbovisten, eine sepiaschwarze Pasta mit neapolitanischer *cozze* in Tintenfischsud gegart, norwegischen Braunkäse, der monatelang in der Erde gelagert worden war und so stark roch, dass sich andere Völker die Nase zuhielten.

»Wissen Sie, Herr Kehrer, wenn *wir* in diesen Zeiten keinen Optimismus ausstrahlen, wenn *wir* nicht die Vorreiter einer sicheren Zukunft sein wollen, wenn *wir* nicht … Ich möchte, dass meine Hochzeitsgäste das Gefühl bekommen, dass sie bei uns in allerbesten Händen sind … *Wir* zeigen, dass es weitergeht, und zwar im positiven Sinne. Haben wir uns verstanden?«

»Vergessen Sie aber bitte nicht, dass es die Hochzeit Ihrer Tochter …«

»Lassen Sie das meine Sorge sein. Ich will das Brautpaar überraschen. Kein Wort zu niemandem. Das bitte ich mir aus.«

»Sie sind der Kunde!«, wiederholte Kehrer. »Ich hätte die Umbestellung gerne schriftlich.« Er machte noch mal eine kleine Pause. »Nur damit wir nichts vergessen.«

»Ich gebe sie morgen in die Post.«

Der Mann mit der sonoren Stimme hatte die Bestellung vor sich liegen. Seine Auswahl war längst getroffen. Tagelang hatte er im Internet nach ausgefallenen Speisen aus aller Welt geforscht und Homepages von Dreisternelokalen, internationalen Lieferanten für Systemküchen und Haubenköchen aus aller Herren Länder aufgesucht.

Er musste nur noch die Unterschrift hinkriegen.

Heimbrecht schrieb alle drei Hs mit großem Schwung, der Rest war kaum lesbar. Die Hs sahen aus wie das Lübecker Holstentor, massiv, unumstößlich, nicht einzunehmen. Drei Türme, die aus jeder Tiefebene herausragten.

Vorbilder für das Triple-H seiner Unterschrift hatte der Mann zu Genüge. Das schwungvolle H-H-H zierte Briefe, Verträge, Abschlüsse. Und das seit Jahren.

Die Daten für den Briefkopf hatte der Mann aus einem E-Mail-Anhang kopiert. Kein Problem also, die Bestellung auf den Weg zu bringen.

Nur die Unterschrift machte Mühe.

Seite um Seite bekritzelte er mit dem Triple-H und warf sie in den Papierkorb. Setzte neu an.

Erst beim vierzehnten Blatt hatte er den Schwung raus. Die Unterschrift wurde in einem Zug geschrieben. Kein Stocken, kein Zögern. Entschlossen bis in die Füllfederhalterspitze.

Er würde sich erst spät bei der Hochzeit der Tochter aus dem Hause Heimbrecht einfinden. So gerne er auch den Moment erlebt hätte, wenn die Köche, nach einem sich vergewissernden Blick zum Chef, die silbernen Deckel im exakt gleichen Moment von den Rechauds hoben und die Gäste dann die Speisen erblickten.

Zweiter Tod / erster Aufzug: All the world's a stage

Das *Bankhaus Heimbrecht & Co.* residierte neben der Lamberti-Kirche im zweiten Stock eines Hauses, das vor Jahresfrist verunziert worden war. Größer als der Schriftzug der ehrwürdigen Bank prangte seitdem der Name eines Modeladens an der Fassade: *HASARDEUR*. HHH hatte diesen optischen GAU nicht verhindern können. Trotz seiner guten Beziehungen.

An diesem Tag, dem 29. Februar, war das Gebäude mit einem riesigen Familienwappen der Heimbrechts geschmückt, sodass man die Inschrift nicht mehr lesen konnte.

Der Chef hatte seinen Angestellten freigegeben. Zur Feier des Tages. Auch das hatte der Mann bedacht, als er seine Anrufe startete.

– »Wer spricht denn da?«
– »Das tut nichts zur Sache.«
– »Dann lege ich jetzt auf.«
– »Ich wollte Ihnen nur einen guten Rat geben.«
– »Dafür kann ich mir nichts kaufen.«
– »O doch. Dieser Rat ist Gold wert, wenn nicht mehr …«
– »Erst will ich wissen, wer da spricht.«
– »Nennen Sie mich *Deep Cash*.«
– »Wie bitte?«
– »*Deep Cash*. Es geht um Ihr Geld.«
– »Und was ist damit?«
– »Es ist in Gefahr.«

Die Liste, die der Mann sich zurechtgelegt hatte, bestand aus fünf Namen und fünf Telefonnummern. Es war gar nicht so einfach gewesen, manche dieser privaten Nummern zu ergattern.

Derjenige, der sie kannte, hatte eine erste Hürde genommen. Niemand fragte ihn, wie er an seine Handynummer gekommen sei.

– »Diese Information ist ausschließlich für Sie gedacht.«
– »Was verschafft mir das Privileg?«
– »Sagen wir mal so: Ich schulde Ihnen noch etwas.«
– »Was könnte das sein?«
– »Das werden Sie schon selbst herausfinden.«
– »Aber warum sollte ich Ihnen vertrauen?«
– »Wenn Sie es nicht tun, werden Sie die Konsequenzen zu tragen haben. Und die sind erheblich.«
– »Sagt *Deep Cash*?«
– »Sagt *Deep Cash*.«

Zweiter Tod / zweiter Aufzug: And all the men and women are merely players

Kurz nach acht Uhr, an diesem Dienstag, dem 29. Februar 2012. Die ersten beiden Anrufe. Niemand würde diese Information für sich behalten. Jeder der Angerufenen würde den Schneeball weiter rollen, bis daraus eine große, runde Kugel und schließlich eine Lawine werden würde.

Die Stimmung bei der Hochzeitsparty im *Erbdrostenhof* war am Nachmittag auf dem Gefrierpunkt angelangt. HHH hatte sich dermaßen in Rage geredet, dass einige der hochmögenden Gäste schon das Weite gesucht hatten. Der Feinkosthändler Kehrer wedelte mit der schriftlichen Bestellung, die der Banker ihm aus der Hand riss und in winzige Schnipsel zerlegte. Auch der launige Vortrag des für viel Kohle engagierten Wilsberg-Schauspielers, der über die armen Kinder witzelte, die nur alle vier Jahre Geburtstag hätten, aber dafür ewig jung blieben, ließ keine rechte Feierlaune aufkommen.

Kurz vor 23 Uhr schlich sich der Mann, der sich für diesen Besuch in einen Kellner ohne sonore Stime verwandelt hatte, in den *Erbdrostenhof,* besah sich die exotischen Speisen, von denen kaum jemand etwas angerührt hatte. Er wartete auf den Moment, in dem er HHH unbemerkt etwas in die Smokingtasche praktizieren konnte.

– »An Ihrer Stelle würde ich die Transaktion gleich morgen früh starten.«
– »Warum so hastig?«
– »Weil es mittags vielleicht schon zu spät sein kann.«
– »Wie meinen Sie das?«
– »Wie ich es sage: Mittags wird *Heimbrecht & Co.* dichtmachen … dann ist Schicht in der Bank.«
– »Glauben Sie, dass es so schnell geht?«
– »Wenn es nicht schon zu spät ist …«
– »Sollte ich jetzt noch … ich meine um diese Uhrzeit …«
– »Das müssen Sie selbst entscheiden. Wenn die Sache erst mal ins Rollen gekommen ist …«

– »Aber ich habe doch erst letzte Woche mit Hans-Henning zusammengesessen ...«
– »Glauben Sie, er würde Ihnen etwas von der Finanzklemme sagen, in der seine Bank steckt? Das wäre doch das pure Gift.«
– »Da haben Sie recht. Ach ... bevor ich es vergesse ... danke für den Tipp.«

Zweiter Tod / dritter Aufzug: And one man in his time plays many parts

Der Mann hatte für jeden der letzten drei Anrufe nicht mehr als zwei Minuten eingeplant.

Die Sanduhr aus der Küche, die er beim Eierkochen benutzte, stand neben dem schwarzen Telefonapparat, ein Relikt aus den Fünfzigerjahren, solide Verarbeitung aus Bakelit. Die Wählscheibe quietschte ein wenig, wenn er sie drehte. So ein Prachtstück fand man nicht auf dem Sperrmüll.

– »Sie wollen mir doch nicht sagen, ich soll mein ganzes Geld da rausziehen?«
– »Genau das rate ich Ihnen.«
– »Aber das wird Heimbrecht das Genick brechen.«
– »Sonst bricht es Ihnen das Genick.«
– »Wie soll diese Transaktion laufen?«
– »Sie fordern alles zurück. Ihre Einlagen, Ihre Fonds, Wertpapiere, Ihre Optionsscheine, Aktien, was immer Sie haben, lösen ihr gesamtes Depot auf, ohne Rücksicht auf die entstehenden Abschläge, die man Ihnen berechnen wird, aber wenn Sie es nicht tun ...«
– »Könnte es sein, dass Sie mich hinters Licht führen wollen?«
– »Warum sollte ich das tun?«
– »Sie haben noch gar nicht gesagt, was ich mit meinem Vermögen dann anfangen soll, oder anders: Was haben Sie denn von dieser Transaktion?«

69

– »Darüber reden wir, wenn Sie Ihr Geld in Sicherheit gebracht haben.«

Nur noch ein Telefonat. 23.59 Uhr. Der Letzte war Matthias Kuntze, der Besitzer der Computerfirma. Wenn der via E-Mail seine Kunden unterrichtete ...

– »Wer sind Sie, verdammt?«
– »Das brauchen Sie nicht zu wissen.«
– »Ich bin schon informiert worden.«
– »Umso besser.«
– »Sie sind also der Drahtzieher!«
– »Das würde ich nicht sagen. Ich hab den Tipp direkt aus der Zentrale von *Heimbrecht & Co.*«
– »Einer seiner Abteilungsleiter?«
– »Lassen Sie das Rätselraten sein, handeln Sie lieber.«
– »Schon geschehen. Ich will doch mein Geld nicht in einem Cashhole verschwinden sehen.«
– »Und wie hat Herr Heimbrecht reagiert?«
– »Er will sich morgen früh gleich drum kümmern.«

Dritter Tod: Morgens um sieben ist die Welt nicht mehr in Ordnung

»Ich muss den Opa wecken!«, sagte Ilona nach einem Blick auf die Küchenuhr. Die beiden Enkel löffelten Cornflakes mit Schokogeschmack. »Sonst fahr ich euch schnell zur Schule.«

»Hat Opa verpennt?«, fragte Michael.

»Ich sehe nach!«, sagte Ilona.

Sie waren erst gegen zwei Uhr von der desaströsen Hochzeitsparty in die Villa an der Annette-Allee am Aasee heimgekehrt. HHH hatte sich wortlos in seine Räume zurückgezogen, nachdem er bis zum Schluss diszipliniert keinen Tropfen Alkohol angerührt hatte.

Hans-Hennings Bett war unberührt.

Hat wahrscheinlich die ganze Nacht durchgearbeitet,

dachte Ilona, Hans-Hennings dritte Frau. Seit dieser verdammten Finanzkrise war sein Arbeitsalltag in ein völliges Durcheinander geraten. Wenn er doch wenigstens das Golfturnier gewonnen hätte … der zwölfte Platz war nicht gerade eine Auszeichnung gewesen.

Ilona klopfte an die Tür des Arbeitszimmers.

»Hans-Henning! Frühstück! Es ist schon kurz nach sieben!«

Sie musste wieder an das Debakel bei der Hochzeitsfeier denken. Diese unglaubliche Blamage. Und wie dieser Kehrer ihren Mann angegangen hatte … Er habe doch alles schriftlich von ihm bekommen … wie er mit dem Schreiben gewedelt hatte. Auf die Idee, dass jemand diesen Brief gefälscht haben könnte … Schlangenragout, Affenhirn, Stinkekäse …

Vorsichtig öffnete Ilona die Tür.

Der Anrufbeantworter auf dem Schreibtisch blinkte. Aus dem Lautsprecher kam die aufgeregte, sich überschlagende Stimme des stellvertretenden Direktors: »… dringend, sehr dringend, das ist die größte …«

Dann entdeckte sie ihren Mann.

Hinter dem Schreibtisch.

Zu Boden gerutscht.

Ilona fühlte seinen Puls.

Nichts.

Fühlte an seiner Halsschlagader.

Auch da: nichts.

Ihr entfuhr ein kurzer Schrei. Sie schlug sich mit der rechten Hand auf den Mund.

Ihr Blick fiel auf den Schreibtisch.

Eine Namensliste voller Fragezeichen, dahinter Zahlen, große Zahlen, riesige Vermögen, durchgestrichene Zahlen …

Ein Brief. In der Mitte zusammengefaltet.

Vorhang

Nachspiel: Ein Herold tritt auf

BANKHAUS HEIMBRECHT & CO.

Z. H. HERRN HEIMBRECHT PERSÖNLICH

Nun sind Sie da angekommen, wohin Sie mich gebracht haben. Alles verloren, dank Ihrer Risikostrategie zur wunderbaren Geldvermehrung. Nichts mehr übrig von meiner Altersrücklage. Gehen Sie davon aus, dass dies erst der Anfang meiner Unternehmungen ist. Ich trachte Ihnen nach dem Leben. Warten Sie auf den nächsten Schlag.

Gez. Deep Cash

Weltfrauentag

Der Weltfrauentag heißt eigentlich ›Tag der Vereinten Nationen für die Rechte der Frau und den Weltfrieden‹ und wird weltweit am 8. März begangen. Als Mutter des Frauentages gilt hierzulande die deutsche Sozialistin Clara Zetkin, die 1910 auf der Zweiten Internationalen Sozialistischen Frauenkonferenz in Kopenhagen die Einrichtung eines Internationalen Frauentages vorschlug – den freilich ein Jahr zuvor die Sozialistinnen in den USA schon längst veranstaltet hatten. Zentrale Forderung der Frauen war in den ersten Jahren die Gleichberechtigung und das Wahlrecht für Frauen. In Deutschland wurde das Frauenwahlrecht 1918 gesetzlich fixiert, die Frauen in den USA durften ab 1920 wählen. Wie man den Weltfrauentag auch feiern kann, davon erzählt die Kabarettistin Kathrin Heinrichs in ihrer Geschichte.

Kathrin Heinrichs

Frauentag in Schwerte

Sie hielt an, wo der Mühlenstrang in die Ruhr mündete. Leicht verschwitzt, wie sie feststellte. Die Fahrradtour von Villigst herunter zum Fluss hatte sie doch mehr mitgenommen, als sie gedacht hatte. Ein Blick auf die Uhr, halb acht. Viel zu früh. Die Veranstaltung in der *Rohrmeisterei* begann erst um acht, ihre Freundin Birgit war sicher noch nicht da.

Kurzentschlossen stellte Verena das Fahrrad neben einer Bank ab und setzte sich. Es war ein traumhafter Ort, mit einem wundervollen Blick über die Ruhr. Verena hatte schon häufig hier gesessen. Die alte Holzbrücke, das Plätschern des Flusses, das Hinweisschild, das auf die *Gaststätte Amsel* aufmerksam machte. All das war für sie Heimat. Schwerte – von seiner allerbesten Seite.

Verena legte die Hand auf ihren Bauch. Sie sah all das viel klarer, seitdem sie noch einmal ein Kind erwartete. Für einen Moment schloss sie die Augen, sog den lauen Frühlingsabend ein, registrierte den minimal muffigen Geruch, der vom Mühlenstrang heraufzog, hörte ein paar Vögeln zu, die sich stritten oder liebten – oder beides auf einmal.

Als sich plötzlich Musik in die Ruhridylle drängte, schreckte Verena auf. Zwei Jugendliche fuhren auf Inlinern vorbei, aus den iPod-Kopfhörern des einen quäkten Technobeats. Wie alt waren die beiden? Vierzehn? Fünfzehn? Etwas älter als Steffen, ihr Großer. Ein paar Meter entfernt, führte eine Frau ein hässliches Pinschergemisch aus. Verena stand auf. Vielleicht war Birgit inzwischen da. Wenn sie sich denn überhaupt herausgetraut hatte.

Verena sah die Traube schon von Weitem. Frauen, die am Eingang zur *Rohrmeisterei* unschlüssig vor einem Aushang standen. Auch Birgit war schon da. Sie war mit dem Auto gekommen, ganz klar. Zum einen, um ihre beeindruckende Föhnfrisur nicht zu gefährden. Zum anderen, weil sie mittlerweile Schiss hatte, aufs Fahrrad zu steigen.

»Ausgerechnet heute!«, piepste Birgit vor dem Plakat. »Wenn wir uns mal was vornehmen.«

Die Veranstaltung zum Internationalen Frauentag muss aus Krankheitsgründen leider ausfallen!

»Es tut mir furchtbar leid«, erklärte die Gleichstellungsbeauftragte vermutlich zum hundertsten Mal. »Aber Herr Dr. Fiedler hat ganz kurzfristig abgesagt.«

»Warum hält eigentlich ein Mann den Vortrag zum Internationalen Frauentag?« Ein raspeliger Kurzhaarschnitt wollte das wissen. Drei Ringe im rechten Ohr, Bikerstiefel, Kurzlederjacke.

Kampflesbe, schätze Verena. Sie zwinkerte Birgit zu.

»Herr Dr. Fiedler ist der führende Kriminalpsychologe in Sachen weibliche Gewaltkriminalität. Wenn man eine Veranstaltung zu diesem Thema ausrichtet, kommt man um ihn nicht herum.«

»Und nun?« Birgit sah Verena mit ihrem Hundeblick an.

»Gehen wir was trinken!« Verena hakte sich bei ihrer Freundin unter. »Mein Nachwuchs und ich haben uns schon den ganzen Tag auf einen Kirschsaft gefreut.«

»Birgit?«

Sie hatten sich gerade im Bistro der *Rohrmeisterei* einen Platz gesucht, als die Frau zu ihnen an den Tisch kam. Ein wenig rundlich, um die siebzig, statt Handtasche einen dieser Minirucksäcke auf dem Rücken – Typ fröhliche Ehrenamtlerin.

»Frau Blaschke?« Birgit schien sich zu erinnern. Verena jedenfalls kannte sie nicht. »Meine Grundschullehrerin«, erklärte Birgit und strahlte, »damals in Westhofen.«

Immerhin, dachte Verena, sie strahlt. Sie und Birgit kannten sich schon ewig – aus ihrer gemeinsamen Zeit am Ruhrtalgymnasium. Über Birgits Grundschulzeit wusste sie allerdings kaum etwas.

Birgit geriet angesichts ihrer alten Lehrerin ganz aus dem Häuschen, ihre Stimme schraubte sich noch höher als sonst, und ihre Wimpern flatterten, als wolle sie damit Fliegen verscheuchen. »Wie lange haben wir uns nicht gesehen! – Die Annette? Nee, zu der habe ich keinen Kontakt mehr …« Und dann – Verena glaubte, nicht recht zu hören: »Setzen Sie sich doch zu uns, Frau Blaschke!«

Na toll! Verena hätte gern einen Kirschsaft mit Wodka bestellt.

Stattdessen ging sie auf die Toilette ein Stockwerk höher, um ordentlich nachzupudern. Auf dem Rückweg blieb sie an der Balustrade stehen und genoss den Blick von oben auf das Restaurant der *Rohrmeisterei*. Eine Wahnsinnsatmosphäre! In der Mitte der Restaurant-Glaskasten, darum herum munterer Bistrobetrieb. Verenas Blick blieb an dem Holztor hängen, auf dem in großen Lettern Schlauch und Bürste aufgemalt war – sie stammten noch aus der Zeit, als hier Rohre instand gesetzt wurden. Dann wurde Verenas Aufmerksamkeit auf etwas anderes gelenkt. Auf jemand anderes. Die Kampflesbe. Sie strich, offenbar auf der Suche nach einem Platz, an den Tischen entlang. Verena machte sich eilig auf den Rückweg, um das Schlimmste zu verhindern.

Zu spät. Sie hatte sich kaum wieder zu Birgit und Frau Blaschke gesetzt, da stand die Kampflesbe auch schon vor ihrem Tisch. »Alles voll hier«, sagte sie und verzog den Mund zu einem halb verlegenen, halb trotzigen Lächeln. »Ist bei euch noch was frei?«

Verena hätte gern geantwortet: »Erstens: Seit wann duzen wir uns? Wir sind hier in Schwerte und nicht bei der SPD-Frauenschaft. Und zweitens: Ich habe mich auf einen Abend mit meiner Freundin gefreut – und nicht auf eine Emanzendiskussion mit jemandem wie dir!« Doch dann blickte sie zu Birgit hinüber, die munter mit Frau Blaschke die Grundschulzeit aufleben ließ. Der Abend war eh schon vergeigt.

»Na klar, ist noch frei«, sagte Verena und hätte am liebsten Wodka ohne Kirschsaft geordert.

Birgit und Frau Blaschke schauten irritiert auf, als die Kampflesbe Platz nahm. »Problem damit?«, hätte Verena am liebsten gefragt. »Wir sind doch eh schon eine zu viel!«

»Hallo«, sagte schließlich Frau Blaschke, nachdem sie die Kampflesbe sorgfältig gemustert hatte.

»Hallo, ich hoffe, ich störe nicht.«

Das Zögern dauerte einen Moment zu lange.

»Nicht doch«, sagte Birgit irgendwann gezwungen. »Das wird ja ein richtiger Frauenabend.«

»Ist ja auch Frauentag«, parierte die Kampflesbe. »Ich heiße Maren.«

»Und ich heiße Frau Blaschke«, sagte Frau Blaschke. »Und ich bestelle uns jetzt erst mal einen Prosecco.«

Der Sekt brachte Stimmung. Nach dem ersten Glas war Birgit ein anderer Mensch – oder besser: sie wurde plötzlich wieder die Alte –, selbstbewusst und fröhlich, Frau Blaschke entpuppte sich als eine ausgelassene ältere Dame und sogar Maren, die Kampflesbe, die aussah, als wäre sie hauptberuflich als Spaßbremse tätig, wurde fast locker. Bei Verena hatte sich immerhin eine Art Scheißegalgefühl eingestellt – und das ganz ohne Sekt.

»Auf Herrn Dr. Fiedler, der uns durch sein Fernbleiben diesen schönen Abend beschert hat!«, prostete Frau Blaschke in die Runde. Alle prosteten mit.

»Hat jemand sein Buch gelesen?« Maren lehnte sich mit verschränkten Armen zurück. Was kam jetzt? Ein weiterer Vortrag, wie unmöglich es war, zum Frauentag einen männlichen Dozenten zu laden?

»Ich hab's gelesen. *Wenn Frauen töten* – sehr interessant«, Maren nahm einen großen Schluck Sekt. »Darin steht, dass nur zehn Prozent aller Mörder Frauen sind.«

»Dann sollte man aber schleunigst eine Quote einführen«, kicherte Birgit.

»Und Frauen morden nicht nur seltener«, fuhr Maren unbeirrt fort, »sie morden auch anders. Nämlich planvoll und heimtückisch – während Männer einfach draufloshauen.«

»Ist ja logisch«, warf Verena ein. »Frauen sind Männern körperlich unterlegen. Sie müssen sich etwas einfallen lassen, zumindest, wenn sie einen Mann töten wollen.«

»Sehr richtig«, bestätigte Maren. »Auch noch interessant: Männer morden in der Regel, um ihr Opfer zu beherrschen – sie üben Dominanz aus. Frauen morden, um sich nicht länger beherrschen zu lassen. Häufig befreien sie sich durch den Mord aus einer üblen häuslichen Situation. Purer Selbsterhaltungstrieb, der im Grunde etwas Emanzipatorisches hat.«

»Etwas Emanzipatorisches!« Birgit schmunzelte. »Dann sollte man vielleicht anlässlich des Frauentages ein paar Morde begehen.« Ein Lachen setzte ein, ein bisschen verlegen.

»Wisst ihr was?« Frau Blaschke. Albern. Beschwipst. Überdreht. »Damals haben wir in Birgits Klasse im Sachkundeunterricht alte Schwerter Sagen durchgenommen. Die Hexenrache – kennt ihr ja bestimmt. Vom Laternenpfad.«

Niemand reagierte. Nicht mal Birgit, obwohl es ja ihr Sachkundeunterricht gewesen war.

»Da hat ein Nachtwächter zwei Schwestern den Hof gemacht und ihnen die Heirat versprochen«, legte Frau Blaschke im besten Lehrerinnenton los. »Die haben sich dann zusammengetan, ihn im Schlaf gepackt und durch die Luft getragen. Zunächst wollten die Hexen ihn in die Ruhr plumpsen lassen, dann haben sie ihn aber auf einem Baum ausgesetzt, wo man ihn am nächsten Tag halbtot fand.«

»Ich erinnere mich dunkel«, erklärte Birgit mit gerunzelter Stirn.

»Dann weißt du vielleicht auch noch, was du dazu gesagt hast?«

Birgit schüttelte den Kopf. Alle warteten gespannt.

»Du sagtest: Hätten sie den Kerl doch in die Ruhr geschmissen! Dann wäre er ganz tot gewesen.«

Alle lachten.

»Das hab ich gesagt?« Birgit war rot geworden. Verena gab ihr unter dem Tisch einen freundschaftlichen Stups.

»Ja, wenn Frauen töten …« Es war Maren, die da vor sich hin brummelte. Dann hob sie unvermittelt den Kopf. »Ist es euch auch schon mal so gegangen, dass ihr jemanden umbringen wolltet?«

Niemand antwortete. Birgit war immer noch rot im Gesicht.

»Ich meine, nur so gedanklich. Hat euer Gehirn schon mal Morde geschmiedet?« Maren schaute jetzt intensiv in die Runde, sah jede von ihnen lange an. Verena fühlte sich unwohl. Das wurde ihr zu persönlich.

»Ich könnte das schon von mir sagen.« Frau Blaschke. Deren braunfleckige Hände das Sektglas drehten, als wollten sie es in den Tisch einschrauben. »Ich könnte schon von mir sagen, dass ich solche Gedanken mal hatte.« Pause. »Bei meinem Bruder.«

Maren schaute sie einfach nur an. Nicht mehr hart, nicht mehr Kampflesbe, sondern ganz weich. Sie hatte Erfolg.

»Ich habe meine Mutter gepflegt, acht Jahre lang. Ich hab mich sogar frühpensionieren lassen dafür.« Ein Blick auf Birgit, ihre ehemalige Schülerin. »Mein Bruder hat sich um gar nichts geschert. Aber nachher ist er gekommen und wollte eine Auflistung, wie ich Mutters Geld durchgebracht habe. So hat er das wortwörtlich gesagt – dass ich Mutters Geld durchgebracht habe.«

Verbitterung lag in Frau Blaschkes Stimme. Verbitterung und Enttäuschung.

»Sympathischer Typ, echt!« Maren strich ihr über die Hand. Dann schaute sie erneut in die Runde. »Mein Lieblingsmordopfer ist Geschäftsführer einer Bauträgergesellschaft«, sagte sie dann. »Oder besser: War Geschäftsführer einer Bauträgergesellschaft.«

O Mann, was kam jetzt?

»Vielleicht fange ich mal vorne an.« Maren zog die Nase

kraus, was ihr etwas sehr Jungenhaftes verlieh. »Mein Mann und ich, wir waren selbstständig. Maler und Anstreicher. *Farben & Co.*«

Verena fiel fast hintenüber. Die Kampflesbe war keine Kampflesbe, sondern eine verheiratete Anstreicherin. Die womöglich gleich einen Mord beichtete.

»Wir waren vier Jahre selbstständig, als die ersten Aufträge von *Bautec* kamen. Eine Firma, die große Wohnblocks hochzog. In Iserlohn, Hagen und sonst wo. Das Problem: Wir haben uns von ihr abhängig gemacht. Und zu spät gemerkt, dass sie nicht zahlt. Beziehungsweise immer nur einen Teil. Für den nächsten Auftrag köderten sie einen, indem sie einem die Bezahlung des alten Auftrags zusagten. Ein Rattenschwanz ohne Ende. Wir hatten zehn Festangestellte, die auf ihren Lohn warteten. Wir hatten einen eigenen Neubau in Ergste oben am *Elsebad*. Kurzum: Wir hatten Verpflichtungen. Zu viele Verpflichtungen für meinen Mann. Herzinfarkt mit zweiundvierzig.«

Maren hatte das alles stakkatoartig erzählt. Jetzt verstummte sie. Die Kampfwitwe hatte den Blick gesenkt, ihr kurzes, feines Haar borstete sich aber nach wie vor trotzig nach oben.

Gefühlte zehn Minuten später stellte Birgit die Frage, die insgeheim alle beschäftigte: »Und was ist jetzt mit diesem Geschäftsführer?«

»Ich hab ihm den Tod an den Hals gewünscht. Dass er in Form von Lungenkrebs kommt, hab ich nicht geahnt.« Sie sagte es leichthin. Ihre Stimme hatte aber an Festigkeit verloren.

»Und wie geht es dir jetzt?« Birgit strich sich eine Locke aus der gerunzelten Stirn.

»Wie es mir geht? Gute Frage.« Maren drehte an einem ihrer Ohrstecker. Sie hatte den Tod ihres Mannes noch lange nicht verwunden. »Ich mache viel Sport in der Budo-Gemeinschaft. Karate, Kickboxen, so was. Da kann man sich fantastisch abreagieren.«

Budo! Zumindest mit dem Kampf hatte Verena recht gehabt. Sie kannte das Kampfsportzentrum. Ganz hier in der Nähe, neben dem Waldorfkindergarten und hinter der Mühle.

»Das war's von mir.« Maren verzog den Mund zu einem tapferen Lächeln. »Und – wie geht's jetzt weiter?«

Verena ruckte nach hinten. Sie war eigentlich hergekommen, um Birgit zu treffen. Um endlich mal wieder zu quatschen. Sie aufzubauen in ihrem Schlamassel, in dem sie grad steckte. Stattdessen saß sie in einer schlecht aufgezogenen Selbsthilfegruppe.

Und dann platzte Birgit auch noch heraus: »Verena würde wahrscheinlich am liebsten ihren Mann umbringen!«

Verena hielt den Atem an.

»Weil er ihr im zarten Alter von vierzig noch mal zu einem Kind verholfen hat.« Birgit grinste sie breit an. »Oder ermordest du gerade den Möbelverkäufer, der euch das neue Schlafzimmer aufgeschwatzt hat?«

Alle lachten, Verena auch.

»Vierzig«, sagte Maren kurz darauf ernst, »ist denn gesundheitlich alles in Ordnung?«

Verena nickte und zwang sich zu einem Lächeln.

»Sie freut sich wie Hulle«, erklärte Birgit und zwinkerte ihr zu. »Obwohl sie mit dem Kinderkriegen schon vor zehn Jahren abgeschlossen hat.«

»Wie schön!« Frau Blaschke strahlte, als würde sie höchstpersönlich Großmutter werden.

»Wahrscheinlich freut sie sich auf die Babypause«, gab Birgit gern weiter Auskunft. »Gib's zu, Verena, du willst endlich ausschlafen können!«

»Ausschlafen – genau.« Verena war verstimmt.

»Was machst du denn beruflich?«, fragte Maren sie ab.

»Ich hab Maschinenbau studiert«, erklärte Verena, »und arbeite jetzt bei *Hundhausen*.«

»Sie ist technisch total begabt«, erklärte Birgit.

Verena wurde langsam ärgerlich. Was sollte dieses Große-Schwester-Getue?

»Na, dann trinken wir doch auf Ihren Nachwuchs!« Frau Blaschke – in tantigem Tonfall. »Und dass er gut auf die Welt kommt!«

»Nur zu!« Verena lehnte sich zurück. Sie wollte nach Hause. Die Sektrunde, das Thema – das war alles nicht ihr Ding.

»Und du?«, fragte jetzt Maren in Birgits Richtung. »Hast du mal jemanden umbringen wollen?«

Birgits Heiterkeit verschwand von einem Augenblick auf den anderen. »Ich würde ganz aktuell gern jemanden umbringen!« Birgit sprach leise. »Und zwar Hendrik Neuhaus.« Kunstpause. »Ich hab Tennistraining bei ihm genommen. Das war mein Fehler.«

Alle warteten ab, wohl wissend, das Tennistraining war nicht das Problem.

»Na ja, wie das so geht. Ich hab was angefangen mit ihm. Und jetzt – jetzt will er nicht wahrhaben, dass es vorbei ist.«

»Was ist das Problem?«, fragte Maren sehr professionell.

»Er belästigt mich. Er ruft mich an. Quatscht meine Mailbox voll. Steht nachts vor meiner Haustür. Schickt dauernd E-Mails. Er macht mir das Leben zur Hölle. Ich bin seit Wochen total neben der Spur.«

»Und damit warst du noch nicht bei der Polizei?« Frau Blaschke kam auf das Naheliegende.

»Nein«, sagte Birgit trotzig. »Weil …«

»Ja?«

»Er hat Fotos von mir. Und droht damit, sie ins Internet zu stellen.«

»Fotos?«, fragte Frau Blaschke irritiert.

»Solche Fotos?«, fragte Maren mit hochgezogener Braue.

Birgit wurde rot und nickte.

»Mist!«, sagte Maren.

»Ich wäre ruiniert.«

»Was arbeitest du?«

»Ich bin Ärztin im Marienkrankenhaus.«

Marens Blick wurde mitfühlend. »Kannst du nicht die Stelle wechseln? Weggehen?«

»Mal abgesehen davon, dass ich das eigentlich nicht will, hat Hendrik gesagt, dass er mich überall findet. Und dass man sich auch anderswo über diese Bilder freut.«

Stille setzte ein. Jede sinnierte vor sich hin. Jede stellte sich die Fotos vor.

»Wo wohnt der Kerl?« Maren fixierte Birgit auf einmal sehr konzentriert.

»In Geisecke. Wieso fragst du?« Birgit klang misstrauisch. Womöglich bereute sie schon ihre Offenherzigkeit. »Du hast doch nicht irgendwas vor?«

»Ich bin schon der Meinung, dass er damit aufhören sollte!«

Marens Satz blieb wie eine Wolke über dem Tisch hängen.

Dann brach Frau Blaschke ganz arglos das Schweigen. »Wie wäre es mit einer zweiten Runde Sekt?«

Es dauerte ein Weilchen, bis der Sekt bestellt war. Verena beobachtete unterdes ihre Freundin. Birgit hatte abgenommen. Okay, ihre Frisur verlieh ihr immer noch etwas Engelhaftes, aber da waren auch Schatten unter den Augen, gegen die auch der beste Concealer nicht half. Dieser Hendrik Neuhaus setzte ihr zu.

»Also«, begann Maren verschwörerisch, als alle ihren Sekt und Verena ihren Kirschsaft – ohne Wodka – hatten. »Ich hätte da eine Idee. Kennt ihr Lisbeth Salander?«

»Kommt die aus Schwerte?«, fragte Frau Blaschke auf ihre unnachahmliche Art.

»Nicht direkt«, vermittelte Verena.

Maren überging die Bemerkung. »Ich meine, wir sollten diesem Hendrik einen Besuch abstatten und ihn wissen lassen, dass das ab jetzt nicht mehr läuft.«

»Aha«, sagte Frau Blaschke, als hätte ihr endlich jemand den korrekten Gebrauch eines Mixers erklärt.

Birgit runzelte die Stirn. »Aber wenn ich mich richtig erinnere, hat Lisbeth Salander ihren Peiniger … ähm … also, sie hat ihn …« Birgit wusste nicht, wie sie es ausdrücken sollte, ohne ihre alte Grundschullehrerin allzu sehr zu schockieren.

»Sie hat ihm etwas eintätowiert«, erklärte Maren nüchtern. »Das müssen wir nicht. Wir sprühen diesem Hendrik etwas auf den Bauch. Farbe hab ich noch genug aus unserer Firma.«

Verena konnte es nicht fassen. »Du meinst, wir spazieren bei ihm in die Wohnung und lassen ihm ein Farbtattoo da? An was denkst du? Das Frauensymbol – pünktlich zum Frauentag?«

»Es geht um den Auftritt!«, erklärte Maren mit trotzigem Blick. »Wir müssen ihn einschüchtern. Ihm Angst machen. Damit er die Fotos herausrückt. Mein Gott, immerhin sind wir zu viert und er ist nichts weiter als ein einzelner Kerl.«

Verena stellte sich das vor. Wie sie als neu gegründeter Lisbeth-Salander-Fanklub bei Hendrik Neuhaus in die Wohnung marschierten. Frau Blaschke, die, wenn sie die Treppe geschafft hatte, erst mal nach Luft schnappen musste. Birgit, die in Krisenmomenten zu Ohnmachten neigte, und dann noch sie selbst im schicken Schwangerschaftsoutfit.

»Wenn wir das machen …«, begann jetzt Birgit mit angstgeweiteten Augen, »… dann rächt er sich nachher noch schlimmer an mir.«

Maren brauchte ein paar Sekunden, um diesen Einwand zu entkräften. »Wir müssen vermummt auftreten«, erklärte sie schließlich. »Ich hab noch Maleroveralls zu Hause. Die mit den Kapuzen. Das müsste doch gehen.«

Ein neues Bild: vier Frauen in weißen, plusterigen Einmalanzügen. Wenn Verena sich nicht täuschte, sah man damit aus, als wäre man im Kernkraftwerk tätig. Oder beim CSI in Las Vegas, New York oder Miami.

»In so einen Maleranzug passe ich wenigstens rein«, feixte sie in einem Anflug von Zynismus und Wahnsinn. »Allerdings ist er modisch nicht top. Damit sehe ich aus wie das Sams, nachdem es in einen Topf Mehl gefallen ist.«

»Darum geht es doch nicht!«, Maren verschränkte die Arme. »Es geht darum, sich das alles nicht gefallen zu lassen. Birgit wird erpresst. Und sie kann sich alleine nicht wehren. Also machen wir das zu viert.«

»Wie bist du überhaupt an dieses Ekel geraten?«, wandte sich Frau Blaschke nun an die Schülerin ihres Vertrauens.

Birgit zuckte mit den Achseln. Eigentlich war die Antwort ganz einfach, dachte Verena. Birgit stand nun mal auf Typen wie ihn. Da war dieser durchgeknallte Assistenzarzt vom Evangelischen Krankenhaus gewesen, dann der Kneipendauergast aus dem RdW. Und dann noch der Bäderfuzzi, der Gelder für ein neues Schwimmbad in Schwerte eingesackt hatte. Alles ein und derselbe Typ: groß, verwegener Blick, viel Gel im Haar und Schlafzimmer im Blick. Unglaublich eigentlich, dass eine Frau wie Birgit keinen vernünftigen Kerl abbekam. »So einen wie deinen Thomas gibt's halt nur einmal«, hatte Birgit schon häufig gesagt. Da hatte sie wohl recht. Das sah Verena in letzter Zeit klarer denn je.

»Lasst uns hinfahren«, schlug Maren vor. »Einfach mal gucken!«

»Hinfahren?« Allgemeine Unruhe kam auf. Frau Blaschke sah auf die Uhr. »Kriege ich denn dann nachher noch meinen Bus? Den 594er?«

»Ich bring Sie nach Hause«, sagte Maren pragmatisch.

»Ja dann …« Damit schien Frau Blaschke überzeugt. »Aber vorher wird hier ordentlich die Rechnung bezahlt. Ihr erlaubt, dass ich das übernehme?«

»Zweiter Stock, sagst du?«

Sie saßen in Marens Anstreicherkombi vor Hendriks Wohnung und reckten die Hälse – bis auf Birgit. Die schien sich in Verenas Schoß verkriechen zu wollen. Typisch Birgit. Es war stockduster, Hendrik weit und breit nicht in Sicht. Wovor hatte sie Angst?

»Ja, zweiter Stock«, kam es dumpf aus Verenas Schoß.

»Da ist Licht«, erklärte Maren. »Wollen wir mal raufgehen?«

»Untersteh dich!« Birgit fuhr hoch.

»Welches ist denn sein Auto?«, erkundigte sich Verena.

»Dunkelblauer Audi, da vorne.« Birgit zeigte auf einen Wagen. Dann bekam sie große Augen. »Und daneben steht das Auto von Carlos. Ein Tenniskumpel.«

»Okay«, fasste Verena zusammen. »Er hat Besuch. Ende der Aktion.«

»Wir könnten trotzdem raufgehen«, sagte Maren nur noch halb überzeugt. »Immerhin sind wir zu viert!«

»Maren!« Verena legte ihr die Hand auf die Schulter. »Was hast du vorhin über Frauenmorde gesagt – Männer hauen drauf, Frauen agieren planvoll, nicht wahr?«

Maren nickte.

»Und neunzig Prozent aller inhaftierten Mörder sind Männer. Das kann daran liegen, dass Frauen seltener morden. Es kann aber auch daran liegen, dass sie planvoll agieren und auch mal abbrechen, wenn ihre Chance zu gering ist.«

»Ich will jetzt nach Hause«, plärrte Birgit, schon wieder in Deckung.

Maren zögerte kurz. »Okay«, sagte sie dann. »Abmarsch!«

»Jetzt schon?« Frau Blaschke schien fast ein bisschen enttäuscht. Dann plötzlich drehte sie sich zu Birgit nach hinten. »Aber eine Lösung musst du finden, Mädchen! Lass dich nicht erpressen! Ist mir auch mal passiert. Als ich mit einer Kollegin was hatte, wollte doch tatsächlich der Schulleiter …«

Verena biss vor Überraschung in ihren Schal.

Die Sonne war herausgekommen, die Ruhr plätscherte – Verena konnte nicht widerstehen. Sie stellte das Rad ab und ließ sich mitsamt Zeitungen auf ihrer Lieblingsbank nieder. Sowohl die *Ruhr Nachrichten* als auch die *Westfälische Rundschau* hatten den Artikel auf die erste Seite des Lokalteils gesetzt: *Tragischer Unfall auf der Geisecker Talstraße.* Ein Audi war ungebremst in eine Buche gerast und hatte sich quasi in zwei Teile zerlegt. Der Fahrer war tot. Noch konnte man sich die Unfallursache nicht erklären.

Tja, Verena war nun mal eher technisch begabt. Lisbeth-

Salander-Auftritte lagen ihr nicht. Eine Bremse zu manipulieren dagegen schon eher. Sie war mit Maren zurückgekehrt. Die hatte Wache geschoben, Birgit war für so etwas ja nicht zu gebrauchen. Gott sei Dank hatte Hendrik ruckzuck Vollgas gegeben, als er, kurz nachdem sein Kumpel Carlo gegangen war, aus dem Haus gekommen war. Und Gott sei Dank legte der Macho nie einen Gurt an. Unmöglich, der Kerl. Und vor allem: nicht der passende Vater für ihr Kind!

Der Zwischenfall im Keller auf Birgits Party hatte Folgen gehabt. Die gute Folge befand sich in ihrem Bauch. Die schlechte Folge hatte sie kurzfristig eliminiert. Sie liebte Thomas und sie liebte ihr Leben in Schwerte. Das war so – und das sollte auch auf Dauer so bleiben. Sie hatte ja nicht ahnen können, wie durchgeknallt Hendrik Neuhaus war. Dass er, während sie angeschickert die Kellertür geschlossen hatte, heimlich sein Handy zum Filmen auf der Fensterbank positioniert hatte. Völlig unberechenbar, der Kerl. Ein typischer Birgit-Fang. Wer weiß, wie er reagiert hätte, wenn er etwas von der Schwangerschaft mitbekommen hätte. Dann hätte Thomas neben dem Ergebnis des Vaterschaftstests auch noch eine heiße Filmsequenz geliefert bekommen. Ganz zu schweigen von Birgits Reaktion, wenn die ganze Sache herausgekommen wäre. Birgit sollte schließlich Patentante werden. Noch suchten Thomas und Verena einen Namen für ihr erstes Mädchen. Verena fand ja eigentlich Maren ganz schön.

1. April

*Probleme bei der Spaghetiernte in Italien oder die Ein-
führung des Linksverkehrs in Berlin – am 1. April machen
sich nicht nur Medien ein Jux daraus, die Leser und Zuschauer mit fast echt klingenden Meldungen ›in den April‹
zu schicken. Wer es als Scherzbold lieber privat treibt, sagt
zum Kollegen im Büro »Ich glaube, da unten brennt gerade dein Wagen ab!« oder informiert seinen Lebenspartner
»Schatz, ab morgen wohnt meine Mutter bei uns!«. Über
den Ursprung dieses europäischen und nordamerikani-
schen Brauches gibt es fast so viele Theorien wie Aprils-
cherze selbst. Von einem ganz besonderen Aprilscherz erzählt Erwin Grosche, der zur Vertiefung einer Recherche
eigens am 1. April noch einmal nach Holzwickede fuhr …*

Erwin Grosche

Tödliche Scherze in Holzwickede

Möhringer schreckte aus seinem Alptraum hoch. Er lag angezogen auf seinem Bett und hatte einen trockenen Mund.

»Zu besoffen, um sich auszuziehen«, stellte er fest und tastete nach seinen Zigaretten. Gähnend zog er seinen Parka aus.

Ich stinke, dachte er. Sein Feuerzeug steckte in der Brusttasche seiner karierten Jacke. Die Stichflamme blendete ihn. Feuer. Der Aschenbecher war überfüllt. Das Fenster stand auf und ließ die Kälte herein. War jemand in seinem Zimmer gewesen?

Wo war seine Pistole? Eine Beretta konnte eine gute Freundin sein. Sie lag griffbereit unter dem unbezogenen Kopfkissen der anderen Bettseite. Wie gut sie in der Hand lag. Er lachte. Aua, das tat weh.

Möhringer stand auf. Er stolperte zum Fenster. Es regnete in Holzwickede. Aprilwetter. Kalt war es geworden. Der Frühling trug einen Pelzmantel. Gestern waren noch Hagelkörner von ihm abgeprallt wie Tennisbälle. Er schaute auf sein Handy. Jemand hatte ihn angerufen: 0151/23284548. Er kannte die Nummer. Das war Brandt. Brandt wollte ihn mürbe machen. Er wollte ihn zerstören.

»Komm nur, komm nur«, murmelte Möhringer. »Ich mach dich fertig.« Er wusste, wie armselig das klang. Eine Krähe flog auf das Fenstersims und lachte ihn aus.

Möhringer schrieb Reiseführer. Popinga, sein Chef, hatte ihn nach Holzwickede geschickt. »Holzwickede muss überarbeitet werden«, hatte er gesagt. Möhringer kannte den Ort. Er hatte ihn schon vor Jahren erkundet.

Nun saß Möhringer im Frühstücksraum der *Kronenschänke* und schmierte sich Butterbrote. Es war Sonntag, der 1. April.

»Haben Sie die Quelle besucht?«, fragte die Pensionswirtin Frau Tanzer. Auf ihrem Trainingsanzug war das Gemeindewappen aufgenäht. Rauchend stand sie im Thekenraum und blies den blauen Dunst zu ihm herüber. »Warum stehen wir eigentlich auf, wenn wir noch müde sind?«, fragte sie gähnend.

Die Gaststätte war seit Jahren geschlossen. Der einzige Gast war der Papagei, der eine Ente nachmachen konnte. »Wak, Wak, Wak«. Möhringer hatte aus Schreck das Toastbrot fallen lassen. Natürlich fiel es mit der Marmeladenseite nach unten.

»Daran ist die EU schuld«, sagte Frau Tanzer und band bunte Plastikeier an den Papageienkäfig. »Seitdem Tische fünfundsiebzig Zentimeter hoch sein müssen, klatschen die Brote immer mit der Marmeladenseite auf. Ist das nicht traurig?«

Möhringer nickte. Er stellte sich vor, wie er Brandt von der Carolinenbrücke stoßen würde und der statt auf den Po auf das Gesicht knallte.

Natürlich kannte er die Emscherquelle. In einer Stadt, die mit dem Slogan wirbt: ›Holzwickede – Emscher und mehr‹, ist man schon auf die Highlights angewiesen. Heute wollte er das ›Mehr‹ erkunden. Er schaute aus dem Fenster in den Garten. Nach dem Nachtregen schien nun die Sonne. Am blauen Himmel tummelten sich weiße und graue Wolken. Es war trotzdem kalt. Ein Mann schabte Eis von der Windschutzscheibe seines Autos. Möhringer weilte seit einigen Tagen in ›Entenhausen‹. Die Kälte hatte ihn überrascht. Holzwickede zeigte sich von seiner Aprilseite. Missmutig saß er später in seinem Zimmer und machte sich Notizen. Ein Tourist wollte genau wissen, was ihn erwartete, sonst konnte er gleich im Internet wandern.

Holzwickede ist mehr als eine Gemeinde mit Qualität. Hier leben Menschen und Tiere in Frieden zusammen. Enten, Krähen, Hunde und Katzen teilen ihren Lebensraum mit Einheimischen und Gästen. Das fröhliche »Arg, Arg« der Krähen mischt sich mit den lockenden Klängen der Kirchenglocken. Kein Wunder, dass der Internationale Hundesportverein, *die* Fischfreunde Holzwickede *und der* TUS Elch 1963 *regen Zulauf haben ...«*

Möhringer gähnte und steckte sich eine neue Zigarette an. So ging das nicht. Er musste den neuen Reiseführer anders aufpeppen. Er sollte doch noch einmal die Emscherquelle besuchen und sie mit neuen Augen entdecken.

Möhringer war der erste Mitarbeiter von *Junges Wandern* gewesen. Popinga, der Einarmige, hatte den Verlag mit Geld aus einer Erbschaft gegründet. Gleich das erste Wanderbuch, das er herausgegeben hatte, wurde ein Erfolg. *Junges Wandern* war ein kleiner Verlag. Er finanzierte sich nicht nur durch den Verkauf der Bücher, sondern durch die Anzeigen von Spazierstockfirmen, Wanderschuhgeschäften und Reisebüros darin. Popinga hatte Möhringer gefragt, ob er für ihn arbeiten wollte. Er hatte in der Schule neben Popinga gesessen und ihn immer abschreiben lassen. So etwas verbindet. Daher zögerte er keine Sekunde, erklärte »Ich nehme das in die Hand« und ging auf Reisen.

Das fiel ihm leicht, denn seine Frau hatte ihn gerade verlassen. Sie hatte, so sagte sie, einen Mann kennengelernt, der besser zu ihr passte. Erst später erfuhr Möhringer, dass Popinga dieser Mann war, der seiner Ex den Hof machte. Ihm konnte es recht sein. Weg ist weg. Und er war ohnehin unterwegs.

Holzwickede kann sich sehen lassen. Hier rollt der Ball. Dort, wo sich Mensch und Ente heimisch fühlen, kann man auch gutes Brot kaufen. Liegt es an der Erbsensuppe der Fleischerei Vonhoff *oder dem Mahnmal gegen den*

Krieg im einladenden Emscherpark? Alles lädt zum Verweilen ein, zur kurzen Rast, zur kleinen Sinnpause.

Möhringer riss den Zettel aus dem Block und zerknüllte ihn. Er musste sich konzentrieren. Wo war er nur mit seinen Gedanken? Das Mahnmal stand schon längst in Münster. Er musste auf den neuen Bouleplatz hinweisen. Er musste auf Veränderungen eingehen. Er musste über Dinge schreiben, die die Stadt noch lebenswerter machten. Er wollte das französische Flair der Emschergemeinde erkunden. Die Kulturtage erwähnen, den Weihnachtsmarkt hervorheben, die neue Brücke preisen. Kopfschüttelnd warf er den zerknüllten Zettel in den Papierkorb.

Möhringer saß allein in der *Bäckerei Grobe.* An diesem ersten Aprilsonntag war der Ort wie ausgestorben. Der kleine Kiosk der Trinkhalle gegenüber hatte geöffnet und das Blumengeschäft an der Hauptstraße, sonst bestimmten nur Enten und Krähen das Straßenbild. Er schob den Schreibblock zur Seite. Er hatte ihn vom Fachbereich II/Bürgerdienste geschenkt bekommen. Am Rand war das Holzwickeder Wappen aufgedruckt. Auf dem Hilgenbaum war ein Kaffeefleck zu sehen. Natürlich hatte er die Eiche, an der die Holzwickeder früher Zettel mit Nachrichten anzubringen pflegten, schon in der Erstauflage seines Wanderführers erwähnt.

Möhringer schaute auf die Straße. Krähen vertrieben zwei Enten von der Trinkhalle. Er hatte das Gefühl, dass jeder seiner Schritte beobachtet wurde. War ihm Brandt auf den Fersen? Er fing langsam an, Gespenster zu sehen.

Brandt war Popingas neuer Liebling. Er war plötzlich im Verlag aufgetaucht. Eigentlich wollte er Popingas Tochter ausführen, aber dann blieb er da. Brandt war der geborene Verkäufer. Die Werbekunden rannten ihm nach, die Marktanteile stiegen, die Konkurrenz war geschlagen. Eines Tages hatte Popinga zu einem Meeting geladen. «Ich möchte, dass

Brandt größere Verantwortung trägt«, sagte er. »Er wird uns verstärkt unter die Arme greifen!«

Möhringer stutzte. »Wobei soll er *uns* denn unter die *Arme* greifen?« Möhringer konnte nicht anders. Redewendungen mit ›Arm‹ und ›Hand‹ lagen ihm stets auf der Zunge. Dabei war Popinga, der Einarmige, sehr geschickt. Er konnte mit einer Hand gleichzeitig eine Kaffeetasse und ein Stück Kuchen festhalten. Popinga verdrehte die Augen.

»Entschuldige«, sagte Möhringer. »Ich bin wieder albern. Solche Scherze liegen halt auf der *Hand*.«

Popinga lachte gequält. »Brandt soll auch Artikel schreiben. Die Wanderführer brauchen mehr Schwung. Brandt ist jung. Der kann das.«

Möhringer glaubte, nicht richtig gehört zu haben. War er gerade kaltgestellt worden? »Brandt soll deine rechte *Hand* werden, oder?«, murmelte er und schüttelte den Kopf. Das durfte nicht sein. »Ich werde weggepustet wie ein Kuchenkrümel.«

Zum Glück gehörten ihm zwanzig Prozent des Verlages, mit denen er sich damals nach seinem Einstieg als Autor an dem Unternehmen beteiligt hatte. So einfach würde er seinen Platz nicht räumen. Er hatte vorgesorgt, aber nicht nur er.

Auch die Ratte hatte alles geplant. Brandt ging mit Popingas Tochter aus, um dem Chef nahe zu sein. Es dauerte gar nicht lange, da hielt er um die Hand von Simone Popinga an. Dieser Schleimer. Die Hochzeit sollte im August sein. Möhringer war eingeladen. Brandt wollte den Namen seiner Frau annehmen, dann würde er auch Popinga heißen. Wie praktisch. Die Ratte bereitete die Übernahme vor.

Sein Chef riss ihn aus allen Gedanken. »Ich schicke den Jungen mit dir nach Holzwickede. Da kann er zeigen, was er drauf hat.«

Möhringer stand auf und schüttelte den Kopf. Holzwickede gehörte ihm. Aus seinen Kontakten dort waren Freundschaften geworden. Man grüßte ihn auf der Dudenrother Straße. Gerade in diesem Jahr, wo der *Holzwickeder*

SV Jubiläum hatte, wollte er der Gemeinde helfen, sich von der besten Seite zu zeigen. Er war der große Präsentator. Das konnte man ihm nicht nehmen. »Das hat doch weder *Hand* noch *Fuß*«, murmelte Möhringer.

Gleich nach seiner Ankunft in Holzwickede stellte er Brandt zur Rede. Sie trafen sich in der katholischen Pfarrkirche Liebfrauen. Dort, wo laut ihrem Wanderführer *beschauliche Momente* warteten. Brandt hatte einen Termin mit dem Pfarrer, der eine Anzeige in dem neuen Wanderführer schalten wollte. Möhringer hatte kaum geschlafen und sah aus wie ein Zombie.

Es roch nach ausgepusteten Kerzen. Auf der Empore spielte jemand Orgel: Bach. Brandt trug eine Fliegermütze, die er unter dem Kinn nicht zugebunden hatte. Er trat so selbstsicher auf, als gehörte der Verlag schon ihm.

Noch bist du nicht mein Chef, dachte Möhringer. Brandt verzog die Nase, als wäre ihm der Weihrauchgeruch zuwider. Es war kalt in der Kirche, Brandt ging auf und ab, als wäre er in einer Bahnhofshalle. Möhringer überlegte noch, wie er beginnen sollte, als ihn Brandt gleich anfuhr. »Solche Typen wie dich will keiner mehr haben«, sagte er. »Schau dich an. Du bist ein Wrack. Du stinkst.«

Möhringer blieb die Luft weg. Mit so viel Hass hatte er nicht gerechnet. Er fixierte Brandt in seinem Bugatti-Kaschmirmantel. »Du willst mich ausschalten?«

Brandt lachte. Er stand vor der Kanzel und blickte hoch. »Hör zu, Möhringer«, zischte er. »Ihr habt den Verlag seit Jahren vernachlässigt. Ihr könnt von Glück reden, dass ich komme.«

Möhringer räusperte sich. Das tat er immer, wenn es darum ging, sich durchzusetzen. »Du weißt genau, dass der Verlag nicht groß genug ist, um drei Leute zu ernähren.«

Brandt lachte auf. »Das sehe ich genauso. Zieh dich warm an. Ich will dich nicht dabeihaben. Entweder du gehst freiwillig oder ich schmeiße dich aus dem Fenster.«

Möhringer stutzte. So einfach war das? »Ich habe Anteile am Verlag«, sagte er leise.

»Ich werde dich vernichten«, sagte Brandt. »Du bist Schrott. Wenn ich mit dir fertig bin, bist du tot.«

Möhringer hatte verstanden. Brandt wollte der neue Möhringer sein. Die Ratte wollte seine Bücher schreiben. Der Wettlauf zwischen Hase und Igel fand dieses Jahr in Holzwickede statt. Der Bessere drückte dem Holzwickeder Buch seinen Stempel auf.

Möhringer nickte. »Ich gebe nicht auf«, murmelte er. Er duzte sich mit Hoppy Kurrat. Er wusste, dass man den Ortsteil Opherdicke ›Op-Herdicke‹ aussprach und nicht ›Opher-Dicke‹, als würden da nur Beleibte wohnen. Er würde nicht kampflos aufgeben. Es war schon mancher in Holzwickede verschwunden und nie wieder aufgetaucht. Er starrte Brandt an. »Du Ratte«, stammelte er.

Brandt lachte. Wie in einem schlechten Film lachte er laut auf und hörte sich dabei zu.

Seit diesem Treffen wusste Möhringer, dass seine Tage im Verlag gezählt waren. Nach Holzwickede würde nichts mehr sein wie vorher. Und er war froh, dass er seine Beretta mitgenommen hatte.

Dereinst, so heißt es in einer alten Sage, lebte in Holzwickede die Jungfrau Emrizza Amberhus, die mit ihrem Kaufmannsgeschäft in der Dudenrother Straße großen Reichtum anhäufte und dafür bekannt war, nicht mit den Armen und Kranken zu teilen. So wurde Emrizza Amberhus einsam und alt und eines Tages erschien ihr eine himmlische Gestalt und sprach: »Was du im Leben versäumt hast, wirst du nach dem Tode gutmachen!«

Da vermachte Emrizza all ihr Hab und Gut der Pfarrkirche und wurde nach ihrem Tod vor dem Kreuzaltar als Gönnerin bestattet. Und seit dieser Zeit erschien immer, bevor ein Brand ausbrach, über dem Quellteich der Emscher, den die Bauern bei Feuersbrünsten auch als Lösch-

teich benutzten, eine schöne Frau mit den Gesichtszügen
der Emrizza.
Sie war der Holzwickeder Feuermelder. Ihr Erscheinen
warnte Feuerwehr und Rettungsdienst. Erst kürzlich trat
der Löschzug Mitte *der Feuerwehr Holzwickede an und*
blickte auf das vergangene Jahr zurück. Nur dreiund-
neunzig Mal wurde der Löschzug zwischen Januar und
Dezember alarmiert. Bei fünfundzwanzig Einsätzen rück-
te die Feuerwehr zur Brandbekämpfung aus. Immer war
sie gut vorbereitet gewesen, dank dem Vorwarnsystem von
Emrizza Amberhus.

Möhringer fluchte. Der Kugelschreiber gab seinen Geist auf.
Er stand am Quellbecken der Emscher. Die Worte flossen
ihm zu. Das hatte er manchmal. Es gab Augenblicke, da
wusste er genau, was er schreiben wollte. Nun machte ihm
dieser Kugelschreiber einen Strich durch die Rechnung. Die
Sonne schien, aber es war noch immer kalt. Schlecht gelaunt
schaute er sich um. Er war allein und fror. Auf der angren-
zenden Wiese ruhten sieben Heidschnucken. Zwei Autos
standen auf dem Parkplatz, eine Fahne zappelte im Wind.

Er war zu Fuß hergekommen, der Weg hatte ihn durch
den Park geführt. Das nasse Gras glänzte im Sonnenlicht.
Die Forsythiensträucher zeigten ihre gelben Blüten. An
manchen Büschen hingen bunte Plastikeier. Kirchgänger
standen vor der Kirche und schauten in den Himmel. Die
Krähen drehten ihre Kreise und sangen ihr trotziges Lied.

Begleitet von einem Entenpaar ging er weiter durch den
Park. Später stieß er auf die Hauptstraße. Er lief über den
Lünschermannsweg, vorbei an Rotbuchen, zum Emscherquellhof. Auch hier konnte man das Krächzen der Krähen
hören, das Läuten der Glocken und das Rauschen der Autos
auf dem Ruhrschnellweg. Je mehr er sich der Quellanlage
näherte, umso mehr verschwand sie hinter Sträuchern und
Bäumen. Schließlich lief er über den Holzsteg auf die Quelle
zu, stand auf einem kleinen Steg und schaute auf die Fach-

werkhäuser der Hofanlage. Der Himmel war blau. Holte die Welt Luft? Er hatte von der kleinen *Helenbrauerei*, dem neuen Werbepartner des Verlages, einen *Holzwickede – Gemeinde mit Qualität*-Kugelschreiber geschenkt bekommen. Aber der schrieb nicht. Sein Handy vibrierte.

»Ich bin es«, sagte Brandt. »Bist du gerade beschäftigt?«

Möhringer war überrascht. »Leck mich am Arsch, Brandt«, antwortete er. »Mit dir bin ich fertig.«

Zwei Tauben gurrten, eine kleine braune Maus lief durch das Laub. Plötzlich hörte Möhringer ein Wimmern. Brandt weinte.

»Es tut mir leid, Möhringer«, schluchzte er. »Ich bin ein schlechter Mensch. Ich will dir nichts Böses. Du bist doch für mich ein Vorbild.«

Möhringer traute seinen Ohren nicht. Was war denn das? Wurde da der Saulus zum Paulus, die Raupe zum Schmetterling, die Krähe zur Ente? Für einen kurzen Augenblick glaubte er Brandt, bis er am anderen Ende der Leitung dessen Lachen hörte, dieses gemeine Kichern, dieses überhebliche Gegrunze.

Möhringer schmiss vor Wut den Kugelschreiber ins Gebüsch. Brandt hatte ihn in den April geschickt. Welcher Erwachsene spielte noch solche Spiele? Möhringer zwang sich zur Ruhe. Er wollte dieser Ratte nicht zeigen, wie wütend er war.

»Du bist krank«, schrie er dann doch. »Du bist ein kranker Idiot. Was willst du von mir? Ich dachte, du wolltest mich ausradieren?«

»Entspann dich«, flüsterte Brandt. »Wir hatten keinen guten Start. Vielleicht können wir unseren Zwist aus der Welt schaffen.«

Möhringer sagte nichts. Er schaute der Maus zu, die noch immer um das Quellbecken huschte. Im trüben Wasser spiegelte sich das Hauptgebäude. Der blaue Himmel nutzte den Löschteich als Leinwand. Wie Wanderwege verbanden die weißen Striche der startenden Flugzeuge alle Wolkenfelder.

»Ich habe nicht viel Zeit«, sagte Brandt. »Ich treffe mich gleich mit dem Bürgermeister und Vertretern der Wirtschaft. Stell dir vor, die wollen alle bei *Junges Wandern* werben.«

Möhringer seufzte. Wenn das stimmte, dann war ihm der Sack eine Nasenlänge voraus.

»Was willst du, Brandt?«, fragte Möhringer erneut.

Am anderen Ende entstand eine lange Pause. Möhringer hörte, wie Brandt einen zweiten Anruf annahm und in die Warteschleife schickte. »Ich will einfach mit dir reden.«

»Was gibt es da zu bereden?«, fragte Möhringer.

»Lass uns unsere Unstimmigkeiten aus dem Weg räumen. Besuch mich im *Etap-Hotel*. Ich lad dich ein. Lass uns reden.«

Möhringer kannte das Hotel. Es lag im Norden in der Nähe des Flughafens. Hier stieg man ab, wenn man von Holzwickede nichts mitbekommen wollte. Möhringer atmete langsam ein und aus. Er musste etwas sagen.

»Natürlich, Brandt«, flüsterte er und musste sich räuspern. »Ich komme zu dir ins Hotel. Sagen wir um zwanzig Uhr?«

Sie beendeten das Gespräch.

Möhringer fühlte sich allein und ausgeliefert. Er starrte ins Wasser. Plötzlich sah er ein Gesicht. War das sein Gesicht? Spielte ihm sein Kreislauf einen Streich? Aus den Wolken des Himmels bildete sich ein Gesicht. Er sah es ganz deutlich. Da war eine Erscheinung. War das der Geist der Emrizza Amberhus? Die Welt hielt inne, um ihn zu warnen.

Möhringer hatte eine Idee. Das könnte Brandt aus dem Rennen werfen. Er war durch den Nieselregen in die *Kronenschänke* geschlichen. »Scheißaprilwetter.« Er wollte seine Beretta holen. Sicher war sicher. Sein Treffen mit Brandt konnte gefährlich werden.

Seine Schuhe waren durch das nasse Gras aufgeweicht. Er fror und sein linker Schuh gab bei jedem Schritt einen Ton von sich, als würde eine Ente gequält. So kam er auf die Idee.

Überall begegnete er Enten, die es eilig hatten. Sogar vor der *Kronenschänke* lungerten vier der Vögel herum und starrten ihn neugierig an. Das war es. Nach dem Segensweg rund um Ergste, dem Meditationsweg bei Fröndenberg, und dem historischen Bergbaurundweg würde er einen Entenweg anbieten.

Eine Wanderroute, die sich dem Marsch der Enten anschloss. Er würde am Holzwickeder Bahnhof beginnen. Von hier aus ging es durch Teile des Zentrums. Immer den Enten nach. Weiter über die Massener und die Holzwickeder Straße Richtung Süden. In der *Pizzeria Venezia* könnte man zwischendurch eine Rast einlegen. Hier aß man vielleicht Entenbrustfilet. Alles war dem Thema untergeordnet. Später führte die Tour zum *Haus Opherdicke* und lief den Enten nach über einen Feldweg in Richtung Südwesten. Hier hatte man einen herrlichen Rundumblick bis hin zum Ruhrtal. Nun verlief die Strecke in Richtung Norden über die Autobahn A 1, durch das Sölderholz bis zur Emscherquelle. Der restaurierte *Emscherquellhof* gewährte nun einen Einblick über Entenhaltung in der ländlichen Hellwegregion des neunzehnten Jahrhunderts. Das restliche Wanderstück führte durch den renaturierten Emscherpark in Holzwickede zum Bahnhof zurück. Begleitet wurde man dabei von Entenpaaren, die sich auch gemeinsam mit den Wanderern fotografieren ließen. Eine Wanderung für Familien. Ein Hit für Kinder. Länge des Weges: zwölf Kilometer.

Das *Etap-Hotel* lag direkt im Industriegebiet. Hier verweilten nur die, die auf der Durchreise waren. Möhringer hatte Brandt eine Nachricht hinterlassen, dass er später kommen würde. Der Weg dorthin erwies sich als länger, als er gedacht hatte. Als er endlich das Hotel erreichte, war er erschöpft und durchgefroren. Zum Glück hatte der Regen aufgehört zu nerven. Kein Mensch war zu sehen. Es war dunkel wie auf einem Autofriedhof. Wilde Hunde schlichen um das Hotel, Krähen hockten auf der Treppe. Wo waren die Enten?

Möhringer ging in das Hotel. Er war hungrig und hatte schlechte Laune. Natürlich hatte er auch Angst. Was führte Brandt im Schilde? Er traute dem Frieden nicht. Direkt hinter der Rezeption konnte man den Frühstücksraum sehen. Weiße Würfel ersetzten Stühle.

»Herr Brandt hat uns schon Ihr Kommen angekündigt«, sagte die Rezeptionistin. »Sie können einfach hochfahren. Herr Brandt wohnt im achtzehnten Stockwerk im Zimmer 806, direkt gegenüber dem Aufzug.«

Der Aufzug fuhr so langsam, als wollte er sich schonen. Möhringer dachte an das Treffen mit Brandt. Nun galt es, reinen Tisch zu machen. Er wollte auf Brandt zugehen und ihm die Idee der Entenroute vorschlagen. Das war neu. Das müsste ihn interessieren. Vielleicht schafften sie so einen Neuanfang.

Als er aus dem Aufzug stieg, sah er gleich das Zimmer 806. Er wollte anklopfen, aber die Tür war geöffnet. Hier stimmte etwas nicht. Er lauschte an der Tür. Alles war still. Automatisch griff er in seinen Parka und holte die Beretta hervor. Er zögerte kurz, dann stieß er die Tür auf. Er dachte noch, dass er einen komischen Duft wahrnahm, als ihm auch schon aus einem Eimer ein nasser Schwall entgegenkam. War das Benzin? Er war sofort durchnässt. Wer macht denn solche Scherze? Wer stellt denn einen Eimer auf den Rahmen der leicht geöffneten Tür, damit er sich auf den entleerte, der die Tür öffnete, um einzutreten? Der Eimer hatte ihm die Beretta aus der Hand geschlagen. Der Schweiß stand ihm auf der Stirn.

»April, April!« Brandt stand vor ihm. »Selten so gelacht!« Er hatte Handschuhe an und überschüttete ihn aus einem Kanister mit Benzin. »Sicher ist sicher«, sagte er. »Möhringer, du sollst brennen.«

Möhringer sackte zusammen. Das war zu viel für ihn. Er sah noch, wie Brandt ein Feuerzeug aus der Tasche kramte und eine Zeitung anzündete. »Du hast wohl gedacht, du kannst mich reinlegen, was?« Brandt schob mit dem Fuß die

Beretta unter das Hotelbett. »Wie praktisch, dass deine Verlagsanteile automatisch an deine Witwe fallen.«

Möhringer dachte noch an die Erscheinung bei der Emscherquelle, Emrizza Amberhus. Sie hatte ihn vor der Feuersbrunst und Brand warnen wollen. Wie blind musste er gewesen sein? Sein Konkurrent hieß Brandt. Brandt wie Feuersbrunst. Brandt wollte ihn anzünden. Er warf die Zeitung zu ihm, die lodernd den Raum erhellte. »Ich werde vom armen Kollegen erzählen, der das Leben nicht mehr ertragen konnte und freiwillig seinem Dasein ein Ende machte«, kicherte Brandt.

Ehe sich Möhringer noch fragen konnte, was nun aus der Entenroute werden sollte, stand er in Flammen. Er murmelte noch »Du Ratte«, dann warf er sich auf Brandt und stieß ihn zum Balkon. Möhringer kreischte, als er die Tür aufriss und zusammen mit Brandt aus dem achtzehnten Stock stürzte. Viele Holzwickeder, die diesen Feuerball aus der Ferne sahen, dachten an eine Sternschnuppe und wünschten sich etwas. Möhringer machte sich auf die letzte Wanderung, die dieses Leben für ihn vorgesehen hatte, und er fiel weich. Holzwickede nannte später eine Straße nach ihm, dem großen Freund der Gemeinde. Seit diesem Tag hieß die Hauptstraße Möhringerstraße.

Karfreitag

Der Karfreitag ist der Freitag vor Ostern, der Tag nach dem Gründonnerstag. Im christlichen Glauben wird am Karfreitag des Kreuzestodes Jesu Christi gedacht. Der Karfreitag ist ein ›stiller Feiertag‹, an dem in Deutschland weder Tanz- noch Musikveranstaltungen durchgeführt werden dürfen, außer wenn sie ›auf den ernsten Charakter des Tages‹ Rücksicht nehmen. Im katholischen Glauben gehört der Karfreitag als strenger Fasten- und Abstinenztag zur ›Dreitagefeier vom Leiden und Sterben, von der Grabesruhe und der Auferstehung des Herrn‹, die von Gründonnerstag bis in die Osternacht dauert. Entsprechend ernst, nachdenklich und nachdenkenswert erzählt Jürgen Banscherus davon, was am Karfreitag im Jahr 1958 in Wickede geschah …

Jürgen Banscherus

Nr. 118 – Wickeder Totentanz

Nacht vom 18. auf den 19. Mai 1943

»Besser du bist hier oben als unten am Fluss.« Der Kleine zieht an seiner Zigarette. Es ist kurz vor Mitternacht. Auch jetzt sind aus der Schule St. Antonius gegenüber noch Stimmen zu hören. Die Totengräber werden in den nächsten Tagen zu tun haben. Und die Geistlichkeit auch.

»Weiß nicht«, sagt der Lange, während er seine Füße, die in schmutzigen Militärstiefeln stecken, auf den wackligen Schreibtisch legt. »Meinetwegen hätten die alle ersaufen können. Sind doch Untermenschen – einer wie der andere!«

Der Kleine öffnet die Tür und lässt seinen Blick über die Reihen der schlafenden Männer wandern. Sie mussten heute nicht arbeiten. In fast allen Wickeder Fabriken standen die Maschinen still – soweit das Wasser sie nicht zerstört hat.

»Verdammte Tommys«, sagt der Kleine, nachdem er sich wieder hingesetzt hat. Nachts geht die Zeit nicht um. Da ist es gut, wenn man einen zum Reden hat.

Der Lange nickt. »Die soll'n sich nicht zu früh freuen. Wenn der Führer erst seine Wunderwaffe einsetzt, verschwindet England von der Landkarte. Sollst mal sehen. Dann helfen denen auch ihre verdammten Lancasters nix!«

Aus der Schleiferei, in der die Fremdarbeiter untergebracht sind, ist plötzlich Stimmengemurmel zu hören. Der Lange reißt die Tür auf: »Ruhe!«, schreit er, dass die Fensterscheiben klirren. »Oder es wird euch leid tun!«

Während die Glocken von St. Antonius Mitternacht schlagen, zündet sich der Kleine die nächste Zigarette an. »Sie sollen seit gestern schon hundert Leichen aus der Ruhr geholt haben«, sagt er. »Hundert – und es hört nicht auf!«

Im Ofen knackt das Bruchholz, das sie im Wald gesammelt haben, aus der zerbeulten Kanne auf der Herdplatte zieht der Geruch des Ersatzkaffees durch den Raum. Von draußen ist das Klappern eines Karrens zu vernehmen, der unter lauten Rufen die Kirchstraße hinaufgeschoben wird. Wahrscheinlich bringen sie wieder neue Tote in die katholische Volksschule. Es ist Vollmond. Auch ohne Laternen werden die Helfer genug sehen.

Bevor die Lancaster-Bomber der Briten die Staumauer der Möhnetalsperre angegriffen haben, hat es Fliegeralarm gegeben. Die Menschen sind, wie sie es immer getan haben, seit die Bomberstaffeln Richtung Ruhrgebiet fliegen, in ihre Keller gegangen. Dort sind sie vom Wasser überrascht worden – vor allem die ärmeren Familien, die Fabrikarbeiter und kleinen Angestellten, die in den dünnwandigen Häusern nahe der Ruhr wohnen.

»Manchmal habe ich Angst vor denen«, nimmt der Lange den Gesprächsfaden wieder auf.

»Vor den Tommys?«, fragt der Kleine.

Der Lange deutet mit dem Kopf zur Tür. »Nicht vor den Tommys! Vor denen da drinnen. Wenn die sich mal gegen uns zusammentun – dann hilft nur beten, sag ich dir. Der Michail ist der Schlimmste.«

»Findest du?«

»Auf den hören sie. Alle.«

Wieder schweigen die beiden. Der Kleine zieht nervös an seiner Zigarette. Normalerweise sagt der Lange kein Wort zu viel. Wenn er gesprächig wird, wie in dieser Nacht, ist was im Busch.

»Du magst den Oleg, stimmt's?«, sagt der Lange jetzt.

Der Kleine spürt, wie ihm die Röte ins Gesicht steigt, und hofft, dass der Lange es im Licht der schwachen Glühbirne nicht bemerkt. »Wieso?«, fragt er mit dünner Stimme zurück.

»Ist ja auch 'n hübscher Bursche. Wär ich 'n warmer Bruder, könnt der mir schon gefallen.«

Als der Kleine darauf nichts sagt, fährt der Lange fort:

»Ich hab euch gesehen, stell dir vor. Hattest deine Zunge ganz schön tief bei dem Kerl im Hals.«

»Du ... du bist verrückt! Wie kannst du so was behaup...«

»Du und 'n dreckiger Ostarbeiter – ekelhaft«, sagt der Lange und spuckt auf den Boden, den Oleg am Morgen stundenlang gescheuert hat. »Einer wie du gehört ins Lager. Zu den anderen warmen Brüdern.«

Der Kleine holt tief Luft. »Und was ist mit dir?« Seine Stimme überschlägt sich. »Bist du etwa ein Heiliger? Na? Du schaffst das Fressen beiseite! Du verkaufst die Sachen unten im Ort und lässt die Männer hungern!« Und etwas leiser fügt er hinzu: »Irgendwann machen die dich fertig, wart's nur ab!«

»Besser ein Dieb als ein warmer Bruder«, sagt der Lange. »Außerdem gehen die sowieso alle drauf. Auf ein paar Wochen früher oder später kommt's da nicht an. Die Männer sollten mir dankbar sein, dass ich den Scheißdreck verkürze.«

»Wirst du ...« Der Kleine zögert, die Hand, die die Zigarette hält, zittert. Er will sie in die Hosentasche stecken und merkt erst im letzten Augenblick, dass er sich damit ein Loch hineinbrennen würde. »Wirst du mich verraten?«, fragt er endlich.

Jetzt fingert der Lange umständlich eine Zigarette aus dem Päckchen, das auf dem Tisch liegt, und zündet sie sich ebenso umständlich an. »Kommt darauf an«, sagt er.

»Worauf?«

»Ob du mir 'n Gefallen tust.«

»Was für einen Gefallen?«

Der Lange bläst den Qualm Richtung Decke. »Der Michail muss weg«, sagt er.

»Weg?«

»Er weiß zu viel. Über mich, über dich und Oleg auch. Gefährlich, der Kerl. Sehr gefährlich.«

»Du meinst, wir sollen ihn ...?«

Wieder unterbricht der Lange den Kleinen: »Nicht wir, du sollst ihn.«

Der Kleine schluckt. Ihm ist plötzlich kalt. Seine Zähne schlagen aufeinander, als hätte er Fieber. »Ich soll ihn ...?«

»Ja. Danach bringen wir ihn in die Schule zu den anderen. Ein Toter mehr oder weniger – wird keiner merken, sollst mal sehen«, antwortet der Lange.

»Warum ... warum tust du es nicht selbst?«, fragt der Kleine. Zu der Kälte, die ihn lähmt, hat sich jetzt auch noch das Gefühl gesellt, keine Luft zu bekommen.

»Ich?« Der Lange lächelt. »Ich kann das nicht.«

»Ich auch nicht!«

Der Lange drückt seine Zigarette aus. »Tust du's nicht, bist du spätestens übermorgen im Lager. Und da kommst du nicht mehr raus. Das verspreche ich dir!«

»Und was ist, wenn ich vorher zur Polizei gehe? Wenn ich denen sage, dass du den Fremdarbeitern das Essen klaust? Dass ich sogar weiß, wem du's verkaufst? Wenn ich dich und deine sauberen Freunde auffliegen lasse?«

»Nichts wird passieren.« Der Lange nimmt die Füße vom Tisch und gähnt. »Es ist Krieg oder hast du das vergessen? Die Polizei hat verdammt noch mal was Besseres zu tun, als sich um ein paar hungrige Ostarbeiter zu kümmern!« Er schaut auf die Uhr. »Was ist jetzt? Wir haben nicht ewig Zeit!«

Früher Morgen des 19. Mai 1943

Zwei Tage sind seit der Katastrophe vergangen. Überlebende suchen in ihren zerstörten Häusern und Wohnungen nach heil gebliebenen Resten ihres Besitzstands, die Helfer der *Organisation Todt* haben gleich neben der zerstörten Ruhrbrücke mit dem Bau einer provisorischen Holzbrücke begonnen, nach wie vor trägt der Fluss Leichen Richtung Schwerte. Allein bei Echthausen, dort wo die Ruhr an ihrem nördlichsten Punkt einen Knick macht, sind fast hundert tote Kriegsgefangene aus einem Lager in Neheim angespült worden.

Einen Güterwaggon hat die Wucht der Flutwelle von den

Bahnschienen mitten in den Ort getragen. Die Seitenwände hat das Wasser herausgedrückt. Ein Kind wirft Steine gegen den Wagen, seine Mutter stopft im Haus nebenan schmutzige Bettwäsche in einen bereits mit Kleidern beladenen Leiterwagen. Zwei Bestatter, beide in nicht besonders sauberen schwarzen Anzügen, zählen im ausgeräumten Schulsaal die Toten, die unter Decken und Säcken auf dem mit Stroh bedeckten Boden liegen. Hier und da schaut eine Hand oder ein Bein hervor.

»117«, sagt der eine. »Genau wie gestern.«

»118«, widerspricht der andere.

Ein zweites Mal laufen die beiden durch die Reihen der Wassertoten, wie man sie hier inzwischen nennt.

»118«, sagt der eine. »Du hattest recht.« Er wischt sich den Schweiß von der Stirn. »In jedem Fall gibt das Überstunden.«

»Geschäft ist Geschäft«, sagt der andere, und: »Muss heute Nacht einer dazugekommen sein.«

Die beiden lassen ihre Blicke über die kleinen und großen Bündel wandern, die die Helfer in den vergangenen Tagen hier abgelegt haben.

»Der da«, sagt der eine und deutet auf einen mit Kartoffelsäcken bedeckten Körper am äußeren Rand des Leichenhaufens. »Der ist neu.«

»Wie kommst du darauf?«, fragt der andere.

Sein Kollege zeigt auf den zugedeckten Körper. »Trocken«, sagt er. »Knochentrocken. Schau dir die anderen an. Die sind alle nass.« Vorsichtig zieht er die Säcke vom Körper weg. Der Tote ist ein kräftiger Mann. Der Schädel ist kahl geschoren, Hemd und Hose sind Lumpen von undefinierbarer Farbe, die schmutzigen Füße sind nackt. Ein kräftiger Mann – aber ohne Gesicht. Von der Stirn bis zum Kinn gähnt ein blutiges Loch. Auf dem Stroh unter dem Kopf klebt getrocknetes Blut.

»Oh, verdammich«, sagt der eine Bestatter und dreht sich weg. Er hat in seinem Beruf schon eine Menge zu Gesicht bekommen. Bauern sehen nach tödlichen Angriffen von ausgewachsenen Bullen auch nicht gut aus. Aber das hier ist sogar für ihn zu viel.

Der andere kniet sich hin und befühlt die Lumpen, die der Tote trägt. »Wie ich gesagt habe: knochentrocken«, murmelt er. »Der Mann war nie im Wasser.«

»Vielleicht doch«, sagt sein Kollege, als sie später rauchend vor der Schule stehen. »Vielleicht hat ihn jemand gleich heute Morgen aus der Ruhr geholt und ihm die Sachen angezogen.«

»Und was ist mit dem Gesicht?«

»Das kann auch ein Brückenpfeiler gewesen sein. Oder ein Baumstamm. Oder ein Haus. Hast du gesehen, wie viele Häuser die Ruhr runtergeschwommen sind?!«

»Ich weiß nicht. Mir kommt es vor, als hätte ich den Kerl schon mal gesehen. Bei den Fremdarbeitern. Wenn sie morgens runter zum Ruhrwerk marschiert sind.«

»Bist du sicher?«

»Nee. Aber wir können ja mal nachfragen.«

In den Montagehallen bei *Friko* wird um diese Zeit bereits gearbeitet. Es ist Krieg, die Armeen in Russland und Nordafrika brauchen Nachschub. Bis hierher ist das Wasser nicht gekommen. Die Bestatter steigen die Treppe zur Schleiferei hinauf und klopfen an die Tür der Wachstube. Der Lange öffnet ihnen. Er sieht verschlafen aus. Das schmuddelige verfleckte Hemd hängt ihm aus der Hose. »Ja?«, fragt er.

»Vermissen Sie einen Ihrer Fremdarbeiter?«

»Wer sind Sie?«

»Wir schreinern die Särge für die Wassertoten«, antwortet einer der Bestatter.

»In der Schule haben wir eine Leiche gefunden. Eine Leiche ohne Gesicht«, fährt der andere fort. »Und da haben wir gedacht, dass der Mann vielleicht einer von Ihren Leuten ist. Wäre schön, wenn wir für den Toten einen Namen hätten.«

Der Lange ruft den Kleinen zu sich. »Vermissen wir jemanden?«, fragt er.

Der Kleine schüttelt den Kopf. Er ist bleich. Unter seinen Augen sind dunkle Ringe zu sehen. Er schaut die beiden Bestatter nicht an.

»Alle Männer vollzählig angetreten?«

Der Kleine nickt.

»Sehen Sie«, sagt der Lange.

»Der Tote ist ein kräftiger Mann mit Glatze!«

»Kräftig?« Der Lange lacht. »Ein kräftiger Fremdarbeiter? Bei uns? Gibt's nicht!«

»Wird der Mensch eben anonym bestattet«, sagt einer der Bestatter, als sie die Kirchstraße hinuntergehen.

Der andere schweigt.

»Da liegen bestimmt noch mehr Tote, wo sie nie den Namen rauskriegen werden. Soll die Geistlichkeit entscheiden, was mit ihnen passiert.«

»Trotzdem ...«

»Was denn noch?«

»Die Aufseher bei *Friko* waren irgendwie merkwürdig. Ich traue denen nicht. Weißt du, wo die herkommen?«

»Keine Ahnung. Aus Wickede stammen sie jedenfalls nicht.«

Nachmittag des Karfreitag 1958

Der *Sputnik 2* der Russen mit der Hündin Laika an Bord kreise jetzt seit mehr als hundertfünfzig Tagen um die Erde, haben sie am Morgen auf NWDR gemeldet. Eisenhower und Adenauer haben etwas dazu gesagt – oder war es Heuss? Egal, er hat den Nachrichten nur mit halbem Ohr zugehört, während er sich für die Fahrt nach Wickede umgezogen hat: grauer Anzug, grauer Schlips mit weißen Streifen, grauer Mantel. Und die guten schwarzen Schuhe. Die trägt er eigentlich immer nur an Karfreitag. Um fünfzehn Uhr wird die Messe beginnen. Wie in jedem Jahr. Zeit genug.

Der kleine Bahnhof des Ortes. Hier stand das Wasser damals kniehoch. Letztes Jahr hat Wickede als erste Gemeinde des Ruhrtals an der Hauptstraße ein Mahnmal für die Wassertoten der Nacht vom 16. auf den 17. Mai 1943 errichtet. Er hat davon in der Zeitung gelesen. Und auch, dass nirgendwo sonst an der Ruhr im Verhältnis zur Gesamtbevölkerung mehr Menschen ums Leben gekommen sind. Auf dem Foto ist eine unauffällige Steinsäule mit eingelassenen Reliefs zu sehen gewesen – nur ein paar Meter vom Fluss entfernt.

Nachdem er den Bahnhof verlassen hat, macht er sich auf den Weg zum Markt, vorbei am Geipings Hof und am Eisenwarengeschäft Merse, den Berg hinauf zu St. Antonius. Kaum ein Mensch ist um diese Zeit auf der Straße, die Leute werden beim Essen sitzen. Die Katholischen vor gekochtem Fisch, die Evangelischen mit Fleisch auf dem Teller, manche auch mit Kabeljau oder Seelachs. Während der heiligen Messe wird er in der letzten Reihe sitzen. Wo ihn niemand beachtet. Wo ihn keiner kennt. Seit er aus der russischen Kriegsgefangenschaft heimgekehrt ist, trägt er einen Vollbart. Und dicker geworden ist er auch. Sein Vorgesetzter in der Brauerei, wo er in der Buchhaltung arbeitet, hat ihn erst neulich einen Fettwanst genannt. Der Mensch schikaniert ihn, wo immer sich eine Gelegenheit ergibt.

Das Friedhofstor schreit auf, als er es öffnet. Rechts, links, wieder rechts und links: Da liegen sie. Fünf Gräber für die Wassertoten, die man nicht hat identifizieren können, Gräber, die er Jahr für Jahr an Karfreitag besucht. Das heißt, eigentlich besucht er nur eines der fünf. Links außen, stellt er sich vor, haben sie Michail begraben. Den erschlagenen Michail aus Nowosibirsk, den er gleich um Verzeihung bitten wird. Wie jedes Jahr.

Jetzt stutzt er und rückt sich die Brille zurecht, deren Gläser seine Augen unnatürlich vergrößern. Auf der Grabplatte links außen liegt ein runder Stein, groß wie zwei Fäuste. Hier hat zu Karfreitag noch nie ein Stein gelegen, daran würde er sich erinnern; jemand muss ihn hergebracht haben. Als er ihn aufhebt, liest er, was in gleichmäßiger Schrift in den Stein geritzt worden ist:

Michail Swerdlow
*12.3.1903 Nowosibirsk – ermordet 19.5.1943 Wickede

Der Stein fällt ihm aus den Händen, er will fliehen, weg, nur weg. Doch dann hebt er ihn wieder auf und versteckt ihn unter seinem Mantel. Nervös schaut er sich um, niemand scheint ihn beobachtet zu haben. Es ist Feiertag, bei *Friko* gegenüber wird zum Glück nicht gearbeitet, kein Laut ist aus den ineinander verschachtelten Gebäuden zu hören, in denen sie für die ganze Welt Fahrradlenker bauen. Die Zeiger seiner Armbanduhr stehen auf halb drei, gleich werden die Holzrasseln zur Karfreitagsmesse rufen, die Glocken sind seit Gründonnerstag verstummt.

Er verlässt den Friedhof, geht langsam, zwingt sich, nicht zu laufen, sich auf keinen Fall verdächtig zu machen. Auf der Kirchstraße kommen ihm ein Mann und eine Frau entgegen, beide in Schwarz. Die Frau hat sich bei dem Mann eingehängt, die beiden schenken dem Fremden keinen Blick. Während er den Berg hinuntergeht, bewegen sich seine Lippen, ohne dass er sich dessen erwehren kann: Wer hat den Stein aufs Grab gelegt?, flüstert es aus ihm heraus. Wer weiß von dem Mord? Gab es Zeugen? Wer hat erfahren, dass er seit zehn Jahren Karfreitag für Karfreitag das Grab besucht? Ist dieser Mensch hier, hier in Wickede? Will er Rache nehmen? Ihn erpressen? Wartet er irgendwo auf ihn? Hinter dem Haus dort? In dem Hofeingang daneben?

Die Hauptstraße hat sich jetzt belebt, die Karfreitagsmesse war immer gut besucht, so wird es auch heute sein. Er drückt sich an den Häusern entlang, von denen keines Spuren des Krieges trägt, die britischen Bomber haben Wickede im Gegensatz zu den großen Städten des Ruhrgebiets verschont. In der Schauburg spielen sie *Die Brücke am Kwai;* für nächste Woche ist *Zeugin der Anklage* mit Marlene Dietrich angekündigt. Für einen Moment überlegt er, ins Kino zu gehen, in der Dunkelheit des Saals zu verschwinden, um in Ruhe nachzudenken. Dann sieht er, dass geschlossen ist. An Karfreitag findet keine Vorstellung statt.

Der Bahnsteig ist leer, die Gaststätte *Deutsches Haus* neben dem Bahnhof geschlossen. Hierher ist er manchmal mit dem Langen gegangen, um ein Bier und einen Schnaps zu trinken. Damals. Man hat sie in Ruhe gelassen. Irgendwann hat der Lange eine Lokalrunde geschmissen, seine heimlichen Geschäfte hatten ihm offenbar einiges eingebracht. Aber auch das hat nichts genützt. Die Leute haben den Schnaps getrunken und sich wieder ihren Theken- und Tischnachbarn zugewandt. Mit den Aufsehern aus der Fremdarbeiterunterkunft wollte man nichts zu tun haben. Ihm war das recht, aber der Lange hatte den Wickedern die Pest an den Hals gewünscht.

Nach jener Nacht sind sie nicht mehr in der Kneipe gewesen, sind sich überhaupt, wann immer es möglich war, aus dem Weg gegangen, haben nur noch das Nötigste miteinander gesprochen.

Vor einem Jahr ist der Lange gestorben. Ein Unfall, hat man sich im Viertel erzählt. Er muss nachts betrunken auf den Bahngleisen unterwegs gewesen sein. Hat den Güterzug nicht gehört, der nach Hörde unterwegs war. Seit sie sich damals beide kurz nacheinander freiwillig an die Front gemeldet haben, haben sie keinen Kontakt mehr gehabt. Ist auch besser so gewesen.

Über den flachen Hallen der Stahlwerke erhebt sich eine Qualmwolke, die genau wie das Geräusch der Räder auf den Schienen der Ruhrtalbahn näher kommt. Nachdem der Zug gehalten hat, steigt nur ein kräftiger Mann aus. Sein Gesicht verbirgt sich unter einem tief in die Stirn gezogenen Hut. Ohne nach links oder rechts zu schauen, verschwindet er im Bahnhofsgebäude.

Er steigt ein. Der Waggon ist leer. Er setzt sich ans Fenster und schaut zu, wie der Zug den Bahnhof verlässt. Hier war alles voll Wasser, denkt er und flucht zur gleichen Zeit, weil er das nicht denken will. Weil er das verfluchte Wasser und den Toten endlich aus dem Kopf bekommen will. Den Toten, dem er nicht nur das Leben, sondern auch das Gesicht genommen hat. Erst jetzt bemerkt er, dass er den Stein vom Friedhof noch immer in der Hand trägt. Hastig öffnet er das Fenster und wirft ihn die Böschung hinunter.

Allmählich schlägt sein Puls ruhiger, seine Blase meldet sich, wie sie es immer tut, wenn sich aufgeregt hat. Er geht zur Toilette, wo ihm ätzender Chlorgeruch entgegenschlägt. So hat es auch bei *Friko* gerochen, den Gestank der primitiven Klos waren die Männer nicht mehr losgeworden. Seine Junghans, die er sich letzte Weihnachten selbst geschenkt hat, zeigt drei. Die Karfreitagsmesse dürfte in diesem Moment beginnen.

Er knöpft sich die Hose zu, öffnet die Tür – da stößt ihn eine Hand brutal zurück. Ein Mann drängt sich zu ihm in die Toilette.

»Was soll das?«, ruft er. »Sind Sie verrückt?«

Der Mann ist fast zwei Meter groß und trägt einen Hut, der sein Gesicht halb verdeckt. Wie bei dem Fahrgast, der in Wickede aus dem Zug gestiegen ist.

»Bestie!«, sagt der Mann mit einem Akzent, der nach Russland klingt oder nach Polen.

»Was … was wollen Sie von mir?«

Der Mann nimmt den Hut ab.

»Du bist … Sie sind … Alexej!«

»Du Michail umgebracht.«

»Ich wollte das nicht! Glauben Sie mir! Der Lange hat mich gezwungen!«

»Der Lange tot.«

Tot? Wenn es gar kein Unfall war, wie es in der Zeitung gestanden hat, wenn Alexej den Langen umgebracht hat?, schießt es dem Kleinen durch den Kopf.

»Du jetzt zahlen«, sagt der Mann und zerrt den Kleinen aus der Toilette.

Der Kleine wehrt sich, hält sich am Türrahmen fest. »Nicht! Bitte! Ich habe Oleg geliebt! Deshalb hat der Lange mich …«

»Bestie!«, wiederholt Alexej und reißt die Waggontür auf.

Draußen fliegen ein paar Häuser vorbei, an dieser Stelle beschleunigt der Zug auf Höchstgeschwindigkeit.

»Hilfe!«, will der Kleine schreien. Doch der Fahrtwind reißt ihm das Wort von den Lippen. Und dann fliegt er und fliegt und findet endlich alles richtig und lächelt, als er die grüne Wasserwand herankommen sieht, und spürt den Aufprall kaum und versinkt tiefer und tiefer bis auf den Grund.

»Ihre Fahrkarte bitte«, sagt der Schaffner, als er hinter Fröndenberg das Raucherabteil betritt.

Alexej reicht ihm sein Ticket.

»Leer der Zug heute«, sagt der Schaffner. »Ist eben Karfreitag.«

Alexej lächelt.

»In Schwerte umsteigen«, sagt der Schaffner.

»Danke«, sagt Alexej und zündet sich eine Papirossa an.

Ostersonntag

Ostern gehört zu den beweglichen Festen, deren Termine von Jahr zu Jahr variieren. Der Ostersonntag ist dabei stets der Sonntag nach dem ersten Frühjahrsvollmond, also frühestens der 22. März und spätestens der 25. April. Die sogenannte Karwoche des christlichen Glaubens beginnt mit dem Palmsonntag (Einzug Jesu in Jerusalem), und geht über den Gründonnerstag (das letzte Abendmahl) und den Karfreitag (Kreuzigung) bis zum Ostersonntag (Auferstehung). Zum Osterbrauchtum in den deutschsprachigen Ländern gehört das Verstecken von bunt bemalten Ostereiern, die von den Kindern am Ostersonntag gesucht werden müssen. Das Ei gilt als Zeichen des Lebens und der Fruchtbarkeit. Der Brauch des Osterfeuers, auf den sich Volker Kutscher in seiner historischen Kriminalgeschichte bezieht, entstammt noch vorchristlichen Zeiten und sollte die Geister des Winters vertreiben.

Volker Kutscher

Dortmunder Osterfeuer

Sonntag, 27. März 1932
Drüben an der Provinzialstraße läuten die Glocken zur Ostermesse, doch niemand rührt sich.

Ich kann mich nicht regen, kann nicht sprechen, fühle mich wie ein Toter, der nicht sterben darf.

Wir sitzen in Onkel Günters enger Stube, die Morgensonne steht genau hinter den Fördertürmen und lässt die Zeche Zollern strahlen wie die Verheißung einer goldenen Zukunft, doch ich weiß nicht, ob ich jemals wieder dort einfahren werde.

Manchmal wünsche ich, die Zeit ließe sich zurückdrehen, doch das geht nicht, und genau das macht uns das Leben zur Hölle, dass wir leben müssen mit unserer Schuld.

Als ich die Kerze anzündete gestern Abend, dachte ich noch: Bald bist du erlöst!

Welch ein Irrtum.

Wie lange so ein Kerzenstummel brennt, das hatten wir gelernt in den schlechten Zeiten in Sohrau, das jetzt Żory heißt. Wenn ich den Deckel über der Flamme zuklappte, würde sie in zehn, höchstens fünfzehn Minuten so weit heruntergebrannt sein, dass sie die Zündschnur erreicht hätte.

Der Platz vor der Trinkhalle war menschenleer, nur die Gestalten auf den Wahlplakaten an der Litfaßsäule – Kommunisten, Nazis, Sozis, Zentrum, alle traut vereint – schauten mir zu, als ich die Holzkiste schloss und an die Wand schob, direkt unter die Latten, an denen Jakubik tagsüber seine Zeitungen aushängte. Nur Kommunistenblätter, *Die rote Fahne* und so 'n Zeug. Jakubiks Bierangebot war vielseitiger.

Die Kiste fiel nicht weiter auf neben dem Büdchen, niemand würde auf die Idee kommen, dass in ihr eine Kerze brannte, geschützt vor dem Wind und neugierigen Blicken. Es war ohnehin kein Mensch unterwegs, die Kolonie lag ruhig und wie ausgestorben, alle standen sie beim Osterfeuer auf der großen Wiese am Bahndamm.

Niemand wusste, dass ich in die Kolonie zurückgegangen war, ich hatte Onkel Günter gesagt, mal eben pinkeln zu müssen, als ich die Wiese runter bin zu den Bäumen. Niemand hatte mich gesehen, wie ich über den Bach gesprungen, über den Bahndamm gekraxelt und zur Kolonie hinübergelaufen bin.

Alles war vorbereitet, ich musste nur die präparierte Kiste aus ihrem Versteck holen und die Kerze anzünden. Der leere Benzolkanister stand bereits in Wawerkas Mietshaus unter der Treppe, fehlte nur noch die zerknüllte Zigarettenpackung, die ich unweit des Büdchens fallen lassen wollte, damit es aussah, als habe er sie dort verloren.

Wawerka, das Schwein!

An manchen Tagen hatte ich mir nichts sehnlicher als seinen Tod gewünscht. Mir vorgestellt, wie sein Kopf zwischen zwei Grubenwagen zerquetscht wurde. Wie er neben den Korb trat und in den Schacht stürzte. Wie die Zigarette, die er sich immer anzündete, obwohl das unter Tage strengstens verboten war, ein Schlagwetter auslöste und er vom heißen Atem des Berges durch die Strecke gefegt wurde.

In der Wirklichkeit traute ich mich nicht einmal nachzuhelfen, wenn die Gelegenheit günstig war, wenn Wawerka zu dicht bei den Gleisen stand oder zu nah am Blindschacht.

Dass mit den Zigaretten nie etwas passiert war, wunderte mich selbst, bei all dem Kohlenstaub in der Luft und dem Methan. Irgendwann wurde mir klar, dass Wawerka auch das nur tat, um mir Angst einzujagen. Die aufgerauchten Kippen fummelte er immer in die Zigarettenpackung zurück. Und mir gab er den Auftrag, die zerknüllte Schachtel mit den

Kippen wieder über Tage zu bringen. Und mich dabei ja nicht erwischen zu lassen.

»Wenn du dem Steiger was sagst, Polack, bist du mein nächster Aschenbecher, kapiert?«

Ich nickte stumm und gehorchte. Dabei war der Gedanke, dass Wawerka auf die Idee kommen könnte, seine Zigaretten auf meiner Haut auszudrücken, nicht einmal das Schlimmste, was ich mir vorstellen konnte. Seit ich ihm das erste Mal begegnet war, hat er mir das Leben zur Hölle gemacht.

Ich war das erste Mal unter Tage damals und alles schüchterte mich ein: der rege Betrieb am Förderschacht, die Enge im Korb, das Getöse der Grubenwagen. Ich wunderte mich, wie warm es da unten war, auf der vierten Sohle, fast vierhundert Meter unter der Erde. Und je tiefer ich dem Steiger und den anderen in die Strecke folgte, desto wärmer wurde es. Ich schwitzte schon, bevor ich überhaupt mit der Arbeit angefangen hatte. Alle anderen waren schon irgendwo abgebogen, da waren wir endlich am Ziel: Der Steiger leuchtete in einen Streb, an dessen Ende jemand hockte und mit einem Presslufthammer die Wand bearbeitete, als sei der Berg sein persönlicher Feind.

Der Steiger drehte am Pressluftventil und das ohrenbetäubende Rattern verstummte. Der Mann im Streb drehte sich um, weiße Augen blitzten aus einem schwarz verschmierten Gesicht.

»Glückauf, Wawerka«, sagte der Steiger, »das hier ist Krafczyk, dein neuer Schlepper.«

Sprach's und verschwand. Und ich stand da, allein mit diesem riesigen Mann, der nun aus dem Streb rutschte und sich vor mir aufbaute, mich von oben bis unten musterte.

»Krafczyk also«, sagte er schließlich. »'n Polack?«

»Oberschlesien. Da haben wir auch Kohle.«

»Die Polacken oder was meinst du mit ›wir‹?«

»Bin kein Pole, bin Deutscher.«

»Deutscher willste sein? Warum erst jetzt? Weil die Polacken dir keine Arbeit mehr geben?«

»Mutter wollte nicht weg aus Sohrau, sie …«

»'n Muttersöhnchen biste auch noch?«

Von Anfang an wusste Wawerka, wie er mir wehtun konnte.

Bevor ich noch irgendetwas sagen konnte, drückte er mir eine Pannschaufel in die Hand und zeigte auf den riesigen Berg Kohle, den er bereits aus der Wand gehauen hatte.

»Bist nich zum Quatschen hier, Polack. Sieh zu, dass du die Kohle in den Wagen schaufelst.«

»In welchen Wagen?«

»Wenn hier keiner is, musste wohl einen rankarren.«

Und damit kletterte er zurück in den Streb und warf den Abbauhammer wieder an. Ich brauchte ewig, um einen Grubenwagen heranzuholen, war überrascht, wie schwer schon der leere Wagen war und wie viel schwerer das Kohleschaufeln. Meine Wasserflasche war längst leer, als der Höllenlärm im Streb nach einer Ewigkeit verstummte und Wawerka endlich Pause machte. Mein staubiger Mund verlangte zu trinken, doch ich hatte nichts mehr. Wawerka kam gar nicht auf die Idee, mir etwas anzubieten, er nahm Schluck um Schluck aus seiner Pulle und schüttete sich den Rest Wasser noch grinsend ins Gesicht, bevor er mich wieder an die Arbeit scheuchte. Halb wahnsinnig vor Durst brachte ich die Schicht zu Ende und als wir nach einer Ewigkeit mit den anderen wieder ausfuhren, musste ich mich beherrschen, nicht schon aus den Pfützen auf dem Weg zur Waschkaue zu trinken, sondern erst den Mund zu öffnen, als das Wasser aus der Brause auf mein Gesicht prasselte.

Doch ich ließ mich nicht unterkriegen und vielleicht war genau das der Fehler: dass ich am nächsten Tag wieder zur Frühschicht einfuhr, obwohl ich mich kaum bewegen konnte und mir die Fahrt mit dem Förderkorb hinab in den Schacht vorkam wie eine Fahrt direkt in die Hölle.

Dabei hatte Onkel Günter mir das Paradies versprochen, als er mich nach Mutters Tod zu sich nach Dortmund geholt hatte. Sie erwarteten mich am Bahnhof in Bövinghausen, ich war müde nach der langen Reise und glücklich, endlich im goldenen Westen zu sein. Egon, mein zwölfjähriger Vetter, nahm mir den Koffer ab, Tante Lisbeth stellte Fragen über Fragen auf dem Weg in die Kolonie, und noch bevor sie mir mein Zimmer zeigten, das ich mir mit Egon teilte, machten wir an der Trinkhalle halt, wenige Meter vor ihrem Häuschen, und Onkel Günter gab Bier und Sinalco aus.

Zuerst dachte ich, er wolle mir zeigen, wie gut es ihnen hier ging, dass die Krafczyks aus Bövinghausen sich durchaus mal ein Bierchen leisten konnten, aber dann merkte ich, dass er mich dem einarmigen Mann vorstellen wollte, dem die Trinkhalle gehörte. Der rote Jakubik, wie ihn alle nannten, schaute mich wohlwollend an, als er mir eine Sinalco hinstellte. »Wird Zeit, dass wieder ein Krafczyk in Zollern zwo einfährt«, sagte er. Die freundliche Familie in ihrem schmucken Häuschen mit dem Blumenbeet, in dem die Schneeglöckchen bereits blühten, Jakubik mit seiner Trinkhalle, die süße Sinalco – an diesem Tag fühlte ich mich wirklich wie im Paradies.

Bis zu meiner ersten Schicht.

In der ersten Zeit protestierte ich noch, wenn Wawerka mich beschimpfte oder Kohlebrocken nach mir warf.

»Willste deinen Namen draußen an der Markenstube lesen, Polack?«, sagte er dann. »Musste nur sagen!«

Jeden Monat hängten sie dort eine neue Liste aus. Wer seinen Namen darauf entdeckte, der wusste, dass er bald zur letzten Schicht einfahren würde. In diesem beschissenen Frühjahr 1932 hatte jeder Angst, ins Bodenlose zu stürzen, so viele Arbeitslose waren schon in den Straßen zu sehen. Sie bettelten, standen Schlange vor dem Arbeitsamt oder marschierten in den braunen SA-Uniformen, weil sie sonst nichts zu tun hatten.

Onkel Günter hatte mir Arbeit besorgt in Zeiten, in denen es nirgends Arbeit gab. Seit die Staublunge ihm keine Luft mehr ließ für die harte Arbeit unter Tage, musste ein anderer das Geld verdienen. Ohne mich hätte die Familie Krafczyk ihr Häuschen mitsamt Gemüsegarten nicht halten können. Sie hatten mich aufgenommen, aber sie erwarteten auch etwas von mir.

Die ersten Tage dachte ich noch, das mit Wawerka würde sich irgendwann legen, wenn er erst merkte, wie ich anpacken konnte. Aber es wurde nicht besser, es wurde schlimmer. Ich wusste nicht, was er erzählt hatte über mich, aber von Anfang an war ich auch für die anderen Kumpel nur der Polack, mit dem sich niemand abgeben wollte. Nicht einmal in der Waschkaue. Niemand fand sich zum Buckeln, und so besorgte ich mir eine lange Bürste, mit der ich mir den Rücken allein schrubben konnte. Unter den dummen Bemerkungen der anderen.

Tante Lisbeth wusste nichts davon, ich konnte ihr einfach nicht die Wahrheit sagen, und Onkel Günter erst recht nicht. Sollte ich mich beklagen, nach allem, was sie für mich getan hatten?

Es gab nur einen Menschen in der Kolonie, mit dem ich reden konnte, und das war der rote Jakubik. Immer öfter machte ich Halt bei ihm auf dem Heimweg von der Schicht. Half ihm, Bierkästen zu sortieren, half bei all den Dingen, die man mit zwei Händen besser erledigen konnte als mit einer. Und eines Tages – Jakubik musste mir hoch und heilig versprechen, Onkel Günter nichts zu verraten – habe ich ihm von Wawerka erzählt, ich konnte nicht anders.

»Wawerka? Ausgerechnet bei der braunen Ratte bist du gelandet?« Jakubik schüttelte den Kopf. Und dann erzählte er eine Geschichte, und ich sollte endlich erfahren, wie er seinen Arm verloren hatte und seine Arbeit. Und warum Wawerka mich so hasste.

Ein Grubenunglück vor gut drei Jahren, der Streckenausbau war zusammengebrochen. Keine große Sache, nichts, was Schlagzeilen geschrieben hatte wie die Schlagwetterexplosion auf Minister Stein anno fünfundzwanzig, bei der hundertsechsunddreißig Bergleute ihr Leben ließen.

Ein Türstock hatte nachgegeben und die Gesteinsmassen waren nach unten gerutscht, hätten Jakubik und seinen Kumpel Strathmann beinahe erschlagen. Als der Staub sich setzte, lag Strathmann da mit gebrochenen Beinen. Und Jakubiks linker Arm war zwischen zwei Grubenhölzern und dem Fels eingeklemmt, so sehr er sich auch mühte, er bekam ihn nicht frei.

Aber sie lebten.

Die Hilferufe der beiden blieben ungehört, sie waren zu weit weg von den anderen.

»Wir konnten nicht warten, bis sie uns suchten«, erzählte Jakubik. »Der Berg hatte sich immer noch nicht beruhigt, dicke Felsbrocken drohten nachzurutschen.«

Strathmann versuchte loszurobben, um Hilfe zu holen, doch er schrie bei jeder Bewegung vor Schmerz, verlor schließlich das Bewusstsein.

»Ich hatte Angst, der Berg würde uns beide begraben«, sagte Jakubik und es klang wie eine Entschuldigung. »Ich habe keinen anderen Ausweg gesehen, habe eine Axt genommen und mir den Unterarm abgehackt. Zwei Hiebe, dann war ich frei.«

Ich musste schlucken. Es war das erste Mal, dass ich hörte, zu welchen Taten die Todesangst einen Menschen treiben kann.

Jakubik erzählte weiter: Wie er sich den blutenden Stumpf, so gut es ging, abgebunden hatte und der Strecke folgte, bis er nach einer halben Ewigkeit an einer Wettertür auf Onkel Günter traf, ihm von dem Streckenbruch berichtete und von Strathmann, der immer noch dort lag. Wie er dann zusammengebrochen ist.

»Dein Onkel musste sich entscheiden: Ich oder Strathmann. Und weil ich blutete, weil ich dringend einen Arzt brauchte, hat er mich zuerst zum Förderschacht geschleift und die Grubenwehr zu Strathmann geschickt.« Jakubik musste sich eine Zigarette anzünden, bevor er weitersprechen konnte. »Aber als die dort ankam, war der Stollen

komplett eingestürzt. Sie haben versucht, Strathmann frei-
zugraben, doch als sie endlich zu ihm durchdrangen, fanden
sie nur noch seine Leiche.«

Ich wusste nichts zu sagen nach dieser traurigen Geschichte und Jakubik schaute mich ernst an.

»Da ist noch was, was ich dir erzählen muss, Jungchen.
Dein Onkel hat richtig gehandelt damals, aber es gibt einige,
die geben ihm die Schuld an Strathmanns Tod. Und mir
natürlich, weil ich ihn nicht mitgenommen habe.«

Ich ahnte, was er mir sagen wollte.

»Einer von denen ist Wawerka.«

Jakubik nickte. »Strathmann war Wawerkas bester Kumpel.«

Nun wusste ich Bescheid. Wawerka würde mich niemals
in Ruhe lassen. Weil ich der Neffe von Günter Krafczyk
war.

Dann passierte die Sache mit dem Akku. Die Grubenlampen
gaben ein eher schummriges Licht ab, aber wie stockdunkel
es unter Tage wirklich war, das merkte man erst, wenn sie
einmal ausfielen. Wawerka musste mir mit Absicht eine
Lampe mit fast leerem Akku untergejubelt haben, er kannte
ja auch in der Lampenstube Gott und die Welt, da konnte er
das ein oder andere drehen.

»Muss mal zum Steiger«, hatte er sich unten im Streb von
mir verabschiedet. »Wenn ich zurück bin, is die Kohle hier
weg! Klar!?«

Da hatte das Licht bereits zu flackern begonnen, aber ich
war zu unerfahren, um zu wissen, was das bedeutete. Ich
schippte Kohle in den Wagen wie ein Wahnsinniger, auf die
Lampe achtete ich überhaupt nicht mehr. Bis sie plötzlich
erlosch. Ich versuchte, sie zu ertasten, fand sie schließlich
auch, drehte am Schalter, rappelte an der Lampe, doch bis
auf ein letztes Aufglimmen blieb sie dunkel.

Tatsächlich versuchte ich Idiot erst mal, auch im Dunkeln
weiter Kohle zu schaufeln, aus Angst vor Wawerkas Zorn,
merkte aber schnell, dass das zwecklos war. Also setzte ich

mich hin und wartete, dass Wawerka zurückkam. Habe den Mistkerl tatsächlich herbeigesehnt.

Doch er kam nicht. In der stockfinsteren Schwärze hatte ich längst den letzten Rest Orientierung verloren, dennoch bin ich irgendwann – meine Flasche war leer und der Durst quälte mich immer mehr – einfach losgekrochen. Der Helm verhinderte, dass ich mir den Kopf aufschlug am nackten Fels, doch zog ich mir am ganzen Körper blaue Flecken zu. Ich habe schon gedacht, ich verrecke in der ewigen Finsternis, bis ich irgendwann dann gar nichts mehr gedacht habe, einfach weitergerobbt bin wie eine Maschine, mit trockenem Gaumen und schmerzenden Knochen und ohne jede Hoffnung. Bald wusste ich nicht mehr, was Wirklichkeit war und was Fantasie. Auch den Lichtschimmer hatte ich zunächst für Einbildung gehalten, so kaum wahrnehmbar rieselte er in die Dunkelheit, wie ein helles Sandkorn unter lauter schwarzen. Doch dann wurde das Licht immer heller, ich hörte ein Summen, schließlich Stimmen, und irgendwann konnte ich sie sehen, die Kollegen, und Wawerka mittendrin.

»Na, da ist ja unser verlorener Sohn«, sagte er und alle lachten. Taten, als sei das Ganze ein kolossaler Spaß, ein Spaß mit dem Neuen, sonst nichts.

Worauf Wawerka aber eigentlich aus war, die ganze Zeit schon, das sollte ich erst ein paar Tage später erfahren. Es war kurz vor Ende der Montagsschicht, ich hatte gerade einen leeren Wagen rangekarrt und wollte mit dem Beladen beginnen, als das Geratter des Abbauhammers plötzlich aussetzte. Wawerka rutschte aus dem Streb, baute sich vor mir auf und zündete sich eine Zigarette an. Quittierte mein ängstliches Zucken beim Entflammen des Streichholzes mit einem Grinsen.

»Na, Polack, haste Angst?« Er umrundete mich wie ein Löwe sein Opfer. »Du solltest Angst haben. Unter Tage is gefährlich.«

Wir waren allein. Ich ließ ihn nicht aus den Augen, bereit, mich zu verteidigen, aber er fasste mich nicht an, er redete weiter. »Es kann so viel passieren. Du kannst in matte Wetter geraten und ersticken. Oder die Strecke bricht über dir zusammen und kein Mensch buddelt dich wieder aus.«

»Ich weiß nicht, was Sie wollen.«

»Ich bin dein Hauer, ich will dich warnen. Wir müssen zusammenhalten hier unten, sonst überlebt man das nicht. Und überleben willst du doch, oder?«

»Natürlich will ich das, aber …«

»Dann sollten wir Freunde werden, echte Kumpel. Das ist wichtig unter Tage.«

Freunde? Ich glaubte, mich verhört zu haben.

»Das Problem ist«, fuhr Wawerka fort, »ich kann nicht mit einem Polacken befreundet sein.«

»Ich bin kein Pole!«

»Dann zeig mir endlich, das du'n Deutscher bist!«

»Wie denn? Sie lassen mich ja doch nicht in Ruhe!«

»Wie zeigt ein Mann wohl, dass er 'n guter Deutscher ist?« Wawerka zog an der Zigarette. »Indem er Deutschlands Feinde bekämpft.«

»Hätte ich ja! War nur zu jung für den Krieg! Bin doch dreizehn erst geboren!«

»Der Krieg ist nicht vorbei, Deutschland hat immer noch Feinde.« Wawerkas Augen blitzten aus dem schwarzen Gesicht. »Das rote Büdchen oben in der Kolonie. Wo du so gern Bierkästen stapelst. Das sitzt einer von Deutschlands Feinden.«

»Jakubik? Der tut doch keiner Menschenseele was!«

»Der ist Kommunist. Was Gefährlicheres gibt es nicht.« Er drückte die Zigarette aus und legte die Kippe in die Schachtel. »Zeig mir, auf welcher Seite du stehst, Polack.«

»Ich bin kein Pole, verdammt!«

»Aber Kommunist bist du, oder was?«

»Nein!«

»Dann beweis es mir endlich. Sorg dafür, dass die rote Sau verschwindet.« Wawerka grinste und drückte mir die Zigarettenschachtel in die Hand. »Vielleicht brennt sein Büdchen ja ab.« Und dann packte er mich unvermittelt am Kragen und drückte mich gegen den feuchten Fels. Ich bekam keine Luft mehr. »Bis Ostern geb ich dir Zeit. Dann ist Jakubik aus der Kolonie verschwunden! Oder dir passiert ein Unglück, dass du dir noch wünschen wirst, dir wär nur die Grubenlampe verreckt.«

Die ganze Karwoche quälte ich mich mit den Gedanken, die Wawerka mir eingepflanzt hatte. Nicht einmal dem roten Jakubik konnte ich mich diesmal anvertrauen. Was hätte ich ihm erzählen sollen?

Wawerka machte jeden Tag klar, wie ernst er seine Drohung meinte, ließ mich ansonsten aber in Ruhe.

Ich wusste nicht ein noch aus. So ungefähr musste Jakubik sich gefühlt haben, als er vor der Entscheidung stand, sich den eigenen Arm abzuhacken.

Es war schon Gründonnerstag, als ich nach Tagen quälenden Grübelns endlich den rettenden Gedanken hatte: Der Arm, den ich abhacken musste, um freizukommen, das war gar nicht Jakubik. Es war Wawerka! Ihn musste ich loswerden!

Kaum hatte ich das erkannt, reifte in mir schon ein Plan.

Am selben Tag noch konnte ich ein Stück Zündschnur ergattern, als ich an der Sprengkammer vorbeikam. Ließ einen kleinen Kanister aus der Benzolfabrik hinterm Pumpenhaus mitgehen. Besorgte eine Holzkiste aus Wawerkas Keller und ließ den leeren Benzolkanister bei der Gelegenheit gleich dort unter der Kellertreppe. In dem großen Mietshaus in der neuen Kolonie, wo Wawerka in einer Dachkammer wohnte, achtete kein Mensch auf mich.

Auch am Abend des Osterfeuers lief alles nach Plan, ich begegnete niemandem, auch nicht auf dem Rückweg zum Bahndamm, nachdem ich die Zigarettenpackung, die letzte, die Wawerka mir in die Hand gedrückt hatte, direkt vor Jakubiks Büdchen hatte fallen lassen. Alle im Pütt wussten, welche Marke Wawerka rauchte. Und was er von Jakubik hielt.

Ich stiefelte schon die Wiese hoch und konnte Onkel Günter und die anderen am Feuer bereits erkennen, da hörte ich das leise »Wuff« in meinem Rücken. Niemand beachtete es, am Osterfeuer redeten alle munter weiter – nur ich wusste, was es zu bedeuten hatte: Die benzolgetränkten Lumpen in der Kiste waren in Flammen aufgegangen. Ich fühlte mich leicht wie seit Wochen nicht mehr und stellte mich zu Onkel Günter.

Es dauerte noch mehr als zehn Minuten, ehe die Ersten den hellen Lichtschein in der Kolonie bemerkten. Und dann heulten auch schon die Sirenen der Werksfeuerwehr.

Ich gab mich genauso überrascht wie alle anderen.

Als wir die Kolonie erreichten, brannte die Trinkhalle bereits lichterloh. Die Feuerwehr tat ihr Bestes, doch war nichts mehr zu retten. Die Leute gafften und glotzten. Ich achtete nur auf die grüne Zigarettenpackung, bis sie ein Feuerwehrmann endlich entdeckte und einsteckte. Beweismittel Nummer eins.

Als sie das Feuer endlich unter Kontrolle hatten, waren von Jakubiks Büdchen nur noch verkohlte Balken übrig, schwärzer als die Kohle unter Tage. Trotz allem tat es mir weh, die rauchenden Trümmer zu sehen. Das Büdchen war eine Heimat für so viele gewesen, aber was hätte ich tun sollen? Jakubik würde mithilfe der Versicherung schon wieder auf die Beine kommen. Und ich würde ihm helfen beim Aufbau, in jeder freien Minute mit anpacken, und kein Wawerka würde mich daran hindern.

Plötzlich ging ein Raunen durch die Menge der Schaulustigen. Zwei Feuerwehrmänner trugen eine krumme, verbogene, verkohlte Gestalt aus den Trümmern, etwas, das einmal ein Mensch gewesen war. Nicht mehr zu erkennen, aber der fehlende linke Unterarm sagte allen, die hier standen, wessen Leiche man da gefunden hatte.

Die Beine wollten mir wegsacken, ich musste mich festhalten an der Schulter von Onkel Günter, dessen Schrei plötzlich die Nacht zerriss.

Der Ostermorgen bricht an und wir sitzen immer noch in Onkel Günters Stube, die ganze Familie, und versuchen, ihn zu trösten. Er kann es nicht fassen, seinen besten Kumpel verloren zu haben.

Und auch ich kann es nicht fassen. Was zum Teufel hatte Jakubik mitten in der Nacht in seinem Büdchen zu suchen?

Ich halte Onkel Günters Hand und hänge meinen Gedanken nach. Was habe ich getan?

Wawerka wird zufrieden sein.

Es klopft an der Tür. Pisulski, Onkel Günters Nachbar, und ein paar andere aus der Kolonie.

»Es war Brandstiftung«, erzählt Pisulski und ich nicke, als sei das eine Neuigkeit. »Die Polente hat ein paar Sachen gefunden, die verdächtigen den Wawerka. Haben einen leeren Benzolkanister in seinem Haus entdeckt.«

Onkel Günter erwacht aus seiner Lethargie. Seine Augen funkeln.

»Wawerka, die braune Ratte!«

Er steht auf und will zur Tür hinaus, Pisulski hält ihn fest.

»Wo willze hin, Günter?«

»Wohin wohl? Es diesem Scheiß-Nazi zeigen!«

Doch Pisulski lässt ihn nicht durch die Tür.

»Bleib hier, Günter«, sagt er, »brauchse nich mehr. Der liebe Gott war schneller.«

Onkel Günter bleibt stehen.

»Wie?«

»Wawerka hat seine Strafe.«

»Wie meinze dat?«

»Als die Bullen kamen, hatter nich aufgemacht. Mussten die Tür eintreten.«

»Und?«

»Wawerka lag tot in seinem Bett.«

»Tot?«, frage ich und kann es nicht glauben. »Wawerka ist tot? Wieso?«

»Einfach so verreckt. Woll im Schlaf. Schwaches Herz oder so wat.« Pisulski zuckt die Achseln. »So kanns gehen.«

Onkel Günter kommt zurück in die Stube und weiß nicht, wohin mit seiner Wut; ich stehe da wie eingefroren und kann mich nicht rühren.

Der liebe Gott war schneller.

Nicht schnell genug.

Drüben an der Provinzialstraße läuten die Glocken zur Ostermesse.

Tag der Arbeit

Der 1. Mai ist in Deutschland und Österreich als ›Tag der Arbeit‹ gesetzlicher Feiertag. Der ›Kampftag der Arbeiterbewegung‹ erinnert an die Generalstreiks, mit denen die Arbeiterbewegungen in den USA und Australien Mitte des neunzehnten Jahrhunderts ihre Forderung nach dem Achtstundentag durchzusetzen versuchten. Im Brauchtum ist der 1. Mai in vielen Gegenden Anlass zum Aufstellen eines Maibaums im Zusammenhang mit einem Dorf- oder Stadtfest. Auf dem Land gilt auch der Brauch, dass zum 1. Mai die jungen Männer bei unverheirateten Frauen eine Birke als Zeichen ihrer Gunst aufstellen – sie ›setzen einen Maibaum‹. Womöglich hat die Liebe, von der Nina George und Joe Bausch in ihrer Story erzählen, einmal so begonnen. Zufall, dass sie ihr mörderisches Ende dann auch an einem 1. Mai findet? Doch lesen Sie selbst …

Joe Bausch und Nina George

Später Frühling in Bönen

19. April

Wenn ich ihn so ansehe, frage ich mich, warum die Evolution sich diesen Ausfall geleistet hat. In der Nase mehr Haare als auf dem Kopf. Ein Körper wie ein Salino. Und wie er riecht – nach Katzenfutter und nassem Hund. Wie er feucht atmet. Wie er frisst! Stopft sich die Roulade rein, die Soße patscht ihm übers Kinn. Kaut! Dieses Kauen ist das Schlimmste. Die Geräusche. Die junge Middendorf hinterm Tresen tut zum Glück so, als würd se nix merken. Er stopft weiter. Essmanieren wie ein Schwein. Wobei – das ist eine Beleidigung für die Schweine. Wenn die Ferkelchen in seiner Schweinezucht mit Messer und Gabel essen könnten, dann würden sie es tun. Und dabei vor allem nicht so ekelhaft … kauen.

»Schmeckt's dir, Liebling?«
»Nicht so gut wie bei dir, mein Schatz.«

Was die blöde Ziege mich wieder anstarrt. Gut so, dann verlangt sie wenigstens nicht, dass ich heut Nacht noch nett zu ihr bin. Am besten, ich mach den Mund noch etwas weiter auf und schieb noch 'ne Gabel von dem Rotkraut nach, so was hasst sie. Ihr dürrer Zitronenmund wird gleich noch schmaler.

Ich kann mich gar nicht erinnern, wann ich sie zuletzt küssen wollte. Vermutlich bevor ich sie geheiratet hab, vor … sind das schon zweiundzwanzig Jahre? Auf der Maifeier hab ich sie damals gesehn, sie trug nix unterm Kleid, das hat sie mir noch gezeigt, als ich ihr die Birke in den Garten gestellt habe. Ella, das scharfe Steigertöchterchen, gewohnt, dass alle um sie herumtanzen, um ihrem Alten zu gefallen.

Ich lass jetzt mal ordentlich einen fahren, damit sie endlich woanders hinguckt.

Bingo.

»Ausgerechnet Schweine-Lothar, den willste?!« Hätt' ich mal auf meinen Vater gehört und den Simmering-Sohn mit seinem Gasthof oder einen von den feschen Italienern genommen! Hübsch gealtert sind die, wie ein guter Tisch. Gepflegt. Keine Sachen mit anderen Frauen und wenn, dann nicht in Bönen, sondern in Rimini. Aber sicher nicht im Stall, wie er. Mit den Gummistiefeln an. Und dem albernen Hut auf.

›Wellness für Männer‹ nennt er seine Techteleien und rechnet mir vor: Wenn er zweimal im Jahr für je zwanzig Minuten fremdgeht, ist er auf die restliche Zeit gerechnet zu 99,99 Prozent treu. So sicher wären nicht mal die Kotelettpreise.

Ach, mit dem Simmering … da wäre alles anders gewesen, nicht immer Schweine und Hof und Hund und Schwarzwald und im Doppelbett nach der Sportschau Augen zu und durch. Und ich hätt nicht immer so kalte Hände von dem Blut, wenn die Schweine abgemurkst werden. Blut und kalte Hände und fünf Minuten an was Schönes denken nach der Bundesliga.

Nicht mal ein Kind hat er mir gemacht, der Lothar. Die blaue Bubenbadewanne aus meiner Aussteuer – in der haben wir dann das Grillfleisch mariniert, für die Maikundgebung von der Gewerkschaft in der Fußgängerzone. Damit hat er sich bei denen eingeschleimt, damit die nicht hingeguckt haben, wenn er wieder mal ein paar Polen als Misthilfe für drei Euro die Stunde angeheuert hat. Zur Gewerkschaft kommen aber auch immer weniger, die letzten Jahre waren da nur noch die alten Säcke und die Funktionäre und haben rumlamentiert von wegen Sozialabbau und Raubtierkapitalismus und dem ganzen Kram. Und auch beim Tanz in den Mai ist immer weniger los. Die Männer stellen den Mädchen

längst keine Birke mehr vor die Tür. Was war ich einge-
schnappt, als mir der Simmering damals keine Birke hinge-
stellt hat ... Wie hätte ich denn wissen können, dass er eine
Pollenallergie hat?

»Entschuldige, Liebling, das ist jetzt schon dein viertes
Bier!«
   »*Entschuldigung angenommen!*«

*Ja, da guckste, Ellalein, du olle Schrapnelle! Von dir lass ich
mir nicht mehr meinen Spaß verbieten. Seit zweiundzwanzig
Jahren versuchste jetzt, mich zu erziehen, nur weil dein Vater
mir damals den Kredit für die ersten zehn Jahre und die Sau-
enzucht gegeben hat. Erzählst mir, was ich anziehen soll bei
den Avantgardisten. Wie ich reden soll. Ordentlich! Als ob ich
Graf Koks von Haus Bögge bin, oder was?*
   Lothar-nie-machst-du.
   Lothar-immer-tust-du.
   *Lothar, zieh die Schuhe aus und popel nicht in der Nase!
Noch ein Schluck und ein Rülpser. Riecht nach Zwiebeln. Jetzt
guckste wieder wie 'ne Schippe Maden. Ha!*
   *Was hat mir mein Zuckerperlchen gestern Nacht im
SEXXX-Chat geschrieben: »Mein Paladin! Du musst mal
wieder Mann sein! Setz dich durch!«*
   Genau, also fang ich heute gleich damit an.
   *Wie spät ist es überhaupt? Mein Perlchen meinte, sie ist eh
vor zehn nicht zu Hause. Und dann will se sich erst schön
machen für mich, lecker schwarze Unterwäsche und Netzstrümpfe und dieses rote Samthalsband, das ich so scharf finde.*
   *Wann hat sich die Ella mal für mich so schön ins Geschirr
gespannt? Die denkt, das reicht, wenn sie mal die langen Unterhosen auszieht! Immer friert sie, sagt sie. Und was soll ich
sagen – die ist innen drin tatsächlich so kalt wie ein aufge-
schlitzter Frosch. Die hat längst vergessen, wie man liebt. Wie
man mich liebt.*

»*Möchtest du noch ein Dessert, Liebes?*«
    »Höre ich da einen Vorwurf? Bin ich zu dick?«
    »*ZU dick nicht, nein. Ich mag ja Frauen mit ein bisschen mehr.*«
    »Na, da hat die Damenwelt aber Glück.«

Ekelhaft, wie du jetzt gerade lächelst! So stolz. Bist du stolz, weil ich mich nicht aufrege? Anstatt es dir ins Gesicht zu sagen: Ich habe nur verloren, seit ich dich zum ersten Mal küsste, damals im Mai. Meine Hoffnung, meine Unschuld. Haare, Würde. Schwerkraft.
    Oder bist du stolz darauf, dass du der Erste aus deiner Familie bist, der über der Erde und nicht darunter arbeitet? Der Erste aus einer Bergmannsfamilie, der sich etwas Eigenes aufgebaut hat? Die zweitgrößte Schweinezucht zwischen Hamm und Unna!
    Der Erste, mit dem ich es gemacht habe. Und der Einzige. Zu auch nur einem anderen fehlte mir der Mut, immer habe ich gehofft: Wenn ich dir nur treu bleibe, wirst du es auch, eines Tages. Sogar bei dem schönen Schützen beim Bierschießen in Flierich war ich zahm, obwohl seine Hände so zärtlich waren … Wie dumm ich war!
    Manchmal muss erst die Hoffnung sterben, um zu leben.
    Und mitunter muss erst ein Mann sterben, um seine Frau glücklich zu machen.

»Gehen wir? Ich bin müde.«
    »*Selbstverständlich, Liebling. Fährst du?*«

Demnächst kannst du dich richtig ausschlafen, du Gesichtsbulette. In deiner Doppelgrabhälfte. Die kannst du bis in alle Ewigkeit allein bewohnen. Ich jedenfalls habe mich lang genug neben dich gelegt!
    Am 1. Mai beginnt mein neues Leben. Ohne Ella und ihre langen Unterhosen und ihr »Nie machst du was mit mir«. Die wird schon sehen, was ich mit ihr mache.

Genau wie es damals mit ihr im Mai angefangen hat, wird es jetzt hier enden. Zufall? Schicksal?

Ich helfe ihr in den Mantel. Tigerplüsch. Sieht aus, als hätt sie dafür die halbe Muppet Show *skalpiert. Er ist ihr zu eng unter den Armen. Hat Oberarme wie ein Kerl.*

Sie nimmt den Weg hinten bei den HUs zurück. Alle reden immer über unsere drei Moscheen auf so'n kleines Kaff, dabei gibt es hier im Umkreis von dreißig Kilometern noch vierundfünfzig. Aber bei uns sind'se in ehemaligen Gasthöfen. Demnächst erwischt es den Simmering. Dann hört der auch mal auf, meiner Frau so nachzugläunen!

Und dann müssen da auch alle die Schuhe ausziehen.

»Schön, die Sterne, nicht, Schatz?«
»Wunderschön, Liebling.«

Du Aas, du Glöckner von Bönen, du optischer Offenbarungseid! Nach dem 1. Mai kannst du dir die Sterne von nah beschauen. Obwohl, so was wie dich schicken sie vielleicht gleich nach unten weiter, aber das weiß ja eh niemand so genau. Die Baptisten an der Zechenstraße sagen, dass es keine Hölle gibt, aber das können die wohl von Gemeinde zu Gemeinde selber entscheiden.

Ich fahre zu schnell. Ich habe noch ein virtuelles Rondeewuh. Mit meinem schönen Italiener … Oh, Mario! Wenn du wüsstest, wie glücklich du mich machst! Ich fühle mich endlich wieder als Frau – nein, Mario hat mich erst zur Frau gemacht! Er liebt mich mit jedem Buchstaben, den er mir schenkt. Von A bis Z, in Klein- und in Großbuchstaben. Er ist wie der üppige Roman, der mein Leben hätte sein können. Nicht wie der billige Kalenderspruch neben mir.

Wie gut, dass der seine Nächte öfter in seinem Stallbüro verbringt. Da stört er Mario und mich wenigstens nicht beim Chat.

Hab ich eigentlich den Laptop zum Aufladen angesteckt? Nicht, dass Lothar das Kabel sieht, denn in der Speisekammer ist ja keine Steckdose! Lothar glaubt immer noch, ich könnte einen Taschenrechner nicht von einem Telefon unterscheiden.

Der rote kik-Klotz in Westerbönen sieht jetzt in der Nacht aus wie ein vergessener Legostein. Ich glaub, ich hätt gern zwei Söhne gehabt. Aber die Ella war wie ein nutzloses Parvovirose-Schwein, spuckt jede Menge Biestmilch, aber trägt keine Früchte.

Zum Glück lässt sie mich in Ruhe im Büro. War eine gute Entscheidung, den Schlachtcomputer ans Internet anzuschließen. Geht jetzt alles online, mit dem Schlachthof und den Terminen. Einer der Fahrer hat mir dann das mit den Frauen im Internet gezeigt, die nur darauf warten, dass man sie findet. Ich habe eine aus der Gegend gesucht. Und gefunden. Das Perlchen. Davon und von der Technik hat Ella keine Ahnung. Sie denkt immer noch, ein Handy ist so was wie ein Taschenrechner.

Manchmal frage ich mich, ob wir uns mal im richtigen Leben über den Weg gelaufen sind. An der Schranke oder in der Mühle, bei einer dieser Ausstellungen, zu denen Ella mich hinschleppt ...

»Wart nicht auf mich. Ich muss noch die Fütterung der Ferkel kontrollieren.«

Und weg bin ich!

Und wenn du mit den Schnitzeln höchstpersönlich Skat klopfst, es wäre mir so unfassbar egal!

Mario, ich eile ... aber vorher muss ich mich frisch machen. Zum Glück kann man heutzutage alles im Internet bestellen: Strümpfe mit Netz, Dessous im aktuellen Design (blutrot!). Ich versteck das alles drunter, unter den langen Unterhosen und dem kotzegrünen Frotteebademantel.

Nicht dass der Lothar plötzlich reinkommt und sich fragt: Was sitzt denn meine Alte mit dem Laptop in roten Schlüpfern und Babydoll inner Speisekammer bei den sauren Gurken?!

Er würde sich wundern, wenn ich ehrlich sagen würde: Liebling, ich plane mit der späten Liebe meines fast verwesten Lebens deinen Tod. Und, ja, ich trage zur Feier des Themas Dessous, die du nicht mal bemerken würdest, wenn ich damit auf einer Muttersau durch Altbögge reiten würde.

Ich lasse noch ein paar fliegen und frage mich, warum man sich selbst eigentlich viel lieber riechen kann als den Wind von jemand anderem. Stelle das Radio auf WDR4. Mache mir ein Iserlohner auf, fahre den Rechner hoch, öffne unser IM-Chatprotokoll, abgespeichert unter ›Brunstkalender‹, und tippe mit zwei Fingern: Ich bin hungrig, will deinen Mund …

Das ist von Pablo Neruda und den Tipp hab ich von einem der Wurstleute aus Osnabrück: »Das war DER Schenkelspreizer in den Achtzigern«, hat er gesagt und mir den alten Schmöker gegeben. Dutzende Studentinnen hat er angeblich damals damit flachgelegt. Heute verkauft er fettreduzierten Aufschnitt.

Hier, das könnte meinem Zuckerperlchen gefallen. Kämest du eines Tages wieder, Geliebte …

Sie denkt natürlich, das ist von mir. Sie denkt aber auch, dass ich Eissalons am Hellweg mit Erdbeeren beliefere. Erdbeeren haben einfach mehr Sexappeal als Nackensteaks. Und Mario hört sich auch besser an als Lothar. Was soll's: Sie wird mir verzeihen …

Mein letzter Furz knattert wie das Wort ›Knäggebrot‹.

Ich frage mich, ob Mario so aussieht, wie er sich beschrieben hat. Kräftig, eine Frisur wie Bruce Willis … und sehr sinnlich. Er sagt, er *spricht* mit seinem Körper. Wie aufregend!

Ich verrate ihm nicht alles über mich, Lothar habe ich vorsichtshalber in ›Heinz‹ umbenannt. Nicht, dass er Mario von irgendwoher kennt, hier am Hellweg ist ja alles ganz überschaubar. Das wäre mal eine Bombe.

Ich kann es ihm ja später sagen. Wenn wir uns auf Samos sonnen. Jedenfalls nicht im Schwarzwald.

Unsere Gespräche verlaufen stets nach demselben Muster: Ich sende ihr Gedichte, sie beschreibt mir, was sie anhat. Dann schreiben wir uns, was wir miteinander tun würden. Dann reden wir darüber, wie wir erst ihren Heinz umlegen und dann meine Schrapnelle in die Doppelgrabhälfte bringen. Ich hab Ella vorsichtshalber ›Renata‹ genannt. Nicht, dass mein Perlchen eine von ihren Landfrauenfreundinnen ist, hier am Hellweg ist ja alles ziemlich überschaubar …

24. April

Wieder hat er mir so ein einfühlsames Gedicht geschrieben. Ich beschreibe ihm genau, wie die Netzstrümpfe meine Schenkel umspannen. Neben mir liegt dazu die *Cosmopolitan*. Die kaufe ich natürlich nicht in Bönen am Bahnhof, sondern dafür fahr ich nach Dortmund. Ich esse nur noch Cornichons. Ich muss Diät halten, damit ich tipptopp bin für Mario, wenn es so weit ist. Ich tarne meinen Gewichtsverlust aber durch drei Kleiderschichten; Lothar guckt mich eh nicht mehr richtig an. Nackt hat er mich zuletzt gesehen, als Kohl noch Kanzler war.

Der 1. Mai kommt näher. Danach werden wir alles Haut auf Haut, Mund auf Mund und Mitte auf Mitte teilen.

Bald tippen Mario und ich nur noch einhändig.

Was für ein grandioses Luder. Dass es solche Frauen noch gibt! Die Tube Melkfett ist hinter den Ordner mit dem Samenkatalog gerutscht.

Wir lassen den Abend mit unserem Lieblingsthema ausklingen. Erst wenn Heinz und Renata, also meine Ella und ihr Kerl, erledigt sind, wollen wir uns das erste Mal in echt treffen. Ganz frivol, im Höing *in Unna, und all das nachholen, was wir nur allein erlebt haben anstatt miteinander.*

Wie sie wohl aussieht? Nie habe ich ihre Stimme gehört.

SUPER-MARIO: Truthahn. Wie wäre es mit 'nem Truthahn?
:)

PERLCHEN: An dem der :-[sich überfrisst, der Knochen bleibt ihm quer im feisten Hals stecken und … ^ ^

SUPER-MARIO: Nein! Er fällt dem Verlierer auf die Platte. 11 kg tiefgefrorener Truthahn. Aus dem 5. Stock, irgendwo im Industriegebiet am Mersch. Das bringt jeden um. Kann kein Mensch nachweisen, dass das extra war. ggg

PERLCHEN: ROFL! Aber: Was soll Heinz denn am Mersch machen? Eher lasse ich ihn schlachten. In der Hackbratenfabrik, in Osnabrück. :P

SUPER-MARIO: Hack ist immer Vertrauenssache. Was die da alles schon drin gefunden haben, man glaubt es nicht! :/ Wenn du ihm täglich ein paar Haare ins Essen schmuggelst? Haare sind unverdaubar, setzen sich zu einem Ball zusammen, schneiden dann die Magenwände auf und ... %-6

PERLCHEN: Das mache ich längst. Aber Haare dauern zu lang! Das ist nur was für Jungverheiratete.

SUPER-MARIO: K.-o.-Tropfen im Iserlohner. Ab in seinen Wagen, Handbremse lösen, er parkt in der Seseke. Dann is Edeka. Ende der Karriere. :-)
Warst du übrigens schon mal in Griechenland?

PERLCHEN: Nein. Ausland mochte Heinz nie. :((@edeka: Dafür ist die Seseke zu flach! Vielleicht bugsiere ich ihn zum Schachtturm, wenn da wieder eine Lesung ist, er stolpert und fällt auf einen dieser Krimiautoren, die sich hier immer rumdrücken. :o

SUPER-MARIO: Vielleicht wird dabei gleich noch dieser Schauspieler erschlagen. :D ;-)) Leg Heinz noch 'nen Abschiedsbrief dazu >>> Selbstmord!

PERLCHEN: Die Versicherung zahlt nicht bei Selbstmord. :-(

SUPER-MARIO: OMG!!! Gut, dass du das sagst. Ich hatte angefangen, Schriftproben von ihren Einkaufszetteln zu pausen.

PERLCHEN: Wäre aber seltsam, wenn in ihrem Tschüssbrief steht: Mein Leben ist so sauer wie ein Glas saure Gurken, die kleinen, Adieu ….

SUPER-MARIO: LMAO!!!! Perlchen! Hat der Verlierer nicht eine Allergie? Renata hat eine. @Nüsse.

PERLCHEN: Mische fein gemahlene Nüsse ins Kaffeepulver, das kriegt sie nie mit – und entsorg vor allem den Kaffee später unbedingt, Nüsse, Schalen und Mahlgerät! Leg einen Schokoriegel neben ihr eiskaltes Händchen …

SUPER-MARIO: *Woher weißt du so was bloß? :0*

PERLCHEN: Komm mal ganz nah bei mich bei, dann erzähle ich dir das. /// ´0` ///

Schon wieder einhändiges Tippen.

Diesmal mache ich nicht wirklich mit, aber ich tue ihm zuliebe so. Nebenbei mache ich mir die Fußnägel.

Ich bin so glücklich mit Mario, wer immer er auch ist.

Die Frau ist unersättlich. Ich mache zwar nicht mit, aber sie freut sich immer so, wenn ich ihr ein zweites Mal den Super-Mario gebe. Nebenbei guck ich Sportschau.

Dann küssen wir uns, virtuell. Jede Menge :XXX

Ich bin einfach nur glücklich mit dieser Frau, wie immer sie auch wirklich heißt.

27. April

Bald ist Ende des letzten Monats mit Lothar. Mario und ich haben uns versprochen, uns die wahre Methode, wie wir es tun, nicht zu verraten. Nicht, dass wir den anderen bei einer Vernehmung in die Pfanne hauen …

28. April

Jeder Tag ist ein Abschied. Ich schaue Ella an und denke: Wenn du wüsstest, dass dein Leben gerade dem Ende zugeht – würdest du endlich anfangen zu leben?

Wenn sie merkt, dass ich sie anguck, grinst sie so komisch. Zu den Ferkelchen kommt sie öfter, um sie zu streicheln. Vielleicht fälsche ich eine Postkarte statt eines Abschiedsbriefes, kann man sich ja alles im Internet machen lassen. Dann sitzt Ella vielleicht irgendwo auf einer Insel. Samos. Mit einem Italiener. Oder so. Und lässt mich hier sitzen. So sähe es dann aus. Wie schade, dass ich das meinem Zuckerperlchen nicht erzählen darf – der Plan würde ihr gefallen. Sicher.

29. April

Nach und nach habe ich die Futtermittelbeigabe bei den Jungtieren reduziert. Die Eber sind immer unruhiger, sie schreien die halbe Nacht, ihr Appetit wächst.

Lothar scheint es nicht zu hören, jetzt lässt bei ihm alles nach, erst unten, dann oben.

30. April

Endlich: Walpurgisnacht. Am Förderturm wird reingefeiert, der Tanz in den Mai hört auf Techno-umpf-umpf-umpf. Ob sie auch einen Maibaum aufstellen?

Mario und ich schreiben uns heute, am 30. April, nur noch einmal als heimliche Geliebte.

Wir haben keinen Sex, heute, wir … sind ernst und feierlich und wir schreiben uns das erste Mal: *Ich liebe dich.* Und: *Ohne dich will ich nicht mehr leben.*

Morgen Abend werden wir frei sein.

1. Mai, 7:32 Uhr

Ihr Kaffee ist präpariert. Erdnüsse, zusammen mit den Bohnen gemahlen. Sie nimmt immer einen Becher – nicht vom guten Geschirr, o nein – mit in den Stall und trinkt ihn aus, während sie durch die Reihe der Ferkelchen spaziert und die Rotlichtlampen nachjustiert. Wenn sie den allergischen Schock bekommt, ist sie mittendrin. Ich lass die Eber raus, die schreien sich seit Tagen irre vor Hunger, weil ich sie längst auf Nullkost gesetzt habe. Wird eine ziemliche Sauerei. Fressen wie ein Schwein bekommt da eine ganz neue Note.

Ob mein Magen das aushält? Sollte mir vorsichtshalber einen Tee machen.

7:40 Uhr

Sein Tee ist präpariert. Wenn er sich was eingießt, dauert

es zehn, zwanzig Minuten, bis die Wirkung des GHB einsetzt. Dann ist er gerade mitten im Stall. Ich muss nur noch die Eber und Muttersauen rauslassen. Die machen sich dann über ihn her. Und den Rest verbrenn ich im Kadaverofen. Die Koteletts von den Schweinen, die Lothar verspeist haben, serviere ich dann der Feuerwehr.

7:52 Uhr

Da geht sie mit ihrer Tasse seelenruhig zu den Sauen. Für einen Augenblick will ich ihr das Porzellan aus der Hand schlagen – aber dann denke ich an Perlchen, an ihren Humor, ihre Weichheit. Ihre Liebe.

Stattdessen brühe ich mir den Tee und gehe mit der Wärmekanne rüber in den Stall.

7:59 Uhr

Während ich die Laufställe von den Kleinen und Muttersäuen öffne, spähe ich zu seinem Büro hinüber. Hinter der Scheibe sitzt er und sieht mich nicht an, er nippt an seinem Tee. Ich puste, der Kaffee ist zu heiß. Dann probiere ich. Doch, geht.

8:04 Uhr

Mir ist ganz koddrig. Richtig schlecht! Das schlechte Gewissen, oder doch so etwas wie ein Rest Zuneigung?

Was macht Ella da? Sie trinkt, stellt die Tasse beiseite … und zieht sich erst ihren Pulli aus, dann noch einen … und noch einen … Donnerwetter, die ist ja dünn geworden!

8:06 Uhr

Seine Augen platzen ihm gleich aus dem Gesicht. Ich bekomme Herzrasen, das muss Vorfreude sein. Himmel, ist mir heiß, ich glaube, ich muss mich überge…

08:07 Uhr

Na, endlich fällt das Biest um! Jetzt schnell, die Eber raus!

*Mir ist so übel, gleich kommt der Plockenhusten hoch. Aber ich
zieh das jetzt durch. Denn wenn nicht, kriegen sie mich
dran ... und da kommen die ersten Schweine im Galopp an ...
verdammt, die falsche Richtung! Hopp, hopp, zu Ella!*

*Keine Chance, das Biest will mich beißen – »Hau ab!« – ich
muss es zu ihr locken, aber irgendwas stimmt nicht, ich kann
meine Beine kaum bewegen, und wie ich da so auf sie zulaufe
und sie in ihrer Kotze liegen sehe, weiß wie 'ne Stallwand, da
brechen mir die Knie weg.*

Ich glaub, das Aas hat mir was in den Tee getan!

8:10 Uhr

Ich seh ihn auf mich zukriechen, den Eber im Genick. Er
beißt ihm in den Gummistiefel. Ich glaub, er hat zwei von
Lothars Zehen mit erwischt. Da kaut er länger dran.

Die Ferkel preschen über mich hinweg. Da sehe ich die
Muttersau angaloppieren.

Ich ahne, dass Lothar mir was in den Kaffee getan hat.
Und dass er mich den Schweinen zum Frühstück vorsetzen
will.

Nur dumm, dass er offenbar der Nachtisch wird.
»Mahlzeit!«

8:11 Uhr

Jetzt fängt das Aas auch noch an zu lachen!
»Blöde Kuh!«

8:11:20 Uhr

Der Eber beißt ihm in die Wade, ich höre Knochen brechen.

08:12:00 Uhr

*Wieso hat sie genau heute meinen Tee präpariert, am 1. Mai,
mit ... ja, K.-o.-Tropfen, es müssen diese verdammten ...
o nein. Oneinoneinonein!*
»NEIN!«

10:12:30 Uhr

Die Muttersau lässt sich auf mich fallen. Meine gebrochenen Rippen bohren sich mit einem nassen *Ssrtsch* in meine
Lunge, meine Gedärme.

Jetzt liege ich direkt vor Lothars Gesicht. Er schaut mich
an und in seinem Blick steht alles, was zu absurd ist, um
möglich zu sein. Und doch ...

Beim Sprechen suppt mir etwas Warmes aus dem Mund.

»Kämest du eines Tages wieder ...«
»... *Geliebte* ...«

10:12:35 Uhr

»Mario ... mein Mario ...«
»*Perlchen!*«

Pfingsten

Pfingsten wird gefeiert am fünfzigsten Tag nach Ostern, zwischen dem 10. Mai und dem 13. Juni – die Christen erinnern mit dem Fest an die Entsendung des Heiligen Geistes unter die Jünger: ›Und als der Pfingsttag gekommen war, waren sie alle an einem Ort beieinander. (…) Und es erschienen ihnen Zungen zerteilt, wie von Feuer; und er setzte sich auf einen jeden von ihnen, und sie wurden alle erfüllt von dem Heiligen Geist und fingen an, zu predigen in andern Sprachen, wie der Geist ihnen gab auszusprechen‹ (Luther-Bibel: Apostelgeschichte 2, 1–5). Zur Erleuchtung pilgern jedes Jahr zahlreiche Christen nach Werl. Darunter allerdings auch mitunter etwas seltsame Gestalten wie etwa die, von der Lucie Flebbe erzählt.

Lucie Flebbe

Zur Erleuchtung nach Werl

Tock. Sein Pilgerstab traf einen Stein und rutschte ab. Willi verlor auf dem feuchten Untergrund fast das Gleichgewicht. Tock-Tock. Auf dem schmierigen Trampelpfad marschierte er an dem meterhohen Zaun entlang, der den Werler Stadtwald teilte. Wie damals an der Gefängnismauer. Allerdings hatte der Zaun Schlupflöcher. Er war ein Relikt aus der Zeit, als die Kanadier in Werl stationiert waren. Hier im Stadtwald war ihr Militärcamp gewesen, zwei komplette Dörfer hatten sie hinter dem Zaun zurückgelassen, als sie vor knapp zwanzig Jahren abrückten. Als Jugendlicher war Willi durch die Ruinen gestreunt. Mitten im Wald stieß man auf eine verlassene Kirche, eine Turnhalle, sogar ein Kino. In den ehemaligen Soldatenunterkünften hingen noch Lampen an den Decken, in der Bar stand eine Theke, samt Spüle und Kühltruhe. An der Wand hatte jemand mit viel Freizeit Marilyn Monroe porträtiert. Es schien, als wären die Bewohner nur kurz hinausgegangen. Unheimlich. Mit einem Luftgewehr hatte Willi in den Ruinen herumgeballert, zum Spaß.

Tock. Stop. Willi lugte durch den Zaun. Nach seinem JVA-Aufenthalt hatte er sich hier nicht mehr herumgetrieben. Hatte wohl doch was gebracht, der Strafvollzug. Tatsächlich war Willi nicht unbedingt unglücklich über die Zeit im Gefängnis. Dort hatte er was fürs Leben gelernt – nicht nur den Beruf des Tischlers, der hatte ihm draußen sowieso nichts genutzt. Sein Lehrbetrieb machte sich nicht gut im Lebenslauf. Doch im Krafttrainingsraum der Anstalt hatte er begriffen, was Muttern offenbar vergessen hatte, ihm beizubringen: dass Muckis mehr bringen als Schule.

Tock-Tock. Er rückte seinen gewichtigen Pilgerrucksack zurecht und marschierte weiter. Weil ihn nach der Haftent-

lassung weder Tischlereien noch die bekannte Werler Sauerkrautfabrik beschäftigen wollten, war er nach langer Zeit mal
wieder bei der Heiligen Mutter Maria in der Basilika, der
Wallfahrtskirche, aufgekreuzt und hatte ihr sein Herz ausge-
schüttet. Und plötzlich hatte eine Stimme aus dem Dunkel
des Beichtstuhls gesagt: »Geh doch als Preisboxer auf den
Jahrmarkt. Da kriegste Geld, wenn du wen vermöbelst.«

Die Heilige Mutter hatte durch den Mund eines jungen
Franziskanermönchs zu Willi gesprochen und ihn erleuchtet. Ein Jahr später war Willi Eigentümer einer florierenden
Boxbude, mit der er über die Jahrmärkte am Hellweg tingel-
te: *Willi Depp – Boxen und Kraftsport.*

Tock. Und dann war auch noch die Anneliese wieder in
seinem Leben aufgetaucht. Das war ein wirkliches Wunder
gewesen. Geschieden, mit einer zehnjährigen Tochter im
Schlepp, schien sie vergessen zu haben, dass sie ihn früher
als Depp besungen hatte: »Willi, der Depp – hat Kappes im
Topp – Kappes im Sack – und Kappes im Kopp!«

Mit sechzehn hatte sich Willi hoffnungslos in die Anneliese verguckt. Sie war aber auch ein Wahnsinnsweib gewesen,
mit viel Arsch und Titten, dunklen Locken und dicken,
roten Lippen.

Damals hatte Willi gerade in der Sauerkrautfabrik draußen
an der Weststraße angeheuert, weil die JVA ihn ohne Schulabschluss nicht wollte. Kappeskraut in Plastikschläuche
abfüllen war kein schlechter Job – aber Annelieses Meinung
nach nicht die beste Voraussetzung für die große Liebe.

Doch jung und naiv wie er war, hatte Willi auf ein Wunder
gehofft. Hatte die Gebote befolgt und stundenlang ganz
links in der ersten Kirchenbank gehockt. Direkt vor dem
Marienbild, neben der eckigen Säule, die das gewaltige Ge-
wölbe des Kirchendaches stützte. Dort, wo die warme Heizungsluft von unten aus den Metallrosten strömte. Als ob
die Gottesmutter selbst ihn wärmte, hatte er immer gedacht.
Die Maria unter ihrer Panzerglashaube war kaum einen halben Meter hoch, aber wunderschön, mit ihrem uralten, fein

geschnitzten Gesicht und dem kleinen König auf dem Schoß.

Und sie hatte stets gelächelt, wenn Willi kam. Keine andere lächelte, die lachten immer nur. Und da war Willi ziemlich sicher gewesen, dass das mit dem Wunder schon klappen würde.

Erst als der Rammelmann mit der *Honda DAX* die Anneliese geschwängert hatte, waren Willi Zweifel gekommen. Da hatte er aufgehört, mit der Heiligen Mutter zu sprechen und die Gebote zu befolgen und hatte jedem, der ihn einen Depp nannte, eine aufs Maul gehauen. Und siehe da – plötzlich hatte die JVA doch Interesse an ihm gezeigt!

Vier Jahre durfte er eine Sieben-Quadratmeter-Zelle in dem preußisch-schlichten Bau beziehen.

Heute noch reichte der Marsch am Zaun entlang aus, um Willi das Rasseln der Schlüssel, das Rummsen hinter ihm zufallender Türen und die knallenden Riegel wieder ins Gedächtnis zu rufen.

Kommissarin Lara Simonis blinzelte in den Regen. Die Scheibenwischer ihres Dienstwagens verschmierten eher die Sicht, als dass sie für Klarheit sorgten. Und gleich würde sie vollkommen durchnässt werden, denn in der Eile hatte sie natürlich nicht an einen Schirm gedacht. Lara knirschte mit den Zähnen.

So ein Mist! Der erste Mord seit Jahren in Werl fiel in ihre Schicht bei der Kriminalbereitschaft und sie hatte fast eine Stunde gebraucht, um den Tatort überhaupt zu erreichen. Mehr als genug Zeit für den Kollegen Krämermeier, um die Ermittlungen an sich zu reißen und ihr die Praktikantinnenarbeit zuzuschieben. Sie hatte es vergeigt.

Endlich tauchte vor ihr am Waldrand der Tatort auf, den Krämermeier ihr vorhin bei der Alarmierung durchgegeben hatte: die *Pension Adler*.

Lara parkte ihren Dienst-Vectra neben dem Bonzen-BMW, den sich Krämermeier vom gut betuchten Papa seiner gerade volljährigen Ehefrau bezahlen ließ. Noch bevor Lara die Wagentür öffnete, kam Krämermeier aus dem Haus und blieb mit einem zufriedenen Grinsen unter dem Vordach der *Pension Adler* stehen. Wütend wickelte sie sich in ihre Jacke und stieg aus.

»Schön, dass Sie doch noch kommen konnten«, begrüßte Krämermeier sie sarkastisch.

Pffft!, ärgerte sich Lara. Krämermeier konnte ja mal versuchen, Pfingstsonntag um acht Uhr morgens einen Babysitter aufzutreiben. Doch sie würgte die Bemerkung herunter. Denn Krämermeier und seine sieben männlichen Kollegen hatten nicht gerade enthusiastisch reagiert, als Lara die frei gewordene Stelle des berenteten Kommissars besetzte. Sie war eine Frau, schlimm genug, doch außerdem war sie eine neumodische Rabenmutter, die nach nur einem Jahr Elternzeit in den aktiven Dienst zurückkehrte. Und sie hatte auf einer Vollzeitstelle bestanden, statt sich mit zehn Stunden die Woche als gut bezahlte Tippse zufriedenzugeben.

»Hier entlang, Frau Kollegin.« Krämermeier verbeugte sich spöttisch. »Darf ich Ihnen zeigen, womit wir uns die Wartezeit während Ihrer Abwesenheit vertrieben haben?«

Mit der Anneliese hatte sich einiges geändert in Willis Leben. Sie wartete auf ihn, wenn er zu Muttern in ihr Salzarbeiterhäuschen heimkam. Um eine eigene Wohnung hatte sich Willi sich nie bemüht – warum auch, wenn Muttern für ihn kochte und ihm seine Wäsche wusch? Die meiste Zeit war er ohnehin mit der Boxbude unterwegs – und verdiente mit dem Axel Geld.

Doch der Axel, wie Willi seine rechte Faust frei nach seinem Idol Axel Schulz getauft hatte, der Axel verdiente nun mal nicht mehr genug für Anneliese, Muttern und Willi selbst. Zumal ihm auch schon zweimal die Mittelhand zersplittert war. Außerdem: Jedes Wochenende eins in die Fresse, davon hatte er die Schnauze voll. So ging das nicht weiter.

»Als Familienernährer bringste es nicht, Depp«, beschwerte sich Anneliese, als er ihre Handyrechnung nicht bezahlen konnte, weil er die Füße bereits seit drei Wochen wieder unter Mutterns Tisch stellte. »Wenn das so weitergeht, gibt's bald nur noch Hartz IV.«

»Red keinen Quatsch«, sagte Willi, fest entschlossen, sein Glück auf dem Arbeitsmarkt zu suchen.

Doch so einfach war das nicht. Früher, als Werl noch Sälzerstadt war, da hatte es Arbeit genug gegeben, in den Salinen. Auch für Leute wie ihn, die es mit der Schule nicht so gehabt hatten. Da konnte man es noch zu etwas bringen. Zu dem winzigen Fachwerkhäuschen zum Beispiel, in dem Willi mit der Anneliese bei Muttern lebte. Ein echtes Salzarbeiterhäuschen, auch wenn man das Fachwerk nicht sah, weil es im Modernisierungswahn der Sechziger überputzt worden war.

Heute war das schwieriger mit der Arbeit. Wenn man kein Mönch werden wollte, blieben die Metallwerke in der Stadt, der Autoteilehändler draußen im Gewerbepark und eben die JVA als größter Arbeitgeber in Werl übrig. Dreimal hatte Willi es beim Knast versucht, aber immer ritten die auf der Sache mit dem Schulabschluss herum und waren pingelig wegen der Vorstrafe – obwohl Willi ja gerade in seinen vier Jahren als Insasse einen guten Einblick in den Job bekommen hatte.

Schließlich war er auf die Idee gekommen, mal wieder die Heilige Mutter Maria zu fragen. Die hatte ihm immerhin schon bei der Sache mit der Boxbude geholfen.

Also saß er wieder lange in der Basilika, neben der Säule, wo die warme Heizungsluft aus den Metallrosten strömte. Aber die Erleuchtung ließ auf sich warten.

Gut, Willi sah ein, dass man als Gottesmutter viel zu tun hatte und sich nicht um alles sofort kümmern konnte. Man musste Geduld haben mit der Heiligen Mutter.

Doch langsam wurde die Sache mit dem neuen Beruf dringend. Zwar war Annelieses Tochter zum Vater gezogen, aber die Anneliese hatte wieder angefangen, bei diesen Shoppingsendern im Fernsehen zu bestellen. Und Muttern brauchte so einen Treppenlift.

Geduldig lief Willi jeden Sonntag in die Kirche. Aber der Pfaffe im Beichtstuhl rückte nicht raus mit der Sprache, wenn Willi nach seinem beruflichen Weg fragte. Beten und beichten reichte anscheinend nicht, um der Heiligen Mutter Feuer unterm Arsch zu machen. Da war er auf die Idee mit dem Pilgern gekommen.

Das Pilgern bot sich ja an, hier in Werl. Im Sommer marschierten ständig Menschen Richtung Basilika. Stundenlang beteten die Wallfahrer im Schatten der gewaltigen Mauern und der uralten Bäume auf dem Kreuzweg – einem geheimnisvollen Ort mystischer Ruhe, mitten in der Innenstadt – um danach von der heiligen Mutter erleuchtet zu werden.

Da musste was dran sein, denn letzte Woche erst waren die Portugiesen wieder da gewesen. Die kamen jedes Jahr (mit dem Bus) und veranstalteten ein richtiges Fest auf dem Marktplatz. Dann zog der Geruch gegrillter Sardellen durch die Straßen und der Rotwein funkelte purpurn in den Gläsern. Mutterns Kegelklub pilgerte ebenfalls. Und sogar der Kerkeling war doch erleuchtet worden! Na ja, der war auch gleich bis Spanien gewandert. Übertreiben wollte Willi die Pilgerei nicht. Er brauchte ja nur einen kleinen Tipp in Sachen Arbeit. Deshalb wanderte Willi seit einer Woche der Einfachheit halber rund um Werl herum. Ganz altmodisch zu Fuß, denn für eine echte Erleuchtung musste man sich schon anstrengen. Tock.

Kommissarin Lara Simonis schmeckte ihre eigene Magensäure bitter im Rachen, als sie das Opfer sah. Sie schluckte mühsam. Auf keinen Fall würde sie dem Kollegen Krämermeier den Gefallen tun und ihm auf seine handgenähten, vom Schwiegerpapa gesponserten Lederschuhe kotzen.

Der Kopf der Toten war nach vorn gekippt, wie bei einer abgelegten Marionette. Das Kinn auf der Brust, knapp über der Aufschrift ihres Shirts. *SexyHexi* stand da in Weiß auf rosa Grund. Ihre lockige Mähne fiel ihr, der Schwerkraft folgend, ins Gesicht. Staunend starrte sie auf die Dose Wiener Würstchen zwischen ihren Schenkeln. Besser gesagt, an der Innenseite ihres rechten Oberschenkels, denn ihr gesamtes linkes Bein – fehlte. Jemand hatte den Oberschenkelknochen aus der Hüfte gelöst. Im blutigen Fleisch schimmerte die knöcherne Gelenkpfanne bläulich weiß.

Der Grund dafür lag auf der Hand: Das Bein hatte nicht mehr in den Kühlschrank gepasst. Überhaupt war das Frischhalten der Frauenleiche ein schwieriges Unterfangen gewesen. Denn bei dem Kühlschrank handelte es sich um eine Kühl- und Gefrierkombination. Der Körper hatte über die drei Kältefächer hinweg in das Gerät gehievt werden müssen. Mit Grünkohl und Sauerkraut gefüllte Plastikboxen standen stapelweise im Blut auf dem Boden.

»Die Befragung in der Gastwirtschaft ist schon gelaufen«, ritt Krämermeier weiter auf Laras Verspätung herum. »Ich habe den Kollegen Brand dazugeholt, weil Sie nicht auftauchten. Die letzten Interviews schaffen wir auch ohne Sie«, ergänzte er schnell, als Lara auf eine dicke Rothaarige zeigte, die offensichtlich noch auf ein Gespräch wartete.

»Sie können ja draußen noch ein paar Wanderer befragen. Falls Sie welche finden.«

Tock. Willi stabilisierte seine Schritte auf dem schmierigen Waldboden mit dem Pilgerstab. In Gedanken entwickelte er sein Unternehmenskonzept: *Willi Depp, private Ermittlungen.* Klang nicht unbedingt vielversprechend, grübelte er.

Tock – witsch! Sein Pilgerstab rutschte an einer glitschigen Wurzel ab. Willi strauchelte. Auch die Heilige Mutter Maria, Herr Jesus, der liebe Gott, oder wer immer ihn sonst auf seinem Pilgermarsch begleitete, schien von diesem Firmennamen nicht begeistert zu sein.

Wie wär's mit *Privatdetektei Depp*? Auch damit würden ihm die Kunden vermutlich nicht die Tür einrennen.

»Als Detektiv bist du doch 'ne Lachnummer!«, war Annelieses Meinung, als er ihr die Geschäftsidee präsentierte, für die er die Unterstützung der Mutter Maria erpilgern wollte. »Wer engagiert schon einen Depp?«

Wütend hatte Willi seine Frau angefunkelt. Doch Anneliese ließ sich nicht beirren: »Jahrelang haste dir die Birne matschig hauen lassen und jetzt willste plötzlich mit Denken Geld verdienen?«

Tock. Nun ja, auf den ersten Blick war das wirklich kein Geistesblitz. Aber immerhin war der Sascha auch jahrelang als Preisboxer in Willis Boxbude über die Jahrmärkte getingelt. Und jetzt hatte er einen Job bei der Security, Leibwächter und so. Warum sollte Willi das nicht hinkriegen?

»Weil der Sascha einen Meter größer ist als du«, meinte Anneliese. »Und nicht Depp heißt, sondern Petrow.«

Das stimmte, auch wenn Willi es nicht gern hörte.

Ende Mai leuchtete das Grün noch frisch und die Felder rochen nach Erdbeeren. Willi hatte Blasen an den Füßen, in Ferienzimmern übernachtet und mit Pilgern und Wanderern über Gott gequatscht, so viel er konnte.

Und heute sollte seine Wallfahrt enden. Um achtzehn Uhr wollte er pünktlich zum Gottesdienst in der Basilika sein. Praktischerweise war Pfingstsonntag, da war die Maria ja gewohnheitsmäßig mit Erleuchten und Erlösen beschäftigt. Da würde sie sich schon um Willis Problem kümmern und ihm ein klitzekleines bisschen bei der Berufsfindung helfen.

»Entschuldigen Sie bitte«, riss ihn eine Frau aus seinen Gedanken. Willi blieb stehen und sah sie an. Sie war schlank, mit Rehaugen und rotbraunen Locken.

»Lara Simonis, Kripo Werl. Vielleicht können Sie mir weiterhelfen.« Sie kramte in ihrer Handtasche.

Willi nutzte die Gelegenheit, um seinen schweren Rucksack neben seine Füße plumpsen zu lassen. Ein breites Grinsen konnte er sich nicht verkneifen. Da war es ja, Gottes Zeichen: Eine Polizistin brauchte *seine* Hilfe. Jetzt würde sich rausstellen, ob er zum Detektiv taugte.

»Sind Sie dieser jungen Dame begegnet?« Die hübsche Kommissarin hielt ihm ein Foto unter die Nase.

»Wie stellen Sie sich das vor, alleinerziehend als Kommissarin zu arbeiten?«, hatte Krämermeier wissen wollen, als Lara ihre Sachen an ihrem ersten Arbeitstag in den freien Schreibtisch in seinem Büro räumte. »Wir arbeiten zehn Stunden und mehr am Tag.«

»Zufällig habe ich den Job schon mal gemacht«, hatte Lara zurückgeschnappt. Sie hütete sich, Krämermeier auf die Nase zu binden, dass sie drei Monate zuvor, als sie ihre Rückkehr an den Arbeitsplatz beschlossen hatte, noch nicht alleinerziehend gewesen war.

»Wenn Sie es nicht geregelt kriegen, müssen Sie eben noch ein Jahr zu Hause bleiben, Simonis«, hatte Krämermeier Lara nachgerufen, als sie sich auf den Weg zur sinnfreien Wandererbefragung machte.

Und zu allem Überfluss rückte jetzt auch noch der Trottel mit dem vollgestopften Rucksack, den sie blöderweise angesprochen hatte, das Foto der Toten nicht mehr heraus.

»Sie haben Glück, junge Frau, zufällig bin ich selbst privater Ermittler. Willi Depp mein Name.«

Lara konnte ihr Lachen gerade noch als Hustenanfall tarnen. In Zeiten der Ich-AG konnte jeder Langzeitarbeitslose eine Detektei aufmachen. Dieses Exemplar übertraf alles, was Lara in ihrem Beruf bisher im Weg herumgestanden hatte. Breit wie ein Schrank war er – na ja, aufgrund seiner geringen Körpergröße eher wie eine Kommode. Das Eigenbaumodell eines skandinavischen Möbelherstellers, an dem ein talentfreier Hobbyheimwerker geschraubt hatte. Einfach alles an dem Typen schien schief: seine Haltung, seine Nase, sein Kinn, sein selbst frisierter Pony, sogar sein Blick.

»Wir sind also quasi Kollegen«, schielte der Depp Lara dauernickend an. »Da muss man zusammenhalten, nicht wahr? Ich glaube, die junge Dame kommt mir bekannt vor. Was hat sie denn angestellt?«

»Sie ist tot.« Lara sah den Arbeitseifer im schiefen Gesicht des Möchtegernsheriffs aufleuchten und bereute, ihn überhaupt angesprochen zu haben. »Wir haben sie in der *Pension Adler* nicht weit von hier gefunden.«

»Ah, sehen Sie. Da habe ich auch übernachtet. Wenn ich mich recht erinnere, haben die gesuchte Dame und ihre Pilgerfreundin sogar mit dem Sascha und mir gegessen.«

Lara blinzelte skeptisch. Der Aufschneider wollte sich garantiert nur als Detektiv aufspielen, der hatte das Mädchen noch nie gesehen. Dass eine hübsche, zwanzigjährige Studentin mit ihm zu Abend aß, war wohl ein Wunschtraum.

»Wieso steht Ihr Name dann nicht auf der Gästeliste der Pension, Herr Depp?«, erkundigte sich Lara ungeduldig.

Sie zog die Gästeliste, die Krämermeier ihr gnädigerweise überlassen hatte, aus der Tasche. Nachsehen musste sie nicht, einen so dämlichen Namen hätte sie sich gemerkt.

»Äh …?« Da fehlten dem Aushilfsermittler schon die Worte. Der hielt sie nur auf mit seiner Wichtigtuerei. Währenddessen hatte Krämermeier bestimmt schon die ersten Verdächtigen festgenommen.

»Trotzdem vielen Dank, Herr Kollege«, versuchte Lara das Gespräch zu beenden.

Doch so schnell ließ sich Nachwuchsdetektiv Depp nicht abschütteln: »Sie können den Sascha fragen. Der war mit mir am Pilgern, nur muss der heute ein Parkhaus bewachen.«

»Wie hießen denn die Damen, mit denen Sie gespeist zu haben glauben?«, erkundigte sich Lara gereizt.

»Ähm …«

Schon wieder sprachlos, der Gute.

»Maria«, fiel ihm dann spontan ein. »Das war schon ein Zufall. Beim Pilgern treffe ich die Maria. Wie die Heilige Mutter, Sie wissen schon?!«

»Von der hab ich gehört.« Lara schaffte es nicht, sich ein verzweifeltes Lachen zu verbeißen, während sie weiter über den matschigen Trampelpfad des Werler Stadtwaldes stöckelte und Depp mit der Eleganz einer überfütterten Dogge hinter ihr herhopste. »Unsere Tote heißt aber Vivien Schneider«, informierte Lara den Hilfswilligen kühl. »Trotzdem vielen Dank für Ihre Mühe.«

Tock-Tock.

»Moment noch, Frau Kollegin!« Der Schnüffel-Azubi strampelte mit seinem Stock schwerfällig an der Kommissarin vorbei. »Ich kann Ihnen die Maria beschreiben. Sie ist dick mit roten Haaren.«

»Sie haben mir genug geholfen«, platzte Lara der Kragen. »Marschieren Sie weiter, sonst kommen Sie zu spät zum Pfingstgottesdienst.«

Der Möchtegerndetektiv warf einen Blick auf seine Armbanduhr.

Lara drängelte sich an ihm vorbei.

»Moment noch, Frau Kollegin! Sagen Sie mir wenigstens, ob ich zum Privatdetektiv tauge.« Der Mann schielte mit beiden Augen an Lara vorbei in die Luft.

Laut lachend ließ sie den Depp stehen.

Tock-Tock. Willi konnte die Gedanken der Kommissarin lesen, als sie weiterging.

»Was glaubst du, warum es noch keine *Detektei Depp* gibt, du Depp?«, hatte die Anneliese gemeckert. Und die freche, kleine Pilgerin hatte gekichert: »Ein Depp als Detektiv? Das ist ein Witz, oder?«

Den gleichen Spott erkannte Willi im Lachen der hübschen Kommissarin. *Willi der Depp hat Kappes im Kopp.*

Die alte Wut fing wieder an, in ihm zu brodeln. Warum lachten die Weiber immer über ihn? Warum hatten sie keinen Respekt?

Von hinten sah die Polizistin der Anneliese sogar ähnlich, fand er. XXL-Arsch, gerade Haltung, dunkle Locken, die sich im Nacken kräuselten.

Die alte Wut schäumte hoch wie Milch auf dem Herd, als er ihr folgte. Die alte Wut war sein bester Freund. Nur mit ihrer Hilfe hatte er die Spötter zum Schweigen gebracht.

Wenn er die Wut spürte, wurde es ein K. o. Selbst wenn ihm dabei wieder die Mittelhand zersplitterte.

Tock-Tock-Tock. Er schmetterte der Polizistin den Axel von hinten in die Locken. Ihr Lachen verstummte abrupt, als die Halswirbelsäule knackend nachgab. So leicht war das bei den Weibern, weil die alle so dünne Hälse hatten.

Der Körper der Kommissarin schlug dumpf auf den Waldweg. Schade, sie war sein Typ gewesen. Aber sie musste sich ja über ihn lustig machen – das ließ er sich nicht mehr gefallen.

Erst, als die Wut nachließ, fiel ihm ein, dass die Entsorgung dieses Mal nicht so einfach war. Er stand mit Rucksack, Pilgerstab und Leiche mitten im Wald.

Die Anneliese hatte er zu Hause erst ins Bett gelegt, und als sie zu stinken anfing, in die Kühltruhe im Keller verfrachtet. Zum Glück war sie nach einer Woche nicht mehr so steif gewesen wie am Anfang. Nur der linke Fuß hatte nicht reingepasst, den hatte er abgeschnitten und ins Eisfach getan. In der Truhe konnte die Anneliese erst mal bleiben, Muttern schaffte ja die Kellertreppe nicht mehr.

Auch gestern in der Pension hatte er schnell den Kühlschrank im Keller entdeckt. Aber das Mädchen war dicker gewesen, da hatte er das ganze Bein entfernen müssen. Am Knie hatte er den Oberschenkel noch mal vom Unterschenkel getrennt, wie bei einem halben Hähnchen. Dann hatten Oberschenkel und Unterschenkel ebenfalls in die Schubladen des Gefrierschrankes gepasst.

Die Polizistin war dünn, die würde komplett reinpassen. Aber mitten im Wald würde er kaum einen Kühlschrank auftreiben.

Oder doch?

Willis Blick wanderte durch die grünen Metallgitter des alten Zaunes, der vor dreißig Jahren das kanadische Militärcamp gegen Eindringlinge geschützt hatte. Zwischen den Baumkronen ragte der Kirchturm der Geisterstadt hervor.

Scherben, Splitter und bröckelnder Putz bedeckten den Boden, der Regen tropfte durchs Dach und Bäume wuchsen durch die kaputten Fenster. Seit Willi das letzte Mal in dem verlassenen Dorf gewesen war, waren Dächer eingestürzt, Türen rausgefallen, Scheiben eingeschlagen worden. Doch der Tresen in der alten Kneipe stand noch, die Kühltruhe auch, nur Marilyn Monroe war, vom Regen durchweicht, abgeblättert.

Willi zog der Kommissarin die zusammengefaltete Gästeliste der Pension aus der Tasche, bevor er den Deckel der Kühltruhe schloss. Die tote Vivien Schneider hatte zusammen mit ihrer dicken, rothaarigen Pilgerfreundin Maria Moormann ein Doppelzimmer belegt. Genau wie Willi es sich gedacht hatte. Sascha Petrow hingegen hatte den Namen seines Begleiters Willi Depp bei der Reservierung nicht angegeben.

Im Gegensatz zu der Kommissarin hätte Willi den Fall in null Komma nix gelöst. War das nicht das Zeichen, auf das er wartete? Klar! Eindeutig hatte er das Zeug zum Detektiv.

Ein Blick auf die Uhr sagte ihm, dass er sich beeilen musste. Er wollte ja nicht zu spät kommen, zur Erleuchtung.

Muttertag

Der Muttertag am zweiten Sonntag im Mai ist nicht zu verwechseln mit dem Internationalen Frauentag am 8. März, auch wenn er seine Ursprünge in der englischen und amerikanischen Frauenbewegung hat. Was am 12. Mai 1907 in Grafton, West Virginia, als Gedenktag für die Mutter der Frauenaktivistin Anna Marie Jarvis begann, wurde am 8. Mai 1914 schließlich Gesetz, nämlich die ›Joint Resolution Designating the Second Sunday in May as Mother's Day‹, die der US-Kongress an diesem Tag erließ. In Deutschland wurde der Muttertag in den Zwanzigerjahren vom Verband Deutscher Blumengeschäftsinhaber etabliert, die natürlich wussten, wie man den Müttern am besten dankte: mit einem prächtigen Blumenstrauß. Und wer wäre für eine stimmungsvolle Muttertagsstory als Autorin besser geeignet, als ›Mutter Beimer‹ aus der Lindenstraße? Lesen Sie also, was Marie-Luise Marjan und Krimispezialist Ralf Kramp zu erzählen haben.

Marie-Luise Marjan und Ralf Kramp

Muttertag in Fröndenberg

In fünf Tagen war Muttertag. Sie sah die Gesichter ihrer Jungs vor sich, straff gescheitelt das Haar, rot glänzend die Bäckchen. Das war eine Ewigkeit her. Das kam nie wieder.

Gundel Sudhoff hörte jetzt das Stöhnen von nebenan. Pawlowsky war wieder bei der alten Sesterheim und knöpfte ihr Geld ab. Er brauchte es für seine zahllosen Weibergeschichten. Henny Sesterheim konnte sich ohne ihren Rollator keinen Meter weit bewegen, war dürr und spillerig und nicht in der Lage, sich gegen den bulligen Kerl zur Wehr setzen. Um zu bekommen, was er wollte, verpasste er ihr immer ein paar ›Brennnesseln‹, wie er das nannte. Dazu fasste er ihren Oberarm und wrang die schlaffe Haut mit beiden Händen wie einen Putzlappen. Das verursachte einen höllischen Schmerz, der aber nichts als ein paar heftige Rötungen auf der Haut hinterließ, die rasch wieder verblassten.

Gundels Blick fiel auf den Spiegel, der im Halbdunkel hinter der halb offenen Badezimmertür zu sehen war. Sie erkannte ihre eigene kleine, rundliche Gestalt und musste daran denken, dass auch sie irgendwann Pawlowsky ausgeliefert sein würde.

Das Schmallenbach-Haus in Fröndenberg war ein gutes Seniorenheim. Man gestaltete ihnen hier den Lebensabend so angenehm wie möglich. Das Personal war zuvorkommend und eigentlich ging es Gundel hier so gut wie selten zuvor in ihrem Leben. Da war nur dieses eine Schwein, dieser bösartige Kerl, der sie alle drangsalierte. Und keiner konnte ihm etwas entgegensetzen, denn keinem von ihnen glaubte man, dass es einem solchen Unmenschen tatsächlich gelang, sein Unwesen in einem Altenheim zu treiben.

Uli Pawlowsky war ein großer, fast tumb wirkender Kerl,

der gemeinhin den knuffigen Bären spielte, hinter dessen leutseligem Auftreten sich aber ein bösartiges, sadistisches Wesen verbarg.

Unbewusst strichen Gundel Sudhoffs Finger über die gerahmten Fotografien auf dem Sideboard. Sie war allein. Ihre Söhne hatten sie schon vor langer Zeit verlassen.

Steve war der Erste gewesen. Bei einer Schießerei im Hafen von Marseille hatte es ihn erwischt. Aber vorher hatte er noch sechs Mann kaltgemacht, die letzten beiden, als er schon am Boden gelegen hatte. So hatten sie es ihr jedenfalls erzählt. Ein tapferer Bursche, ihr Stevie.

Roberto ging dann zwei Jahre später. Einer seiner selbst gebauten Sprengsätze war ihm um die Ohren geflogen, als er mit ihm ein Loch in eine Frankfurter Bank bomben wollte. Alle Zeitungen waren voll davon gewesen. Sie verspürte immer noch Stolz, wenn sie daran zurückdachte, wie man ihn damals genannt hatte: den Bomben-Kerl.

Costas war schließlich wegen einer besonders skrupellosen Geiselnahme auf dem elektrischen Stuhl gelandet. In Texas fackelten die bei solchen Sachen nicht lange. Für Costas hatten sie den Strom sogar noch höherdrehen müssen. Ein strammes Kerlchen, schon damals im Kindergarten.

Ja, aus ihren Söhnen war was geworden. Bei jedem von ihnen hatte offenbar einen ordentlicher Cocktail von ihren Genen und denen der verschiedenen Väter für ein aufregendes Leben und einen nicht minder aufregenden Abgang gesorgt. Der Ami, der Itaker und der Grieche … Gundel war früher nicht gerade tugendhaft gewesen.

Nur die Nummer mit Olaf, dem Gebrauchtwagenheini aus Wattenscheid, hätte sie sich besser erspart.

Sie war jetzt beim letzten Bilderrahmen angekommen. Hajo. Ihr Jüngster. Wie belämmert der schon in die Kamera guckte.

Hajo war der Einzige, der ihr geblieben war. Der Blindgänger saß im Moment in Werl im Knast – wegen Immobilienbetruges. Gundel kniff die Lippen zusammen, als sie ihn betrachtete. Nicht ein einziges Menschenleben hatte er auf dem Gewissen. So ein Versager.

Die Zimmertür flog auf und Lütgenjohann und Ascheberg polterten herein, sich im Türrahmen gegenseitig anrempelnd, empört zitternd. Der Atem der beiden Alten ging rasselnd und stoßweise.

»Hörst du's Gundel?«, keuchte Gustav Lütgenjohann und fummelte an seinem Hörgerät. »Er hat Henny in der Mangel.«

Friedrich Ascheberg schritt derweil mit gesenktem Kopf die Muster im Perserteppich ab und schlug hinter dem Rücken die Hände klatschend ineinander. »Pawlowsky! Diese Ratte. Diesem Drecksack müsste man den Hals umdrehen!«

Nebenan wurde es jetzt still. Das Stöhnen hatte aufgehört und Lütgenjohann murmelte: »Der macht mit uns, was er will.« Er sah Gundel und Ascheberg mit weinerlicher Miene an. »Mir schnallt er immer extra das künstliche Bein so lose an, dass ich durch die Gänge schlingere wie ein alter Schleppkahn auf der Ruhr. Friedrich, dir klaut er andauernd die Zigaretten, ohne mit der Wimper zu zucken. Und unserer Henny verdreht er die Arme, wenn sie ihm kein Geld gibt. Das wird ewig so weitergehen!«

Gundel hatte langsam den Kopf zum Fenster gewandt und schickte einen verschleierten Blick in den grauen Maihimmel, der über Fröndenberg hing. Sie sah jenseits des Neubaugebiets die Flachdächer des Justizkrankenhauses und murmelte: »Nein, das glaube ich nicht.«

Ihm war kalt und er musste dringend aufs Klo. Und weil der Krankenwagen so schaukelte, war ihm auch ein bisschen übel.

Sein uniformierter Begleiter grinste pausenlos verächtlich zu ihm herüber. Auch die beiden im Führerhaus des Transporters hatten anzüglich gekichert, als sie ihn verladen hatten. War ihnen denn egal, dass er Schmerzen hatte? Was waren das bloß für Menschen, diese Aufseher? Total abgestumpft, völlig verroht.

»Weichei«, knurrte der Mann plötzlich und saugte sich mit einem zwitschernden Geräusch die Reste seines Frühstücks aus den Zahnzwischenräumen.

»Ich bin krank«, protestierte Hajo kraftlos. »Ich habe Schmerzen. Was meinen Sie, warum ich ins Krankenhaus gebracht werde?«

Der Uniformierte grunzte verächtlich und murmelte: »Memme.«

In Hajos Augen sammelten sich Tränen. Mit verschleiertem Blick starrte er hinauf zum schwankenden Wagendach und den technischen Apparaturen mit den vielen Knöpfchen und Blinklichtern, die neben ihm standen. Infusionsbeutel baumelten an klappernden Halterungen, zahllose Schläuche wanden sich wie Schlangen umeinander. All das war im Moment außer Funktion, denn er war nur pro forma auf die Trage gelegt worden. Er hatte ja nichts Lebensdrohliches, er hatte nur …

»Kalk im Ei«, kicherte der Mann jetzt. »Hab ich echt noch nie von gehört. Kalk im Ei. Mannomannomann.«

»Eine Verkalkung im Hoden! Damit ist nicht zu spaßen!«

»Kinderkacke. Weichei.«

»Das tut weh. Und es kann auf Hodenkrebs hindeuten. Die Ultraschalluntersuchung hat ergeben, dass …«

»Quatsch. Bisschen mehr Sport und bisschen weniger Selbstbefriedigung, du Flitzpiepe. Dann klappt's auch wieder mit den Eiern.«

»Das kann zur Unfruchtbarkeit führen!«

»Will ich doch schwer hoffen.« Der Mann lachte jetzt ungeniert los und schüttelte den Kopf. »Kalk im Ei. Meine Fresse.«

Hajo kniff die zitternden Lippen fest aufeinander und wischte sich heimlich die Tränen aus dem Augenwinkel.

Der Wagen neigte sich in eine Kurve. Wenn die weiter so rumgurkten, musste er reihern.

Es konnte eigentlich nicht mehr lange dauern. Auch wenn es keinen Ausblick nach draußen gab, wusste er doch, dass ihr Ziel, das Justizvollzugskrankenhaus in Fröndenberg, nicht mehr weit entfernt sein konnte. Die Gegend kannte er ganz genau. Hier war er schließlich aufgewachsen.

Auch seine Mutter lebte jetzt hier. Was allerdings niemand wusste und was auch hübsch so bleiben sollte. Er wollte nicht, dass man in diesem Altenheim mit Fingern auf sie zeigte, weil sie einen Sohn hatte, der im Knast saß. Zum Glück trug er den Nachnamen seines Vaters, es konnte also niemand eine Verbindung herstellen. Ab und zu schrieb er ihr heimlich eine Nachricht, die er ihr über geheime Kanäle zukommen ließ. Und hin und wieder erhielt er sogar eine knappe Antwort.

Er konnte ihre Nähe jetzt schon fast spüren und er fragte sich, ob auch sie mit ihrem liebenden Mutterherzen fühlte, wie nah sie sich waren.

Gundel sah auf die Uhr. Viertel vor drei. Eine genaue Uhrzeit hatten sie nicht. Nicht mal dafür reichte Hajos Grips. Auf dem Zettelchen, das er ihr durch die Schwägerin des Zellenwärters im Werler Knast und deren Halbschwester, die die Nichte des Gärtnergehilfen im Seniorenstift war, hatte zustecken lassen, hatte etwas von Dienstagnachmittag gestanden.

Dienstagnachmittag fahre ich bei dir am Heim vorbei, Mutti. Vielleicht können wir uns heimlich winken.

Hajo glaubte allen Ernstes, sie schäme sich für einen Sohn im Knast. Er ahnte ja nicht, dass sie sich höchstens schämte, weil er wegen Immobilienbetruges saß und nicht wegen etwas Anständigem wie Raubmord oder zumindest räuberischer Erpressung.

Dienstagnachmittag, das war heute. Das Ding konnte steigen, ihr Plan war nicht spektakulär, aber dafür einfach und genial. Sie hatte wegen der knappen Zeit improvisieren müssen, was sie normalerweise vermied, aber eine solche Gelegenheit würde sich so schnell nicht wieder bieten.

Sie hatte ihre Position am Rande eines Feldes oberhalb

des Justizkrankenhauses bezogen. Unbeweglich stand sie da, auf den Krückstock mit dem silbernen Knauf gestützt, und wartete. Es fiel leichter Nieselregen, das Wetter war ideal. Auch Henny Sesterheim, Gustav Lütgenjohann und Friedrich Ascheberg waren auf ihren Posten. Gundel hatte sie genau instruiert, denn sie hatten nur diese eine Chance, Pawlowsky ein für allemal loszuwerden.

Sie hob das Fernglas an die Augen. War es so weit? Ja, tatsächlich. Ascheberg warf seine Zigarettenkippe weg und winkte mit dem Stock. Es ging los!

Der Krankentransporter kam von Hohenheide den Berg herunter. Hinter dem frischen Grün des Buschwerks am Straßenrand war der Wagen kaum zu erkennen. Aber er war es. Ascheberg hatte ihn als Erster gesehen, jetzt waren alle alarmiert.

Henny Sesterheim war eine versierte Rollatorpilotin. Stundenlang konnte sie auf dem Fröndenberger Marktplatz auf ihrem Gefährt ausharren, wie ein Förster auf seinem Hochsitz. Wie kein anderer konnte sie dabei zugleich auch Geschäftseingänge und Parkbuchten blockieren; sie beherrschte aber auch den Hundehaufenslalom und das Einfädeln in den fließenden Straßenverkehr perfekt. Und jetzt klammerte sie sich gerade an einer Straßenlaterne fest und gab dem Rollator einen Stoß, sodass der, elegant angeschnitten und mehrere kühne Pirouetten drehend, auf die Fahrbahn schoss. Ein Fiat Punto, der sich aus dem Tal heraufquälte, wich aus und raste auf den entgegenkommenden Krankentransport zu, konnte jedoch im letzten Moment ausweichen. Dennoch geriet der Krankenwagen ins Schlingern, was, so wie Gundel das erhofft hatte, durch die glitschige Straßenoberfläche noch begünstigt wurde. Und da musste der Fahrer auch schon abrupt bremsen, als Gustav Lütgenjohann todesmutig auf die Straße trat.

Es quietschte, es knallte und obwohl Lütgenjohann unverletzt zur Seite sprang, landete doch sein künstliches Bein mit dem guten Ausgehschuh auf der Windschutzscheibe und verfing sich mit einem Schnürsenkel im hektisch hin und her tanzenden Scheibenwischer. Derart geblendet verriss der Fahrer das Steuer und der Transporter schlingerte von der Fahrbahn und durchs Buschwerk halbwegs die Straßenböschung hinauf.

Von allen Müttern auf der Welt
ist keine, die mir so gefällt
wie meine Mutter, wenn sie lacht
und wenn sie mir die Tür aufmacht.

Hajo hatte gerade an den bevorstehenden Muttertag gedacht, als der Tumult losbrach. Plötzlich war alles falsch herum. Geräte polterten durch den Innenraum des Wagens, die Schläuche peitschten Hajo ins Gesicht, die beiden Männer im Führerhaus und sein Bewacher schrien durcheinander. Das Fahrzeug kippte zur Seite, Hajo fiel von seiner Trage, zu den kreischenden Geräuschen des sich verformenden Blechs kippte der Wagen aufs Dach und die Hecktüren sprangen auf.

Hajo tastete um sich, fand die Hand des bewusstlosen Bewachers, dem offenbar ein umherfliegendes Kardioskop gegen den Schädel geknallt war.

In der Tür erschien das runzlige Gesicht eines alten Mannes mit Cordhütchen, der ihn unbeherrscht anblaffte: »Los, raus hier! Keine Zeit zu verlieren!«

Hajo schüttelte verblüfft den Kopf und versuchte, eine Decke über sich zu ziehen. »Ich bin krank«, wimmerte er. »Ich hab Kalk im Hoden.«

Der Alte polterte los: »Kalk hab ich auch. Ich hab überall Kalk, auch im Ei meinetwegen. Los, Jüngelchen, ab durch die Mitte!«

Der Bewacher hob in diesem Moment unsicher den Kopf und blinzelte verwirrt. Der Opa schlug, ohne zu zögern, mit seinem hölzernen Spazierstock zu und schickte ihn zurück ins Reich der Träume. Dann fummelte er einen Briefumschlag aus der Innentasche seines graublauen Blousons. »Hier, für dich!«

Als Hajo unsicher das Papier entgegennahm, erkannte er zu seiner Verwunderung seinen eigenen Namen. Hans-Josef. In der krakeligen Handschrift seiner Mutter.

»Gundel sagt, dass du abhauen sollst, Jüngelchen. Steht alles da drin. Und jetzt mach hinne, bevor die Bullen kommen.«

»Aber ich hab doch gesagt, ich bin krank. Ich habe Kalk im Hoden. Das ist sehr schmerzhaft, und außerdem ist mir ein bisschen schlecht und unheimlich kalt und auf die Toilette muss ich auch dringend.«

Der Alte holte mit dem Gehstock aus. »Verflixt und zugenäht, muss ich denn erst …?«

»N-nein!« Wimmernd stolperte Hajo ins Freie. Der Nieselregen ging als feiner Schleier auf ihn nieder. »Es regnet«, jammerte er. »Und mir ist der Defibrillator auf den Zeh gefallen.«

Doch als er den erhobenen Stock sah, drückte er den Briefumschlag gegen die Brust und stolperte davon wie ein geprügelter Hund.

Die Frau, die auf der Anhöhe am Rande des Feldes stand und das Geschehen mithilfe eines Fernglases verfolgte, sah er nicht.

Sie hockten zusammen in Gundels Zimmer. Lütgenjohann ließ einen Flachmann mit Korn kreisen. »Das wäre also schon mal erledigt«, knurrte er.

»Und das ist wirklich dein Sohn?«, fragte Ascheberg und deutete mit dem knorrigen, nikotingelben Zeigefinger auf Hajos Foto. »Bisschen jämmerlich, oder?«

»Der wird das schon machen«, sagte Gundel knapp und nahm einen langen Schluck aus der Flasche.

»Jetzt ist er zu Muttertag draußen«, sagte Henny Sesterheim sanft. »Ist doch schön.«

Gundel dachte an Hajos Kinderzeit zurück. Als kleiner Junge hatte er stotternd vor ihr gestanden, mit einem halb verwelkten Löwenzahnsträußchen in der Hand, und sich mit einem Gedicht abgeplagt:

Meine liebe Mutti du,
ich will dir etwas schenken.
Was ich dir sagen will dazu,
das kannst du dir schon denken:
Ich wünsch dir Glück und Fröhlichkeit,
die Sonne soll dir lachen!
So gut ich kann und allezeit
will ich dir Freude machen.

Sie hoffte inständig, dass ihr vertrottelter Spross inzwischen all ihre schriftlichen Instruktionen befolgt hatte und mittlerweile sicher in seinem Versteck angelangt war.

»Und wie geht's jetzt weiter mit Pawlowsky?«, fragte Lütgenjohann.

Wie oft hatten sie schon Pläne geschmiedet, ihn aus dem Weg zu räumen, hatten zusammengesessen und sich geschworen, ihn zu beseitigen.

Beim Ausflug zum Bismarckturm vor ein paar Wochen war er ganz dicht hinter Gundel die schmale Metalltreppe hinuntergestiegen, nachdem sie sich gemeinsam mit den anderen Senioren auf der Aussichtsplattform am herrlichen Rundblick erfreut hatte. Und er hatte sie mit dem ausgestreckten Zeigefinger gepikt und gestupst und fortwährend gemurmelt: »Los, schneller, du alte Schachtel, gib Gas.« Die Hitze war ihr zu Kopf gestiegen, der Schweiß ausgebrochen, sie war gestrauchelt, gestolpert – und es hätte nicht viel gefehlt, und sie hätte sich den Hals gebrochen.

Da hatte sie es endgültig gewusst: Pawlowsky war ein Sadist. Und der Sadist musste weg.

Gundel zog ihr Mobiltelefon heraus und schaltete die Rufnummernübertragung aus. Dann blickte sie noch einmal prüfend in die Runde. Alle nickten. Sie wählte.

Am anderen Ende ertönte Pawlowskys raue Stimme. »Ja?«

»Ich bin's«, flötete Gundel und bemühte sich um einen jugendlichen, verführerischen Tonfall. »Die Melanie aus Westick.«

»Kenn ich nich.«

»Klar doch. Die große Blonde mit der gepiercten Nase.«

Am anderen Ende wurde offenbar überlegt. Und geschnauft.

»Ich würd dich gern treffen«, hauchte Gundel-Melanie.

»Momentchen ma, Schätzken, ich kenn dich doch gar ...«

»Morgen früh um zehn am Wasserkraftwerk, okay?«

Gundel unterbrach die Verbindung, denn am Klang von Pawlowskys Stimme hatte sie erkannt, dass sie ihn nicht weiter scharf machen musste. Der würde sich die Gelegenheit nicht entgehen lassen.

Sein dicker Zeh brannte wie Höllenfeuer. Das ließ ihn fast ein bisschen die Hoden-Malaise vergessen. Vermutlich würde es eitern und der Zehennagel würde irgendwann abfallen. Warum passierte immer ihm so was?

Er hatte die Dämmerung abgewartet, so, wie seine Mutter ihm das in ihren knappen Zeilen aufgetragen hatte. Dann war er runter zur Ruhr geschlichen. In der Nähe des Kettenschmiedemuseums fand er das beschriebene kleine Haus mit dem Zu-verkaufen-Schild im Fenster, das offenbar einem ihrer Mitbewohner aus dem Heim gehörte. Er bewunderte ihr Organisationstalent. Wieso hatte er nur in dieser Hinsicht so gar nichts von ihr geerbt? In den Garten kam er, wie vorhergesagt, unbehelligt rein und inmitten vom dichten Haselnussgestrüpp stand auch die beschriebene kleine Hütte. Der Schlüssel lag auf einem Querbalken unter Spinnweben. Er hatte unglaubliche Angst vor Spinnen. Aber er würde wohl oder übel mit diesen Tierchen zusammen die Nacht verbringen müssen, so viel stand fest, als er die vergammelte Holztür aufschob und in das Innere der Behausung blickte.

In Werl hatte er im Knast eine so schöne, saubere Zelle gehabt. Hajo musste schwer schlucken. Die Hütte roch modrig und das zerschlissene Sofa, das ihm als Bett dienen sollte, war feucht und schimmlig. Ein Bündel Klamotten lag für ihn bereit. Das war eine positive Überraschung. Aber ansonsten … Eine Flasche Zitronenlimonade, eine in Folie verschweißte Salami. Und ein Päckchen bunt bemalter Partyeier. Ohne Salz. Na klasse, sein Sodbrennen meldete sich auf der Stelle.

Als er in die Hose schlüpfte, brannte es in seinen verkalkten Hoden wie Feuer. Der Schmerz war nur zu ertragen, so fand er heraus, wenn er den Hosenstall offen ließ. Das T-Shirt war ihm mindestens zwei Nummern zu klein und spannte am Hals enorm. Er konnte kaum schlucken.

Er hockte sich auf das miefige Sofa, biss lustlos in die Salami und musste auch schon sofort sauer aufstoßen. Als Nächstes öffnete er den Umschlag, der zwischen den Kleidungsstücken gelegen hatte. Er enthielt eine kurze Notiz in der Handschrift seiner Mutter:

Morgen früh, halb elf, Wasserkraftwerk. Da geht's weiter, mein Junge.

Eine Welle der Rührung überrollte ihn. Sie hatte ihm die Flucht ermöglicht und jetzt würde sie ihm den weiteren Weg ebnen. Womöglich schaffte sie ihn sogar ins Ausland. Seine Mutter! Sie meinte es so gut mit ihm. Ihre Liebe war so groß, und das, obwohl er früher oft das Gefühl gehabt hatte, eine große Enttäuschung für sie zu sein.

Irgendwann übermannte ihn die Müdigkeit und begleitet vom dumpfen Pochen in seinem langsam, aber deutlich anschwellenden Zeh, schlief er irgendwann ein – mit einem Lächeln auf den Lippen, ausgelöst vom Gedanken an seine liebe Mutter.

Der Fahrer trommelte nervös mit den Fingern auf dem Lenkrad herum, während die Senioren sich in den Bus quälten. Anlässlich des Muttertages hatte man für diejenigen, die keinen Besuch von den Kindern oder Enkeln zu erwarten hatten, einen kleinen Ausflug organisiert. Zuerst bei den wilden Heckrindern vorbeischauen und dann weiter zur Hofkäserei Wellie in Warmen.

Als die Betreuerin die Namen von der Teilnehmerliste aufrief, räusperte sich Henny Sesterheim kurz und ahmte dann die Stimme ihrer Freundin Gundel nach: »Hier!«

Ascheberg und Lütgenjohann nickten ihr lobend zu. Das Lächeln der drei Alten war nervös. Ihr mörderischer Plan ging in die Endphase.

Gundel Sudhoff hatte an diesem Morgen etwas Besseres zu tun, als Kühe und Käse zu bestaunen. Nachdem der Bus abgefahren war, kam sie hinter der Ecke von Haus Schmallenbach hervor, hinter der sie sich versteckt hatte. Sie schluckte, ihr Mund war trocken. Jetzt gab es kein Zurück mehr.

Als sie wenig später die Ruhr überquerte, schimmerten die Strahlen der Muttertagsmorgensonne friedlich auf dem Wasser. Ruhig und beschaulich strömte der Fluss nach Westen und bis auf ein paar Spaziergänger war niemand am Ufer unterwegs.

Sie brauchte nicht lange bis zum Wasserkraftwerk. Dort angekommen, roch sie Pawlowsky, noch bevor sie ihn sah. Er hatte ein besonders aufdringliches Aftershave aufgetragen, trug seinen grellsten Jogginganzug und war gerade damit beschäftigt, sein Spiegelbild im Ruhrwasser zu betrachten. So also ging einer wie Pawlowsky auf Frauenfang.

Als er Gundel sah, entgleisten ihm augenblicklich die Gesichtszüge. »Wat is denn getz los?« Er warf seine Kippe zu Boden und trat sie aus. »Wat machs du denn hier? Wieso bistu dennich bei der Käsetour?«

Gundel näherte sich ihm furchtlos. Jetzt war es fast geschafft.

»Mach dich ma vom Acker, Omma, ich krich gleich Besuch, un da …« In diesem Augenblick hellte die Erkenntnis seine Miene auf. »Ach so is dat. Verstehe. Kleines Spässken.«

Mit ihrem Angriff hatte er nicht gerechnet. Mit ihrer Behändigkeit erst recht nicht. Der silberne Knauf ihrer Krücke sauste durch die Luft und traf mit elementarer Wucht auf seine Schläfe. Es knackte laut durch die Muttertagsmorgenluft und Pawlowskys großer Körper geriet ins Wanken. Seine Augen weiteten sich und seine Lippen bewegten sich stumm. Sie setzte nach und der zweite Schlag traf ihn mitten auf die Stirn. Auch der wurde von einem grässlichen Geräusch begleitet.

Dann verlor Pawlowsky zuerst das Gleichgewicht, dann den Halt und kippte schließlich mit einem Röcheln rücklings ins Wasser.

War er zu spät? Nein, es war genau halb elf. So wie es auf dem Zettel stand. Hajo hielt seine Uhr ans Ohr. War sie etwa auf dem modrigen Sofa feucht geworden? Nein, alles korrekt. Gott sei Dank.

Muttertag! Und er würde sie wiedersehen! Er hatte auf dem Weg hierher extra ein paar Osterglocken aus einem der Vorgärten geklaut. Unter großen Schmerzen – aber für seine liebe Mutter nahm er das in Kauf.

Bloß war von ihr nichts zu sehen. War er etwa auf der falschen Seite des Kraftwerks? Jeder Schritt tat ihm weh und alle paar Minuten musste er ohnehin Gürtel und Reißverschluss öffnen, damit die Sache in der Hose nicht eskalierte. Das zu enge T-Shirt schnitt ihm in den Nacken. Außerdem hatte Hajo schlecht geschlafen, nicht gefrühstückt und jetzt musste er auch noch fortwährend niesen. Pollenflug. Bei den Haselnusssträuchern am Gartenhäuschen war's sofort losgegangen.

Keine Spur von seiner Mutter, so sehr er auch suchte.

Plötzlich klingelte es hinter ihm. Eine Fahrradschelle.

Hajo fuhr herum und starrte mit weit offenem Mund dem heranradelnden Polizisten entgegen, der geradewegs auf ihn zuhielt.

Ein Polizist!

Sie hatten ihn gefunden! Hajo brachte nicht mehr die Kraft auf, zu fliehen. Sein Zeh hämmerte, seine Augen tränten. Er besaß gerade noch Geistesgegenwart genug, seine Hose zu verschließen.

»Schönen guten Morgen«, krähte der Polizist fröhlich und schwang sich vom Rad. »Na was hamse denn da? Blümchen für mich?« Er lachte über seinen eigenen Scherz und ließ suchend den Blick schweifen. »Beiske, Polizei Fröndenberg«, erklärte er dabei. »Wir haben vorhin einen Anruf von einer Spaziergängerin gekriegt, dass hier …« Er stockte plötzlich und betrachtete Hajo mit einem Mal intensiver. »Moment mal, Sie sind doch der, der …«

Hajo nickte kraftlos.

Einen Moment war es sehr still. Dann griff der Polizist vorsichtig nach den Handschellen an seinem Gürtel.

Und im nächsten Augenblick beförderte keine fünfzig Meter von ihnen entfernt der große stählerne Rechen des Wasserkraftwerks das Treibgut aus den Fluten der Ruhr und transportierte es langsam und mit metallischem Quietschen in die Höhe, um es auf den Abraumhaufen zu schaufeln.

Die Blicke der beiden Männer waren starr auf den Anblick des nassen Unrats geheftet. Zweige, Blätter, ein Getränkekasten, ein kaputter Fußball …

… und der Körper des toten Pflegers Uli Pawlowsky.

»Die neue Pflegerin ist ein Schatz«, jubelte Lütgenjohann. »Die hat wirklich die zartesten Finger im ganzen Haus!«

»Du sagst doch immer, die hätte ich«, protestierte Henny Sesterheim lachend. Der Flachmann ging herum, sie waren in ausgesprochen gelöster Stimmung.

Gundel Sudhoff rückte währenddessen gänzlich versunken das Foto ihres jüngsten Sohnes zurecht.

»Das hätte ich ihm nicht zugetraut«, sagte Ascheberg, der an ihre Seite getreten war, anerkennend. »Nach so viel Mumm sah der Bursche eigentlich gar nicht aus.«

»Tja, das ist eben mein Sohn«, sagte Gundel stolz. »Meine Jungs waren da noch nie zimperlich.« Sie wies auf die Reihe der Fotografien.

»Prost!« Lütgenjohann hob den Flachmann. »Auf den Mann, der uns von dieser Pest namens Pawlowsky befreit hat!«

»Prost!«, riefen Henny Sesterheim und Gustav Lütgenjohann im Chor.

Gundel schürzte die Lippen. Die Wahrheit würde für immer in ihrem Herzen verborgen sein. Alles war gut so, wie es jetzt war.

Hajo hatte sich eine Blaseninfektion samt Nierenbeckenentzündung zugezogen und würde auf unbestimmte Zeit im Justizvollzugskrankenhaus bleiben. Es tat gut, ihn in ihrer Nähe zu haben.

Und je länger sie darüber nachdachte, desto mehr gelangte sie zu der Überzeugung, dass ihr Jüngster doch noch das Zeug zu einem echten Killer gehabt hätte. Wahrscheinlich hätte er den Pawlowsky genauso eiskalt weggehauen wie sie … wenn sie ihn darum gebeten hätte. Ja, dachte Gundel, ganz bestimmt. Für seine Mutti hätte er das getan!

Ein Kind, erwachsen, groß geworden,
steht selbst im Leben für sich ein.
Doch Mutter macht sich immer Sorgen.
Ihr Kind bleibt ewig für sie klein.

(Die verwendeten Muttertagsgedichte wurden von einem unbekannten Poeten verfasst.)

Fronleichnam

Fronleichnam, das ›Hochfest des Leibes und Blutes Christi‹, ist eines der wichtigsten Feste im katholischen Kirchenjahr und wird am zweiten Donnerstag nach Pfingsten gefeiert. Der wichtigste Teil des Fronleichnamsfestes ist die Heilige Messe, an die sich die Fronleichnamsprozession anschließt, bei der die Gläubigen die von einem Geistlichen getragene Monstranz begleiten. Die Prozession im Ort Stromberg nahe des Kulturguts Nottbeck wird in der Story von Alexandra Kui zum Schauplatz eines dramatischen Mutter-Tochter-Konflikts.

Alexandra Kui

Nottbecker Nocturne

Sie ist überrascht, wie vertraut alles ist. Siebzehn Jahre seit dem Abi, eine lange Zeit. Elin hat hart am Vergessen gearbeitet, viel von der Welt gesehen, ihr Gedächtnis ist reich bestückt mit eindrucksvollen Bildern aus Indien und Manhattan und natürlich Barcelona, wo sie zwei Jahre gelebt hat, sodass eigentlich kein Platz mehr sein dürfte für Oelde, Münsterland. Und doch hat im Geheimen etwas überdauert – ein Gefühl, eine Erinnerung, ein Geschmack? –, etwas, das ihr Herz beim Anblick der Beckumer Berge in einen Taumel versetzt.

Die Birken. Ihr frisches, kühles Grün, das Silberweiß der Stämme. Birken waren immer ihre allerliebsten Bäume, Elin war nicht bewusst, wie viele davon es in der Gegend gibt. Sie ist fast da. Ihre Rückkehr – eine Kapitulation. Siebzehn Jahre – ein Witz, wenn man bedenkt, welches Versprechen sie sich bei ihrem Abschied selbst gegeben hat: nie wieder.

Elins Freude, wenn es denn Freude war, verfliegt noch schneller, als sie gekommen ist. Sie schaltet das Autoradio ab, das seit einer geraumen Weile nur noch vor sich hinrauscht. Das Radio ist alt, genau wie der Wagen. Es ist zu spät, um nach einem Sender zu suchen, sie muss an der nächsten Abfahrt raus. Doch gerade im Schatten dieser Erkenntnis wird ihr Bedürfnis, Musik zu hören, übermächtig, Pop, Rock oder Klassik, egal, Hauptsache ohrenbetäubend. Sie könnte alles noch einmal überdenken, auf der A 2 weiterfahren bis Hannover oder Berlin. Das Radio müsste bloß laut genug sein, um ihre Angst zu übertönen. Vielleicht könnte sie doch einen Neuanfang wagen. In einer anderen Stadt unter einem falschen Namen.

Als ihre Entscheidung gefallen ist, entdeckt Elin, die

Hand bereits zum Radio ausgestreckt, den Volvo im Rückspiegel. Worauf die Hand sich wie ferngesteuert zur Faust ballt und auf das Lenkrad niedersaust, einmal, zweimal, dreimal, viermal.

Kein Zweifel, *sie* ist es, die Stalkerin. Muss es sein. Volvos dieser Baureihe sind selten, in Weiß fast schon eine Rarität. Auch wenn Elin die Begegnung herausgefordert hat, oder besser: herausfordern wollte, indem sie diese Reise antrat, lässt das Erscheinen dieser Frau, die ein Opfer aus ihr gemacht hat, sie von einer erschreckend hohen Klippe stürzen. Was dann kommt, kennt sie bereits: freier Fall.

Elin verliert die Kontrolle, sie verreißt das Lenkrad, verwechselt Kupplung und Bremse, der Wagen gerät ins Schlingern. Einzig und allein der Umstand, dass genau zur rechten Zeit die Ausfahrt Herzebrock-Clarholz am Fahrbahnrand auftaucht, verhindert das Schlimmste.

Während sie also – gegen ihren Willen – regelrecht heimwärts geschleudert wird, rauscht der Volvo mit unverminderter Geschwindigkeit auf der Autobahn weiter geradeaus. Elin bleibt keine Chance, die Fahrerin zu erkennen, sie muss ihren gesamten Willen aufbieten, um sich zu fangen. Wie oft wird sie diese Art Sturz noch überleben?

Autohof Rheda-Wiedenbrück, später. Zittrig, aber erleichtert, versucht Elin, zu Kräften zu kommen. Eine Tankstelle nebst Shop und ein Restaurant im postmodernen Loft-Design werben um die Gunst der Durchreisenden. Alles wirkt nagelneu, besonders der Parkplatz mit seinem makellosen Pflaster, keine Ölflecken, kein Unkraut, keine Unebenheiten. Zu ihrer Zeit gab es hier nichts als Ackerland. Wie Sturmsegel trotzen die blauen Flaggen des Mineralölkonzerns dem Sog der vorbeibrausenden Lastwagen, ihr Geflatter hat etwas Militärisches.

Elin kommt der Gedanke, dass dieser Ort mit seiner fast sterilen Aufgeräumtheit ideal sein könnte, um die Stalkerin zu treffen. Auf diesem neutralen Boden kann sie den Trumpf ihrer gemeinsamen Vergangenheit nicht ausspielen.

Rührseligkeiten gehören nicht auf einen Autohof, rührselig wird man woanders. Unter Birken zum Beispiel. Die sollte sie meiden.

Auf ihrem Erkundungsrundgang durch die Gaststätte beschließt Elin, in der Kaffee-Lounge einen grünen Tee zu trinken. Obwohl überall in dem weitläufigen Raum noch freie Plätze zu haben sind – wegen des schönen Wetters nutzen die meisten Gäste den Biergarten –, bleibt sie nicht lange allein.

Kaum hat sie den ersten Schluck getrunken, lässt sich auf dem Barhocker nebenan ausgerechnet ein Polizist nieder, jagt ihr mit seiner Uniform und seinem freundlichen Gruß einen Riesenschreck ein. Ihre Befürchtung, er könne ihr riskantes Fahrmanöver beobachtet haben, erweist sich glücklicherweise als Fehlalarm. Er ist einfach nur ein uniformierter Mann nach Dienstschluss, der anscheinend noch nicht nach Hause will, wo vielleicht niemand auf ihn wartet.

»Auf der Durchreise?«, fragt er, ein ungelenkes Lächeln auf den Lippen.

Elin nickt.

»Woher kommen Sie denn?«

»Aus Hamburg. Und Sie?

»Hier aus der Gegend. Stromberg, um genau zu sein. Aber das ist Ihnen sicher kein Begriff.«

Schweigen. Elin ist in Stromberg aufgewachsen. Sie betrachtet den Polizisten genauer, ein mittelblonder, ungewöhnlich offenherziger Westfale mit leicht gedrungener Statur und zurückweichendem Haaransatz. Er dürfte mindestens fünf Jahre älter sein als sie.

»Ich wurde in St. Lamberti getauft«, sagt sie, ohne es zu wollen.

»Ach wirklich? Was Sie nicht sagen! Ich auch. Dann sind Sie also von hier. Willkommen daheim!«

Der Polizist hat irgendetwas an sich, das in Elin den Wunsch weckt, ihm von der Stalkerin zu erzählen. Vermutlich verspürt sie diesen Wunsch insgeheim schon lange, zu lange, um jetzt noch wählerisch zu sein, der Erstbeste genügt zum Reden, ob er will oder nicht.

»Ich werde verfolgt«, beginnt sie. »Und zwar systematisch, falls Sie verstehen, was ich meine.«

Der Polizist versteht. Und hakt nach. Nachdem Elin ihm ihre Geschichte erzählt hat, stellt er eine naheliegende Frage, es ist die richtige und die falsche zugleich: »Sie kennen die Frau, die Ihnen nachstellt?«

Elin nickt.

»Und wer ist sie?«

»Meine Mutter.«

Eine unheilvolle Pause entsteht. »Sie wollen mir doch nicht erzählen, dass sie sich von Ihrer eigenen Mutter verfolgt fühlen!«

»Warum nicht? Sie hat meine Freunde gegen mich aufgehetzt. Ihretwegen ist meine Beziehung in die Brüche gegangen. Sie lässt mich einfach nicht in Ruhe.«

»Ja, aber sie kann Sie gar nicht in Ruhe lassen. Sie ist Ihre *Mutter!*«

Genau das hat Elins Freund auch gesagt, mit exakt demselben Unterton. Unmissverständlich ein Vorwurf, gepaart mit leisem Zweifel an ihrer Zurechnungsfähigkeit. Wer die eigene Mutter abweist, setzt sich ins Unrecht. Als würde allein dieses Wort (für Elin ohne jede Bedeutung seit mehr als siebzehn Jahren) jede Frau zu einer Heiligen machen, einer direkten Nachfolgerin der Jungfrau Maria. Heilige Muttergottes. Vergebung höchste Tochterpflicht.

»Wollen Sie etwa Ihre eigene Mutter anzeigen?« Der Polizist hat sich aufrechter hingesetzt, ist plötzlich wieder im Dienst, ungeachtet der Kuchenkrümel, die in seinem Mundwinkel kleben.

»Ich erstatte keine Anzeige, ich habe Ihnen ganz privat etwas von mir erzählt, weil Sie so neugierig waren und ich so allein. Ich weiß, dass es nicht strafbar ist, Geschenke zu schicken, Briefe zu schreiben oder unaufgefordert in meinem Laden aufzukreuzen.«

»Warum sprechen Sie sich nicht einfach aus? Mit Ihrer Mutter?«

Elin überlegt. »Ihr geht es nicht um eine Aussprache. Eigentlich hat sie etwas völlig anderes im Sinn.«

»Und was bitte soll das sein?«

»Sie will mich umbringen. Sie weiß es nur nicht.«

Zur Feier des Tages trägt Eva Make-up auf, Wimperntusche und gefährlich roten Lippenstift, den sie sogleich wieder abwischt und durch dezenteren Gloss ersetzt. Elin soll keinen falschen Eindruck von ihr bekommen. Es ist ihre erste richtige Verabredung mit ihrer Tochter seit siebzehn Jahren, genau genommen die erste Verabredung überhaupt, denn als sie noch zu Hause gewohnt hat, waren Verabredungen natürlich nicht nötig, und die erwachsene, selbstständige Elin verweigert bisher jeden Kontakt. Was nicht bedeutet, dass Eva sich nicht bemüht hätte.

Zumal sie nicht im Mindesten begreift, woher Elins Ablehnung rührt. Sicher, zuletzt hat es viel Streit gegeben, vor allem zwischen Elin und ihrem Stiefvater, aber rechtfertigt das gleich die völlige Verleugnung der eigenen Mutter? Wohl kaum. Genau deshalb hat sich Eva mit der ständigen Zurückweisung durch Elin nie abfinden können, die Reaktion war in ihren Augen völlig unverhältnismäßig. Offensichtlich hat Elin das endlich eingesehen. Sonst hätte sie Eva wohl kaum um dieses Treffen heute gebeten.

Ausgerechnet an diesem Tag! Sie wird die Prozession versäumen. Obwohl: Wenn alles gut verläuft, können sie womöglich anschließend gemeinsam hingehen. Dann würden sie unweigerlich zusammen gesehen werden. Eine Genugtuung.

Als Eva vor dem Rasthof einparkt, hat sie sich den schönen Lippgloss vor Aufregung bereits vollständig von den Lippen geleckt, das entdeckt sie im Rückspiegel. Es ist eine ihrer vielen schlechten Angewohnheiten, ständig auf der Unterlippe zu kauen, besonders wenn sie aufgeregt ist.

Mit zittrigen Fingern schminkt sie nach, dann steigt sie aus, verschließt den Volvo und überquert den Parkplatz. Elin wartet im Restaurant. Sie sitzt am Fenster und hat Eva wahrscheinlich schon länger im Blick.

Nachdem sie Evas Umarmung mit einer harschen Geste abgewehrt hat, lautet ihre erste Bemerkung nach all der Zeit: »Du hast Lippenstift im Mundwinkel.«

Ist es da ein Wunder, dass Eva in Tränen ausbricht? Und ist es nicht ein Zeichen ihrer emotionalen Verkorkstheit, dass Elin in keiner Weise darauf reagiert, sondern sich einfach nur wieder hinsetzt, einen arroganten Zug um den Mund, wie sie ihn als kleines Kind schon parat hatte? Sogar die Kellnerin, die sich respektvoll im Hintergrund hält, strahlt mehr Mitgefühl aus.

»Wo ist Plöger?«, fragt Elin als Nächstes. Seit der Pubertät nennt sie ihren Stiefvater beim Nachnamen, vorher hatte sie immer Papa zu ihm gesagt.

Eva schnieft. »Heute ist doch Feiertag. Da besucht er seine Mutter im Altersheim.«

»Was für ein netter Sohn«, sagt Elin voller Sarkasmus.

Eva findet es wirklich sehr nett, sich seiner dementen Mutter zu widmen, auch wenn diese nicht mehr viel davon mitbekommt. Er ist kein schlechter Mann. Auf einmal beschleicht Eva der Verdacht, Elin könnte die weite Fahrt nur deshalb auf sich genommen haben, um sie vom Gegenteil zu überzeugen.

»Falls du über damals reden willst …«

Elin fällt ihr ins Wort. »Will ich nicht.«

»Sondern?«

»Ich will, dass wir die Angelegenheit endlich zu Ende bringen.«

Aus alter Gewohnheit will Eva widersprechen, setzt bereits zu einer Antwort an, als ihr klar wird, wie sehnlich sie sich genau dasselbe wünscht: ein Ende. Ganz gleich welcher Art.

Wie es der naturgegebenen Hierarchie zwischen Mutter

und Tochter entspricht, beschließt sie, das Heft in die Hand zu nehmen.

»Lass uns von hier verschwinden, Elin.«

Haus Nottbeck. Elin staunt. Aus der verwunschenen Anlage, einst Rittersitz, dann Landgut und zuletzt im Dornröschenschlaf versunken, ist eine luxussanierte Kulturstätte geworden; die baulichen und atmosphärischen Veränderungen sind so umfassend, dass ihr angesichts des Verlusts ein Schauer über den Rücken läuft. Ob ihre Mutter weiß, wie sehr sie diesen Ort als Mädchen geliebt hat? Oder wollte sie nur hierher, weil *Nottbeck* nicht weit von der Autobahn entfernt ist – kaum hundert Meter Luftlinie sind es von hier bis zum Rasthof – und weil im Innenhof gerade ein Open-Air-Lyrikfestival gefeiert wird?

»Da staunst du, was?«, fragt ihre Mutter voller Stolz, als ginge das ganze Tamtam auf ihr Konto. »Hier hat sich viel getan.«

»Kann man wohl sagen«, erwidert Elin, außerstande, Gegenwart und Vergangenheit miteinander in Einklang zu bringen. Einst kam sie hierher, wenn sie es zu Hause nicht mehr aushielt. Mit Blick auf das lachsrote Herrenhaus, durch die rechtwinklig angelegten Wirtschaftsgebäude vom Rest der Welt abgeschirmt, liebte sie es, im ungemähten Gras zu sitzen, zu lesen, zu träumen und darauf zu warten, dass die Tage ihrer Kindheit endlich zu Ende gingen.

Damals hatte sie das Anwesen oft ganz für sich allein, lediglich der freundliche Geist der letzten Gutsherrin, die bis zu ihrem Tod frei und ungebunden dort ausgeharrt hatte, schien noch durch den Innenhof zu spuken, spielte ab und zu mit den Zeigern der Fassadenuhr und wachte über Elins Schlaf, wenn sie es ausnahmsweise wagte, im baufälligen Torhaus eine Nacht zu verbringen. Zu Lebzeiten soll die feine Dame gern mit ihrem Benz umhergebraust sein, aufgedonnert wie ein Filmstar, mit wechselnden Liebhabern an ihrer Seite.

So eine Mutter hätte Elin sich gewünscht und nicht die Frau, die für jemanden wie Plöger nicht nur sich selbst verrät, sondern auch ihr Kind. Alles bloß, um endlich wieder verheiratet zu sein – und es vor allem auch zu bleiben.

»Tja, Elin, was meinst du?«, durchsiebt Eva Plögers Stimme ihre Gedanken. »Sollen wir uns unter das Volk mischen?«

»Warum nicht?«

Das Volk besteht aus überwiegend fröhlich gestimmten, meist jungen Leuten. In allen Winkeln des weitläufigen Parks tragen Nachwuchsdichter ihre Werke vor, manche mit musikalischer Begleitung, andere allein. Einer von ihnen rezitiert seine Verse auf einem Ruderboot in der freigebaggerten Außengräfte, die den Gebäudekomplex jetzt wie ein Burggraben vollständig umschließt.

»Also mir gefällt es hier«, sagt Elins Mutter.

Elin pflichtet ihr bei. Sie lehnt am sonnenwarmen Backstein des einstigen Stallgebäudes, trinkt *Emsgold*-Brause aus der Flasche und denkt, dass die Mauer in ihrem Rücken sich genau wie früher anfühlt. Vielleicht ist doch nicht alles verloren. Auch, was ihre Mutter angeht. Nie zuvor war die Verlockung, den einfacheren Weg einzuschlagen, dem inneren und äußeren Druck nachzugeben, so groß wie in diesem Augenblick, an diesem Ort.

Wäre es wirklich unzumutbar, sich gelegentlich zu sehen? Hier oder in Hamburg? Nur um des lieben Friedens willen. Und natürlich ohne Plöger.

Je länger Elin diesen Fragen nachhängt, desto sicherer scheint sich ihre Mutter zu fühlen. Schließlich wagt sie einen Vorstoß. »Weißt du eigentlich, was heute für ein Tag ist?«

Elin schüttelt den Kopf.

»Fronleichnam. Ich finde es natürlich ein bisschen schade, dass ich die Prozession verpasse. Du hast nicht zufällig Lust? Wenn wir uns beeilen, schaffen wir es noch.«

»Du willst mich der Gemeinde vorführen?«

Evas Versuch, unschuldig zu klingen, misslingt. »Wie kommst du denn darauf?«

»Dir war es doch immer wichtig, was die Leute denken. Man soll uns ansehen und denken: Mutter und Tochter glücklich vereint. Eine heile Familie.«

»Was ist so falsch an einer heilen Familie?«

Elin ignoriert die Frage. »Wenn ich dir diesen einen Gefallen tue, lässt du mich dann wenigstens so lange in Frieden, bis *ich* mich bei dir melde?«

Zu Elins Erstaunen ist ihre Mutter einverstanden. Als sie dann gleich darauf im weißen Volvo bergan Richtung Stromberg tuckern, den turmhohen Pylon des Rasthofs wie ein Fingerzeig im Seitenspiegel, hat sie das Gefühl, die entscheidende Schlacht bereits verloren zu haben.

Evas Plan geht auf. Sie erreichen Stromberg gerade rechtzeitig, um mitzuerleben, wie die Monstranz durch das Tor im Paulusturm getragen wird. Das feierliche Glaubensbekenntnis entfaltet sich für sie wie eine Lobpreisung des Wunders selbst, das sie und ihre Tochter an diesem herrlichen Frühsommertag wieder zusammengeführt hat. Die Gesänge der Erstkommunikanten in ihren weißen Gewändern, der Weihrauch, das Schellengeläut der Ministranten, der Blumenschmuck – all das belebt ihren Glauben an die christliche Botschaft, daran, dass Auferstehung möglich ist, Auferstehung im Sinne von Erneuerung. Damit sind natürlich alle Menschen gemeint, aber heute ganz besonders sie und Elin: als Einheit. Ob ihre Tochter ähnlich empfindet, ist schwer einzuschätzen, sie wirkt verschlossen wie eh und je, ihre Hemmungen, anderen ins Gesicht zu blicken, sind eher größer als kleiner geworden, und das, obwohl sie doch einen eigenen Laden führt und sich daher von Berufs wegen eine gewisse Offenheit antrainiert haben müsste. Vermutlich ist ihr auch dabei ihre Arroganz im Weg. In einer großen Stadt wie Hamburg möglicherweise sogar ein Pluspunkt. Wohingegen in einer ländlichen Gemeinschaft Freundlichkeit gefragt ist. Mit anderen auszukommen, nicht aus der Rolle zu fallen, darauf kommt es an, das müsste auch Elin mittlerweile verstehen, alt genug ist sie ja inzwischen. Wenigstens lächelt sie von Zeit zu Zeit. Und immerhin erregen sie ein gewisses Aufsehen.

Auf der Freitreppe vor der Kreuzkirche, gesalbt im gleißenden Sonnenschein, steigt Eva das Wissen, einem bedeutenden Moment beizuwohnen, dermaßen zu Kopf, dass sie ihrer Tochter einen kühnen Vorschlag unterbreitet: »Du, wie wäre es, wenn wir dieses Jahr gemeinsam an der Wallfahrt teilnehmen?«

Elin sieht sie kopfschüttelnd an. »An der Wallfahrt? Hier?«

»Ja, natürlich«, sagt Eva mit einem Eifer, der ihr selbst ein wenig fiebrig erscheint, den sie jedoch nicht im Schach zu halten vermag. »Erinnerst du dich daran, was der Pfarrer gesagt hat? Man tritt zur einen Seite in die Kirche hinein und als neuer Mensch auf der anderen wieder hinaus. Als neuer, *besserer* Mensch, verstehst du? Hier hinein und dort drüben auf der Wiese wieder hinaus. Das ist es, was wir beide tun müssen.«

»Ich möchte jetzt lieber zurück zu meinem Wagen«, erwidert Elin.

Zu der einen Seite rein, auf der anderen raus. Ein besserer Mensch werden. Erneuerung. Während der Volvo einzelne Stationen des Kreuzwegs passiert – steinerne Heiligenbildnisse inmitten sattgrüner Natur –, rekapituliert Elin die Worte ihrer Mutter und wird dabei das Gefühl nicht los, einem wichtigen Detail auf die Spur gekommen zu sein. Eine schwache Erinnerung: In ganz jungen Jahren, nach der Scheidung ihrer Eltern und vor der zweiten Heirat ihrer Mutter, hat sie die Wallfahrt bereits erlebt. War Eva nicht damals schon geradezu besessen von der Vorstellung, ein besserer Mensch zu werden, indem man ein Gebäude nicht durch dieselbe Tür verlässt, durch die man es zuvor betreten hat?

Aus unerfindlichen Gründen – Nostalgie oder reine Ver-

wirrtheit? – bittet sie Eva, nicht direkt den Rasthof anzu-
steuern, sondern stattdessen noch einmal auf *Gut Nottbeck*
anzuhalten. Dort verweilen sie bis zum Einbruch der Dunkelheit auf dem Dichterfest. Während im Innenhof die Lichter
angehen und die letzten Literaten zu Hochform auflaufen,
steigen sie von *Emsgold* auf Rotwein um, was dazu führt,
dass sie irgendwann doch über die Vergangenheit reden.
Nicht etwa über Plöger. Es geht um die Zeit davor.

»Weißt du noch, wie wir in dieser kleinen Wohnung gewohnt haben?«, fragt Elin.

»Sicher weiß ich das noch.«

»Da hast du jeden Abend Rotwein getrunken.«

»Nicht jeden Abend.«

»Doch *jeden* Abend. Er hat genauso geschmeckt wie dieser hier.«

»Red nicht so einen Unsinn, Elin.«

»Das ist kein Unsinn. Manchmal konnte ich nicht schlafen, dann hast du mir welchen zu trinken gegeben. Ich
schwöre, es war genau dieser Wein.«

»Elin!«

Ein Stück entfernt im Innenhof spielt jetzt eine Jazzband.
Sie sitzen abseits an der Gräfte auf einer Bank, nah beieinan-
der, die Ähnlichkeit zwischen ihnen unübersehbar. Zwei
Menschen, die zusammengehören? Schöner Schein.

»Einmal wolltest du sogar, dass ich irgendwelche Pillen
schlucke. Aber ich habe mich gewehrt. Das musst du doch
noch wissen.«

»Hör auf damit!«

Je vehementer ihre Mutter versucht, sie zum Schweigen
zu bringen, desto klarer sieht Elin die Szenerie vor sich. Die
zugige Mietswohnung, in der sie nach der Scheidung lebten,
den Wein, die Tabletten, das zornige und leicht entrückte
Gesicht ihrer Mutter, ähnlich wie jetzt, bloß dreißig Jahre
jünger. Ihr säuerlicher Atem.

»Du wolltest nicht, dass ich einschlafe, oder? Du wolltest
mich ganz und gar loswerden! Und zwar, um deine Chancen

auf dem Heiratsmarkt zu erhöhen. Daher die Wallfahrt, weil du dein eigenes Kind fast getötet hättest. Aus diesem Grund musstest du ein besserer Mensch werden. Aber das hat nicht funktioniert, glaub mir. Du bist immer noch genau dieselbe …«

Elin möchte noch viel mehr sagen, doch plötzlich fehlt ihr zum Reden die Kraft, bald darauf fällt auch das Atmen merkwürdig schwer. Was ihr die Kehle zuschnürt, ist keineswegs die Erschütterung, wie sie zu spät begreift, es sind Hände, die sich genau wie ihre eigenen anfühlen. Anders als das Kind von früher, ist Elin heute bereit, ihr Schicksal anzunehmen.

Im nächsten Sommer findet die Wallfahrt von Stromberg ohne Eva Plöger statt. Ein Antrag ihres Anwalts auf Hafturlaub wurde vom Gericht nicht bewilligt. Stattdessen mischt sich ein Autobahnpolizist unter die Gläubigen, sonst kein Kirchgänger. Er will eine Kerze für Elin anzünden. Seine Mutter hat ihn dazu ermutigt.

Mariä Himmelfahrt

Mariä Himmelfahrt wird in der römisch-katholischen Kirche am 15. August gefeiert: Die Gläubigen begehen die Aufnahme Marias in den Himmel. Da Maria als Mutter Jesu von der Erbsünde befreit war, bedurfte sie beim Übergang ins ewige Leben keiner Läuterung mehr. An diesem Tag werden nach katholischem Brauchtum in der Kirche Kräuter geweiht, und besonders im süddeutschen Raum finden nach den abendlichen Pontifikalämtern Lichterprozessionen statt. Aus Bayern stammt auch Peter Probst, in dessen Story der Festtag allerdings im katholischen Werne begangen wird.

Peter Probst

Das Wunder von Werne

Ich habe meinen Bruder Erwin nie gern gequält, ich wollte ihn nur widerstandsfähiger machen. Weil doch klar war, dass bald wieder härtere Zeiten kommen – und der Russe. Erwin war noch klein, erst acht, und verstand den Sinn von Übungen wie der Brennnessel nicht. Er plärrte sofort los, wenn ich bei ihm die Haut am Unterarm gegeneinander verdrehte, und hörte nicht auf, bis meine Eltern angelaufen kamen. Sie bestraften mich meistens mit Stubenarrest, weil gutes Zureden bei mir nicht mehr half und auch nicht Ohne-Abendessen-ins-Bett-schicken. Wenn ich dann in mein Zimmer gesperrt wurde, las ich die *Landser*-Hefte, die ich unter meinem Bett versteckte. Mein Nennopa Rudi hatte sie mir geschenkt. Heimlich, weil mein Vater immer so schlecht über den Krieg sprach und ich doch mal ein paar ehrliche Berichte über unsere glorreiche Wehrmacht lesen sollte. Opa Rudi mit dem Klumpfuß hatte mir auch die Brennnessel beigebracht, die Schindel, die Nuss und den Spitz, vor allem aber, dass man, auch wenn's noch so wehtut, immer die Zähne zusammenbeißen muss. Er selbst hatte das begriffen, als der Russe ihm mit einem Panzer den Fuß zerquetschte: Heulen macht den Feind nur stärker.

Meine Mutter schickte mich immer mit ein paar Fläschchen Underberg zu Opa Rudi, weil der doch so Schreckliches durchgemacht hatte. An meinem zehnten Geburtstag war ich alt genug, um auch mal probieren zu dürfen. Ich leerte sieben Fläschchen, während Opa Rudi erzählte, wie er sich am Dnjepr-Fluss mit einem einzigen wuchtigen Kopfstoß aus russischer Kriegsgefangenschaft befreit hatte. Eine halbe Stunde später blutete mein Bruder heftig aus der Nase und mir war schlecht – nicht wegen dem vielen Blut, sondern wegen dem Underberg. Mein Vater wollte wissen, weshalb ich Erwin einen Russen genannt und so schwer misshandelt hatte. Er versohlte mich sogar, um es rauszukriegen, aber ich verriet Opa Rudi nicht. Da beschloss mein Vater, dass ich die Sommerferien bei seinem Freund Peter in Werne verbringen sollte.

Für meine erste Zugreise bastelte meine Mutter ein großes Schild, das sie mir um den Hals hängte. Hermann wird am Bahnhof Dortmund abgeholt. Leider war das Schild bereits in München-Pasing unleserlich, weil ich hatte pieseln müssen und damals zu den wenigen bayerischen Buben gehörte, die sich hinterher die Hände wuschen. Ich kam trotzdem gut in Dortmund an und wurde von Onkel Peter und Tante Erika abgeholt. Die beiden waren nicht verheiratet und sprachen merkwürdig höflich miteinander, obwohl sie zusammen in einem Haus wohnten. »Vielleicht setzen Sie sich nach hinten zu dem Jungen, Fräulein Paschke«, sagte Onkel Peter und Tante Erika antwortete: »Jawohl, Herr Dechant.«

Die Freunde meines Vaters waren grundsätzlich Katholiken. Ich weiß nicht, wie er es geschafft hat, sich nie mit einem Protestanten anzufreunden. Er muss öfter welchen begegnet sein, vermutlich sogar sympathischen, denn in der Großstadt München lebten viele von ihnen. Aber mein Vater war da eben sehr eigen. Er wollte auch nichts mit alten Nazis zu tun haben und hatte deswegen nur wenige Freunde. Opa Rudi mit seinen Kriegsgeschichten konnte er nicht ausstehen.

Als ich aus dem Fenster von Onkel Peters beigem Käfer blickte, hasste ich meinen Bruder, der mir Werne eingebrockt hatte. Wieso war der Depp nicht ausgewichen, als ich zum Kopfstoß ansetzte? Ich hatte ihn doch noch gewarnt. Ahnte er, was mir blühen würde? Rächte er sich mit seinem trotzigen Stillhalten für all die Brennnesseln, Schindeln und Nüsse? War ihm meine Verschickung ins ferne Westfalen eine blutige Nase wert?

Onkel Peter steuerte den Käfer durch eine Landschaft, die mich ein bisschen an den Nymphenburger Park erinnerte, wo wir immer den Sonntagsspaziergang machen mussten. Aber da waren merkwürdige schwarz-weiße Kühe und merkwürdige ziegelrote Häuser und merkwürdige Menschen, die gar nicht bayerisch aussahen. »Die in Werne sind quasi Polen«, hatte Opa Rudi gesagt, »und Polen quasi Russen.« Kein Wunder, dass ich Angst hatte und mich wie eine der Kopfweiden fühlte, die am Rand der Felder herumstanden, nur mit gesträubten Haaren statt Ästen.

»Wir sind fast da, Hermann«, sagte Onkel Peter und parkte vor einer Art Wohnwagen mit großem, nach oben geöffnetem Fenster. »Aber jetzt gibt's erst mal was zu essen!«

Tante Erika holte uns Bratwurst mit Pommes, weil sie keine Zeit zum Kochen gehabt hatte. Die Wurst war klein geschnitten und die Pommes verschwanden fast komplett unter Ketchup und Mayonnaise. Das war der erste Lichtblick. Offenbar wollte man mich in Werne nicht verhungern lassen.

Die alte Dechanei war ein dunkelroter Backsteinbau mit großen Fenstern. Die breite Treppe in den ersten Stock knarrte, als würde sie mit einem reden wollen, im Keller liefen Wasserfäden die Wand herunter und in meinem Zimmer hatte der Boden sich so nach einer Seite gesenkt, dass ich mich im Bett festhalten musste, um nicht rauszufallen. Sonst war ich aber zufrieden. Es gab einen Stuhl, einen Schrank und an der Wand einen Kalender mit frommen Sprüchen. Der August-Spruch lautete: *Mit Leib und Seele glorreich aufgenommen in den Himmel: Bitte für uns Maria!* Und weiter hinten der November-Spruch: *Kain, wo ist dein Bruder Abel? Ich weiß es nicht; soll ich meines Bruders Hüter sein?*

Am schönsten war der Blick in den kleinen, verwunschenen Garten. Zu Hause hielten meine Eltern und mein Bruder die oberen Zimmer besetzt. Weil ich schon groß war, musste ich parterre mit Blick auf die Eternitfassade unserer Nachbarn wohnen.

In meiner ersten Nacht in Werne schlief ich nicht, ich zählte. Alle neunhundert Sekunden zitterte das Fenster und ein klein wenig auch das schiefe Bett, weil die Turmuhr der düsteren St.-Christophorus-Kirche schlug. Dazwischen war es still. Zu still, fand ich. Plötzlich war ich ganz sicher, dass in diesen Ferien noch etwas Schreckliches passieren würde. Ich riss die Augen auf und sah, dass über mir eine dunkle Wolke wie aus Rußflocken oder schwarzen Federn hing. Das muss der Tod sein, dachte ich.

Am nächsten Morgen lernte ich Wigbert, Hubert und Bernhard kennen. Sie waren älter und größer als ich und wollten mit mir auf dem Kirchhof Fußball spielen. Sie sagten, ich sei der Maier Sepp und müsse ins Tor. Dann schossen sie mich ab. Sie trafen mein Ohr, meinen Bauch und meine Nase. Ich heulte nicht, weil man ja damit den Feind nur stärker macht. Leider traf Wigbert mit dem Ball auch ein geparktes Auto und Hubert zwei.

Wir hauten lieber ab und schauten uns in der Eisdiele die Sorten an, damit wir am Sonntag, wenn wir vielleicht Eis kriegten, nicht lange aussuchen mussten. Wir warfen noch ein paar Steine auf Tauben, aber das war langweilig, weil wir keine erwischten. Dann fragten Wigbert, Hubert und Bernhard mich, wo ich meine Seppelhose gelassen habe und ob ich jodeln könne. Ich überlegte, ob ich eines von Opa Rudis Durchhalteliedern singen sollte, entschied mich aber lieber für den Zwiefachen, den mein Vater sang, wenn er meine Mutter ärgern wollte. Wigbert und Hubert mussten sehr über *Unsa oide Kath braucht a no oan* lachen. Bernhard presste die Lippen zusammen, weil er Asthma hatte und beim Lachen schon mal fast erstickt war. »Aber nur, weil er sich nicht richtig zu lachen getraut hat«, sagte Wigbert, »so kurz nach der Geschichte mit seiner Mutter.« Bernhard begann, nervös an seinen Fingernägeln zu kauen, und ich fragte lieber nicht, was das denn für eine Geschichte war.

So wurden wir Freunde. Wir bauten uns im Garten der Dechanei ein Zelt aus Bohnenstangen und Decken, rauchten Heu und klauten bei der *Brennerei Moormann* alte Flaschen, in denen noch Reste vom Korn waren. Die füllten wir mit Bluna auf. Das war mein erster Cocktail. Danach kugelten wir über den Kirchhof und spielten besoffen. Na ja, richtig spielen mussten wir eigentlich nicht. In Werne war man eigentlich immer ein bisschen beschwipst, weil die ganze Stadt nach dem Schnaps vom Moormann roch.

Einmal, als es abends Wirsingrouladen mit Kartoffelbrei gab, wollte Onkel Peter, dass ich das Tischgebet spreche. Ich sagte: »An guadn.« Das gefiel ihm nicht. Was wir denn zu Hause vor dem Essen beteten? Ich sagte: »Unsa oade Kath«, weil das Lied bei meinen neuen Freunden so gut angekommen war. Das gefiel ihm noch weniger. »Fräulein Paschke, der Junge isst heute auf seinem Zimmer.«

Aber das war das einzige Mal, dass Onkel Peter mich bestrafte. Wenn sich einer über Gebete lustig machte, verstand er als Dechant nämlich keinen Spaß. Sonst interessierte ihn die Kindererziehung nicht besonders. Dafür war Tante Erika zuständig. Und die hatte ein großes Herz. Sie schimpfte nicht, wenn ich mir beim Baumklettern die Hosen zerriss oder wenn ich mit Wigbert, Hubert und Bernhard sonntags nach dem Gottesdienst zum Schützenfest am Hagen schlich und hinterher in den Pflanztrog vor der Dechanei kotzte. Tante Erika drückte sogar ein Auge zu, wenn ich das Nachbarmädchen Hildegard in mein Deckenzelt zum Kuscheln einlud. Ich musste auch nur sonntags in die Kirche gehen, nicht jeden Tag in die Frühmesse, wie mein Vater es mir angedroht hatte. Das war gut, denn ich mochte den Gottesdienst in Werne überhaupt nicht. Die verbrannten viel weniger Weihrauch als zu Hause, sodass einem gar nicht richtig schwindlig wurde. Onkel Peter schrie auch nicht bei der Predigt wie unser Pfarrer, er bekam nicht mal einen roten Kopf. Außerdem gab es in der Kirche keine richtige Männer- und Weiberseite mehr. Alles löste sich auf und es konnte passieren, dass ich, wenn ich zu den Mädchen rüberlinste, einem Kerl mit schwarzem Bart in die Augen blickte, der nach der Blondine neben mir Ausschau hielt. Das war doch kein Gottesdienst mehr.

Opa Rudi hatte nach seiner Flucht aus russischer Gefangenschaft auf dem über fünf Jahre langen Marsch mit seinem Klumpfuß vom Dnjepr bis zur Isar auch einen Kameraden aus Werne kennengelernt, der ihm seine Heimatstadt offenbar in sehr düsteren Farben geschildert hatte. Man muss zäh sein, um in Werne zu überleben – das war der Leitspruch, den er mir auf meine Reise mitgegeben hatte. Kein Wunder, dass ich anfangs kaum glauben konnte, wie viel Freiheit ich in Werne genoss. Tante Erika wusste wahrscheinlich nicht, was man zehnjährigen Buben erlauben darf und was nicht. Sie fand es normal, dass ich mit ihrem Fahrrad stundenlange Ausflüge machte. Sie gab mir nur ein paar Groschen (wie sie die Zehnerl nannte) zum Telefonieren mit, falls ich mich verirrte. Ich verirrte mich immer im riesigen Cappenberger Wald, aber ich fragte mich dann durch und kaufte für die Groschen Silberlinge und Salmiakpastillen am Kiosk neben dem Kirchhof.

Mein größtes Abenteuer aber erlebte ich mit Hildegard. Sie nahm mich mit ins Solebad und ich durfte ihren Rücken mit Tiroler Nussöl einreiben. Ich verstand zwar nicht, wofür sie das Nussöl brauchte, wo einen doch schon das Wasser des Solebads braun einfärbte, aber egal. Hildegard hatte zwar noch keinen richtigen Busen, aber schon einen echten Bikini. In Rot! Wigbert und Hubert gingen nicht gern ins Wasser, sie quälten lieber Katzen. Ihr Vater war Metzger und sie waren der Meinung, dass Tiere, die man nicht essen kann, nichts wert sind. Nur Bernhard, der keine Mutter mehr hatte, aber einen Vater, der Steiger war, band nie einer Katze eine Blechdose an den Schwanz.

Ich konnte mich nicht erinnern, je so glücklich gewesen zu sein wie in Werne. Meine Familie in München vergaß ich komplett – bis Onkel Peter mir nach zwei Wochen den Telefonhörer reichte. Es war damals so üblich, dass Kinder, die man für länger in die Fremde schickte, alle vierzehn Tage einen Anruf bekamen. Mein Vater fragte, ob ich meine Lektion denn nun gelernt habe. Er wollte mich zerknirscht und reuig hören, aber ich erklärte, zwei Wochen Werne reichten leider nicht, um aus mir einen braven Buben zu machen. Ich müsse auf jeden Fall noch bis zum Ende der Ferien bleiben. »Du fühlst dich doch sicher manchmal ein bisschen allein?«

»Nein, gar nicht, ich habe ja Wigbert, Hubert und Bernhard.« Da kam meine Mutter an den Apparat und erklärte mir, dass Erwin solche Sehnsucht nach mir habe, dass sie ihn jetzt auch nach Werne schicken würden.

Wie in meiner ersten Nacht in der Fremde konnte ich danach nicht schlafen. Ich zählte die Sekunden und sah auch die schwarze Todeswolke wieder. »Bitte, lieber Gott«, betete ich, »lass meinen kleinen Bruder Erwin zu früh aus dem Zug steigen oder am besten gleich irgendwo rausfallen. Egal, wie du es machst, er darf nie in Dortmund ankommen.«

Der liebe Gott erhörte mein Gebet und Erwin kam nie in Dortmund an – aber nur, weil er noch zu klein für eine Bahnreise war und nach Düsseldorf fliegen durfte. Da holte ihn Onkel Peter mit seinem Käfer ab. In der alten Dechanei musste ich mein Zimmer räumen, denn Tante Erika meinte, Erwin sei im ersten Stock besser aufgehoben. Ich bekam die Kammer im Parterre und blickte wieder wie zu Hause auf eine Mauer, allerdings auf Backstein, nicht auf Eternit. Ich hasste meinen Bruder, sein Geplärr und seine Sturheit. Am meisten aber hasste ich ihn dafür, dass ich immer alles Schöne mit ihm teilen musste. Erst hatte er sich diebisch über meine Verschickung gefreut. Als er aber hörte, wie gut es mir in Werne ging, wollte er unbedingt auch dabei sein. Das war typisch.

Dann kam Mariä Himmelfahrt, mein Lieblingsfeiertag. Er beschäftigte meine Fantasie, seit ein Russe in den Weltraum geschossen worden war. Bald sollten ja sogar Menschen auf dem Mond landen und ich fragte mich, ob das schon der Himmel war, in den Maria aufgestiegen war, oder ob sie noch weiter geflogen war. Tante Erika wollte natürlich, dass wir Onkel Peters Gottesdienst besuchten, aber ich bekam rechtzeitig Bauchweh und Erwin erklärte, er müsse mich unbedingt pflegen. Zum ersten Mal seit seiner Ankunft waren wir allein.

»Wir könnten Fußball spielen«, sagte ich, »du bist der Maier Sepp.« Aber er hatte Angst vor dem Abschießen. Erwin wollte auch keine Cocktails trinken und Katzen quälen fand er blöd. Was passte dem kleinen Scheißer denn überhaupt? Wieso war er nicht in der Kirche, wenn er zu nichts Lust hatte? Wieso musste er immer mir auf die Nerven gehen? Ich schrie ihn an, aber er hielt sich einfach die Ohren zu und grinste blöd. Da sah ich die Wolke zum dritten Mal. Sie hing wie ein schwarzer Vogelflügel direkt über dem Kopf meines Bruders.

Auf einmal wusste ich, was ich zu tun hatte. Ein Mann ist erst dann ein richtiger Mann, wenn er ernst macht, hatte Opa Rudi mal gesagt. Ich packte einen Klappspaten in meinen Rucksack und verließ, ohne mich noch mal umzublicken, den Pfarrhof. Erwin würde mir folgen, da war ich mir sicher. Links die Kohlehalden, rechts die Lippeauen, dazwischen marschierten wir auf der Kamener Straße zur Lippebrücke.

»Nicht weitergehen«, rief Erwin, »dort drüben ist doch feindliches Ausland.«

Ich bog vor der Stahlbrücke nach links ab, aber nicht, weil ich Angst vor Rünthe hatte, sondern eine geeignete Stelle am Fluss suchte. Mein Bruder lief mir brav hinterher und jammerte nur ab und zu: »Nicht so schnell, Hermann.«

Der Trampelpfad führte zwischen Holundersträuchern, umgestürzten Bäumen und hohem Gras hindurch. Ich sang die zweite Strophe von *Heia Safari:* »Steil über Berg und Klüfte, durch tiefe Urwaldnacht, wo schwül und feucht die

Lüfte und nie die Sonne lacht. Durch Steppengräserwogen sind wir hindurchgezogen mit Trägern und Askari: Heia, heia Safari.« Opa Rudi wäre stolz auf mich gewesen.

Auf einer kleinen Sandbank, die von Büschen wie von einer Wand umgegeben war, rammte ich den Spaten in den Boden. Erwin fragte aufgeregt, ob ich einen Schatz suche. Ich bemühte mich, ganz lieb zu lächeln. »Wir spielen Stellungskrieg und du darfst deinen eigenen Schützengraben ausheben.« Mein Bruder bockte natürlich wieder. Vielleicht ahnte er schon, was ich mit ihm vorhatte, und wollte gleich losplärren. Aber hier würde ihn kein Mensch hören. Dazu rauschte die Lippe viel zu laut über das nahe Wehr an der Schlagt.

Ich brach einen Ast ab, um Erwins Größe zu messen, und steckte vier Stöckchen in den Sand, um ein Rechteck zu markieren. Bei Opa Rudi im Gefangenenlager war der Boden gefroren gewesen und die Haut war ihm immer in blutigen Fetzen von den Händen gehangen. Hier an der Lippe war das Graben ein Kinderspiel, nach kaum zehn Minuten stand ich knietief in einer schmalen, langen Grube. »Ich will nicht Stellungskrieg spielen«, schrie Erwin und hielt nach Unterstützung Ausschau. Aber außer einem Fischreiher, der stocksteif im Wasser stand, war kein lebendes Wesen in der Nähe.

Ich war fast fertig und klopfte nur noch den Boden mit dem Spatenblatt glatt. Da stieß ich auf eine Unebenheit. Sie störte mich, mein Bruder sollte nicht unbequem auf einem Stein liegen. Ich setzte den Spaten an und trat kräftig zu. – Das Geräusch klang wie das Brechen von Knäckebrot, nur lauter. Erwin starrte mit offenem Mund auf das zur Hälfte im Boden versenkte Spatenblatt. »Was ist da?«

Ich bewegte den Stiel leicht hin und her. Unter dem Sand begann sich etwas abzuzeichnen, das aussah wie ein sehr großes Ei. Ich kniete mich hin, um das Ding mit den Händen freizulegen …

Das Schrecklichste an dem Totenschädel war nicht das frische Loch in der Stirn, an dem ich schuld war – es waren die leeren Augenhöhlen. Sie starrten mich an und mir schoss durch den Kopf: Kain, wo ist dein Bruder Abel?

Aber ich war kein Mörder. Das hätte ich doch nie fertiggebracht. Höchstens bis zum Hals hätte ich meinen Bruder eingegraben, damit er sich nicht die Ohren zuhalten konnte. Und dann hätte ich ihm mal alles gesagt, was mir an ihm nicht passte. Hinterher wären wir endlich Freunde geworden. Vielleicht. Die leeren Augen glaubten mir nicht: Kain, wo ist dein Bruder Abel?

Ich wollte weg, nur noch weg. Erwin klammerte sich panisch an mir fest, weil er Angst hatte, ich würde ihn allein bei dem Schädel zurücklassen. Ich nahm seine Hand und dann rannten wir. Und rannten, bis wir in der Ferne endlich den Turm von St. Christophorus sahen.

Ich schaffte es nicht, mit irgendjemandem über meine Entdeckung zu reden. Nicht mit Onkel Peter oder Tante Erika, nicht mit Wigbert, Hubert oder Bernhard und schon gar nicht mit Hildegard. Ich lag den ganzen nächsten Tag allein in meinem Deckenzelt und wartete. Lange konnte es ja nicht dauern, bis jemand den Schädel fand, schließlich hatte ich ihn nicht wieder eingegraben. Und dann würde es heißen, ich hätte ihn absichtlich kaputt gemacht mit meinem Spaten und an der einsamen Stelle an der Lippe schlimme Sachen mit meinem Bruder vorgehabt. Dann würde ich wirklich in ein Gefangenenlager kommen. Aber nichts passierte. Irgendwann tauchte Erwin mit Keksen und Kaba auf. Er überredete mich, mit ihm zu kicken. Es war komisch, ich hatte überhaupt keine Lust mehr, ihn abzuschießen. Ich wollte ihn auch nicht mehr mit einer Brennnessel widerstandsfähiger machen. Ich war einfach nur froh, dass er da war, mein Bruder. Abends gab es Spiegelei mit Kartoffeln und Spinat. Tante Erika merkte, dass irgendwas mit mir nicht stimmte, und lud meine Freunde zum Lagerfeuer in den Garten ein, um mich aufzuheitern.

Wigbert war ein echter Feuerteufel. Er schleppte von überall her Holzkisten und Reisig an und hörte erst auf, als die Funken stoben und Löcher in mein Deckenzelt brannten. Aber das war mir egal, denn mir war etwas eingefallen. Als die anderen an langen Stecken Kartoffeln in die Glut hielten, fragte ich Bernhard im hintersten Eck des Gartens nach seiner Mutter.

»Die haben gestritten«, sagte er, »sie und mein Vater. Deswegen ist sie allein zur Kirmes.«

»Und dann?«

»Keine Ahnung, irgendein Dreckskerl muss sie da weggelockt haben. Die einen glauben, dass er sie in die Lippe geworfen hat, die anderen, dass sie mit ihm durchgebrannt ist.«

Ich weiß, wo sie ist, dachte ich.

Onkel Peter erkannte mich sofort, obwohl er mich nicht sah. Ich sprach immer noch sehr bayerisch, auch wenn ich schon drei Wochen in Werne war. »Was willst du denn beichten, Hermann?«, sagte er durch das vergitterte Fenster. Da erzählte ich ihm die ganze Geschichte. Also fast. Das mit Erwins Eingraben ließ ich weg, das hätte er nicht verstanden. Als ich fertig war, fragte Onkel Peter, ob er denn der Polizei einen Tipp geben dürfe. »Aber nur, wenn du nichts von mir sagst.« Das versprach er.

An unserem letzten Ferientag in Werne sind wir alle mit Bernhard hinter dem Sarg seiner Mutter hergegangen. Er war ganz grau im Gesicht und sah aus wie ein alter Mann. Sein Vater war da schon im Gefängnis. Der hatte gar nicht verstanden, wofür er bestraft werden sollte. Schließlich hatte er doch genau gesehen, dass seine Frau auf der Kirmes mit einem anderen rummachte. So stand es jedenfalls in der Zeitung. Als Bernhard mit einer kleinen Schaufel Erde ins offene Grab warf, musste ich auf einmal furchtbar heulen. Aber nicht wegen ihm oder seiner Mutter, sondern weil Erwin meine Hand nahm und ich spürte, wie er zitterte.

Für die Rückreise mit der Bahn wurde mir wieder ein

Schild um den Hals gehängt. Auf dem stand: *Hermann und Erwin werden am Hauptbahnhof München abgeholt.* Auch diesmal musste ich bald pieseln, gab aber vorher meinem Bruder das Schild.

Unsere Eltern freuten sich, dass wir wieder zu Hause waren. Als sie sahen, dass wir viel weniger stritten, versprachen sie, uns auch in den nächsten Sommerferien nach Werne zu schicken. »Da merkt man doch den guten Einfluss«, sagte mein Vater. »So ein Pfarrer ist einfach ein Vorbild für einen Buben.«

»Genau«, sagte ich.

Beim Thema Vorbild fällt mir noch mein Nennopa Rudi ein. Der ist nicht lange nach meinen ersten Ferien in Werne in einen Kiosk eingebrochen, hat die Schnapsvorräte geklaut, sie ausgesoffen, sich ins Bett gelegt und ist gestorben. Schuld daran war seine Schwester. Die war nämlich bei meiner Mutter aufgetaucht und hatte sie gebeten, Rudi keinen Underberg mehr zu schenken. Der sei nicht gut für sein Magengeschwür.

»Aber wenn er doch im Krieg so Schreckliches durchgemacht hat«, hatte meine Mutter protestiert.

Da hatte die Schwester zu lachen angefangen und gar nicht mehr aufgehört. »Der Rudi im Krieg? Den haben doch nicht mal die Nazis gewollt mit seinem Klumpfuß. Dabei wäre er so gern dabei gewesen.« – So war das mit meinen Vorbildern Onkel Peter und Opa Rudi, mit meinem Bruder und mit der schönen Stadt Werne.

Ramadan

Das Ramadanfest, auch Zuckerfest oder Bayram genannt, ist das Fest des Fastenbrechens am Ende des Ramadan, des neunten Monats im islamischen Mondkalender. Bezogen auf den islamischen Kalender sind die Termine des Ramadans und des Zuckerfestes feste Feiertage, nach dem gregorianischen Kalender fallen sie jedoch jedes Jahr auf ein anderes Datum. So wird das dreitätige Zuckerfest 2012 in den meisten Gemeinden vom 19. bis zum 21. August gefeiert, 2013 dann Anfang August und 2014 Ende Juli.

Norbert Horst

Lüdenscheider Blutopfer

Glaubte man an Statistiken, zeigte sich Lüdenscheid an diesem Morgen von seiner untypischen Seite. Ich sah von meinem Bürofenster im ersten Stock auf den Rosengarten, wo die Sonne mit den Zweigen der Rosskastanien Schattenspiele veranstaltete. Auf den Bänken gegenüber dem *Brauhaus Schillerbad* gaben ein paar junge Mütter ihrem Nachwuchs Auslauf, ein Rentner sah ihnen dabei zu.

Der Juli war mau gewesen, der August grausam und der September fing auch nicht besser an. In den letzten Tagen hatte ich für ein Metall verarbeitendes Unternehmen aus der Region eine krankgeschriebene Führungskraft beim Golfspielen in Schalksmühle erwischt, das war der einzige Auftrag der letzten Woche gewesen.

Im Eiscafé an der Ecke Jockuschstraße wischte ein Kellner die Tische ab, als das Telefon klingelte.

Am anderen Ende der Leitung war Mark Beier, Rechtsanwalt in einer gut gehenden Sozietät und immer für einen Auftrag gut. Dieses Mal ging es um eine eigenartige Geschichte, wie er sagte.

Wir verabredeten uns in einem Café am Rathausplatz.

Beim Verlassen des Büros fiel mir auf, dass der kleine Spiegel mit dem Firmenmotto ein wenig Schlagseite hatte. Ich brachte *Der Wahrheit verpflichtet* wieder ins Lot und machte mich auf den Weg.

Im *Extrablatt* saßen die üblichen Schulschwänzer und Rentner beim zweiten Frühstück.

Als Mark hereinkam, fiel mir auf, dass er sich schon immer die besseren Anzüge hatte leisten können. Wir hatten ein paar Jahre gemeinsam die Schulbank gedrückt, und schon damals hatte er zu denen gehört, die vor den Klassenarbeiten lernten und dann trotzdem betuppten, was das Zeug hielt. Er grüßte und bestellte Kaffee.

»Ich weiß nicht, ob ich hierbei richtig liege«, sagte er und legte eine Akte auf den Tisch, »vielleicht täusche ich mich auch, aber du musst etwas für mich überprüfen.«

Es ging um einen seiner Mandanten, einen sechsundzwanzigjährigen Türken, der von Einbrüchen lebte. Vor vier Wochen war er in türkische Wohnungen eingestiegen, als die Familien in der Moschee das Zuckerfest feierten. Das Heikle an der Geschichte: Genau an dem Morgen war aus einem der Häuser eine junge Frau verschwunden. Ihr Blut war überall in der Wohnung verteilt gewesen, von ihr selbst fehlte jede Spur. Marks Mandant saß jetzt wegen Mordverdachts.

»Wie ist die Polizei auf ihn gekommen?«, fragte ich.

»Sie haben ihn zwei Wochen später erwischt, als er Schmuck aus dem Bruch verkaufen wollte. Seine DNS ist an einigen Gegenständen gesichert worden. Aber das ist noch nicht alles. Einen Tag nach dem Verschwinden der Frau hat man auf einen anonymen Hinweis hin ihre blutige Kleidung am Ufer der Versetalsperre gefunden. Gleich daneben ein paar nicht zu identifizierende Reifenspuren.«

»Warum blieb die Frau zu Hause, wenn die ganze Familie in der Moschee war?«

»Sie fühlte sich nicht wohl an dem Morgen und wollte Lokum zubereiten, so ein Zuckerzeug, das an dem Tag alle zum Fest essen.« Aus der Akte holte er Fotos von der Küche, in der jemand das türkische Zuckerzeug zubereitet hatte und in der überall Blut verschmiert war.

»Und was sagt dein Mandant dazu?«

»Hasan sagt, dass er damit nichts zu tun hat. Er ist eingestiegen, hat das Blut gesehen und ist sofort wieder abgehauen. Und ich glaube ihm. Er ist ein kleiner Dieb, aber kein Mörder. Nur mit dem falschen Richter ist es nicht ausgeschlossen, dass sie ihm das Ding anhängen können. Er wäre nicht der Erste, den man nur aufgrund windiger Indizien fünfzehn Jahre in den Bau schickt.«

»Was ist mein Part dabei?«

Er schlug die Akte auf.

»Bring mir irgendwas, das seine Version beweist.«

Am nächsten Morgen machte ich mich auf den Weg in den Knast, um selbst mit Hasan Demir zu reden. Informationen aus erster Hand waren durch nichts zu ersetzen.

Hasan war ein schmaler Bursche mit Haaren, die so schwarz waren, dass sie fast blau schimmerten. Mark hatte mich angekündigt, trotzdem lag Misstrauen in seinem Blick.

»In wie vielen Wohnungen waren Sie an diesem Morgen?«, fragte ich ihn irgendwann.

Er sah mich an und schwieg.

»Ich bin kein Bulle, Hasan!«, sagte ich mit aller Überzeugung, die ich zu bieten hatte. »Ich will Ihnen helfen. Von mir erfährt niemand etwas.«

»In vier«, sagte er nach einer Weile, ohne dass sich in seinem Blick etwas verändert hätte.

»Und warum an diesem Morgen?«

»Ich kenn es aus meiner Kindheit, das Zuckerfest ist sehr wichtig für gläubige Moslems. Es ist das Ende des Ramadan und dauert mehrere Tage. Am ersten Tag gehen alle in die Moschee und hinterher zum Friedhof und lesen für die Verstorbenen aus dem Koran. Da sind die Wohnungen meist leer.«

»Was ist an dem Morgen passiert?«

Er sah vor sich auf den Tisch. »Ich bin im Keller eingestiegen. Auf dem Weg nach oben hörte ich, dass noch jemand im Haus war. Die Stimme einer Frau, sie schien zu telefonieren. Fast wäre ich abgehauen, aber irgendwann hörte ich eine Tür. Danach war es still. Ich bin nach oben in die Wohnung … und da war dann dieses verdammte Blut in der Küche.«

»Und es war niemand mehr da?«, fragte ich.

»Nein, niemand.«

»Was passierte weiter?«

»Ich hab mir den Schmuck aus dem Schlafzimmer geholt und bin sofort weg.«

»Woher wusstest du, wo der war?«

Sein Blick bekam etwas Mitleidig-Herablassendes. »Sie glauben gar nicht, wie fantasielos die Menschen sind.«

Mark hatte recht, der Bursche wirkte glaubhaft.

Als Nächstes stand die Familie der verschwundenen Frau auf meiner Liste. Die Özcans hatten ein gut gehendes Lebensmittelgeschäft in der Nähe des Kluser Platzes und wohnten in der Werdohler Straße.

Aslan Özcan war das Familienoberhaupt und führte mich ins Wohnzimmer, nachdem ich mich vorgestellt hatte. Er hatte weißes Haar und gutmütige Augen.

Sie seien verzweifelt, sagte er, und sie hätten keine Erklärung für das, was geschehen war. Auch auf die übliche Frage nach Feinden oder geschäftlichen Konkurrenten hatte er keine Antwort.

Seine Frau brachte Tee, der köstlich schmeckte. Sie trug ein Kopftuch und setzte sich zu uns. Ihr Sohn, der Mann der Verschwundenen, war geschäftlich unterwegs wie die anderen drei Söhne auch.

»Die Ehe von Murat und Hülya war«, er machte eine Pause, »sicher von gegenseitigem Respekt geprägt, aber sie war nicht glücklich, nicht nur wegen der ausbleibenden Kinder.« Wieder machte er eine Pause. »Nicht jeder findet das Glück, wenn man versprochen wird.«

Er sah seine Frau an, die seinen Blick mit einem Lächeln erwiderte, das jeden Zweifel beseitigte, dass er die Wahrheit sagte.

»Vielleicht wäre eine Scheidung sinnvoll gewesen, aber mein Sohn ist da viel strenger als ich, auch das soll es ja geben.« Er lächelte fast entschuldigend.

Ich hatte nicht den Eindruck, hier den Schlüssel für das Rätsel zu finden, trank den Rest des wunderbaren Tees und ging.

Es hatte angefangen zu regnen, ein warmer sanfter Septemberregen. Auf dem nassen Pflaster der Werdohler Straße spiegelten sich die bunten Häuserfassaden.

Hülya Özcan war neunundzwanzig Jahre alt, hatte in einer kleinen Hautklinik als Krankenschwester gearbeitet und eine wenig glückliche, kinderlose Ehe in einem größeren Familienverband geführt. Warum tat jemand einer solchen Frau etwas an, verschleppte sie und tötete sie offenbar?

Am Versestausee sah ich mir den Ort an, wo man sie möglicherweise hatte verschwinden lassen. Es war eine Stelle, an der man auf einer Wiese bis ans Ufer fahren konnte. Keine schlechte Wahl für einen solchen Zweck.

Wieder zurück in Lüdenscheid fuhr ich zum Zeitungsarchiv. Nach zwei Stunden hatte ich die *Westfälische Rundschau* und die *Lüdenscheider Nachrichten* durchforstet, aber nichts Spektakuläres gefunden. In den Tagen vor dem Zuckerfest hatte es um den Kluser Platz verstärkt Autoaufbrüche gegeben, vier Tage danach hatte man aus dem Stausee die Leiche eines Dreiunddreißigjährigen gezogen. Er hatte keine Verletzungen, aber reichlich Alkohol im Blut und man ging deshalb von einem Unglücksfall aus. Ich verließ die Lokalredaktion und ging über den Sternplatz zurück ins Büro. Ein paar Jugendliche machten Faxen mit *Onkel Willi und Felix* und fotografierten sich dabei mit ihren Handys.

Hatte man Hülya tatsächlich mit ein paar gewichtigen Argumenten in den Stausee geworfen, würde sie nicht wieder auftauchen. Aber wer sollte das getan haben? Als sie verschwand, hatte ihr Mann mit den anderen in der Moschee gebetet. Hatte er vielleicht irgendwen beauftragt? Hatte sie jemanden hereingelassen, der sie verletzt hatte? Und wer war die Frau gewesen, die Hasan, der Einbrecher, gehört hatte?

Am nächsten Morgen fuhr ich zu ihrem Arbeitsplatz im Lüdenscheider Süden. Nach Aussage der Dame an der Rezeption der Hautklinik war Hülya beliebt gewesen. Eine

Kollegin, mit der sie befreundet gewesen sei, habe aber erst in einer Stunde Pause.

Also rauchte ich und vertrat mir im kleinen Park der Klinik die Beine.

Ruth Wunderlich war klein, hatte mattes blondes Haar und wirkte ängstlich und müde. Wir suchten uns eine Bank und ich gab ihr Feuer. Sie war eine alleinerziehende Mutter und Hülya hatte ihr immer geholfen, wenn ein Dienst zu tauschen war.

»Auf mich wartet ja keiner zu Hause, hat sie immer gesagt.« Mehr äußerte sie nicht, sie war nicht unbedingt ein Kommunikationswunder. »Haben Sie mal irgendetwas mitbekommen, was mit ihrem Verschwinden zusammenhängen könnte?«, fragte ich sie. »Auch wenn es Ihnen noch so unbedeutend vorkommt.«

»Nein.« Es kam eine Spur zu schnell, aber vielleicht war ich auch ein wenig zu misstrauisch. »Und das hab ich doch schon alles der Polizei gesagt.«

Wenn sie sprach, sah sie mich kaum an, vielleicht hatte ich deshalb den Eindruck, dass sie doch etwas wusste.

»Sie sollten zwei Dinge nicht vergessen, Frau Wunderlich«, gab ich ihr mit auf den Weg. »Erstens: Ich frage Sie das alles, weil jemand im Gefängnis sitzt, dem man Hülyas Tod anlasten will und der behauptet, nichts damit zu tun zu haben. Und zweitens, dass mir jede Information, die mich weiterbringt, einen schnuckeligen Tausender wert ist.«

Diesen Rahmen hatte mir Mark eingeräumt. Sie nahm es scheinbar ungerührt zur Kenntnis und steckte meine Karte ein.

Ich fuhr wieder in die Stadt und hatte keine Idee, die mich begeistert hätte. Vielleicht halfen mir zwei, drei Saunagänge ein wenig auf die Sprünge. Bei hundert Grad war mir schon häufiger ein guter Gedanke gekommen.

Ich holte meine Sachen und fuhr zum Saunadorf am Nattenberg. Ein paar Aufgüsse später war mir immer noch keine Erleuchtung gekommen. Dafür fand ich beim Umziehen einen Anruf von Ruth Wunderlich auf meiner Handymailbox.

Sie sagte, sie habe vielleicht etwas, was mich interessieren könnte. Es war 16:25 Uhr, als ich sie zurückrief, und wir verabredeten uns in einer Stunde im *Brauhaus Schillerbad*.

Obwohl sie bunte Klamotten trug, wirkte sie genauso blass wie am Morgen. Ich bestellte zwei Bier und sie wollte als Erstes wissen, ob sie den Tausender gleich bekäme. Ich schlug vor, dass ich mir ihre Infos erst mal anhörte.

»Es sind zwei Dinge, die ich übrigens der Polizei nicht erzählt habe. Einmal geht es um einen Patienten, den wir vor ein paar Monaten hatten. Es war ein junger Mann aus Dortmund, der sich bei einem Arbeitsunfall heftig verbrannt hatte. Hülya hat ihn mehrere Wochen gepflegt. Das Besondere daran: Dieser Typ war ein Rechter, eine Glatze. Also er hatte keine Glatze, aber er hatte überall unter der Kleidung diese Tätowierungen mit *Blut und Ehre* und so. Ihm ging es echt schlecht und einige der Tattoos konnte man kaum noch entziffern wegen der Verbrennungen. Zum Beispiel *Deutschland den Deutschen*. Als der Chef den Mann gesehen hat, sagte er Hülya, sie brauche den nicht zu pflegen, das könne auch eine Kollegin machen. Aber sie hat sich weiter um ihn gekümmert.«

Als das Bier kam, nahm sie einen kräftigen Schluck.

»Und der könnte ihr was angetan haben?«

»Nein, nein«, sagte sie, »ganz anders. Am Anfang, als es ihm wieder besser ging, war er noch sehr abweisend, aber dann hat der sich in den wenigen Wochen, in denen er dort lag, total verändert. Der wirkte zuletzt sogar ziemlich durcheinander, in sich gekehrt und war zu allen ganz anders. Vor allem zu Hülya.«

»War ihm das peinlich, von einer Türkin gepflegt zu werden?«, fragte ich.

»Keine Ahnung«, sagte sie, »vielleicht hat er deswegen angefangen, über das eine oder andere nachzudenken. Einmal besuchten ihn ein paar seiner Kumpels, die Sprüche in ihre

Richtung machten. Da hat er ziemlich heftig reagiert. War eine ganz eigenartige Situation. Hülya war auch nie abweisend zu ihm, trotz dieses ganzen Ekelzeugs, im Gegenteil.«

»Was heißt das?«

»Sie war immer zu allen nett, aber bei ihm war sie noch etwas anders, hatte ich den Eindruck.«

»Und was war die zweite Sache?«, fragte ich und trank meinen Rest Bier.

»Hülya hat eine Schwester, Hatice, mit der sie sich sehr gut versteht, die sie aber fast nur heimlich sehen kann, weil die so ganz frei lebt. Vor ein paar Wochen stand sie mal draußen, um zu telefonieren. Das muss ihre Schwester gewesen sein, mit der sie gesprochen hat. Jedenfalls höre ich, als ich rausgehe, um sie wegen eines Patienten was zu fragen, wie sie sagt: ›Am Zuckerfest passiert es. Alles Weitere über Facebook, ich brauche deine Hilfe.‹ Dann hat sie aufgelegt, als sie mich kommen sah, und sie wirkte irgendwie ertappt.«

»Es passiert am Zuckerfest?«, fragte ich nach.

»Ja, irgendwie so.«

Ich gab ihr erst mal fünf grüne Scheine und versprach ihr die anderen fünf, wenn bei der Sache etwas rauskommen sollte.

Sie ging, drehte sich aber noch einmal um und sagte: »Nicht, dass sie denken, ich tue es wegen des Geldes. Obwohl ich es gut gebrauchen kann.«

»Tu ich nicht«, antwortete ich. »Kein bisschen.«

Ruths Infos klangen fürs Erste nicht völlig wertlos. Mir fiel der Tote aus dem Stausee ein. Auch er war aus der Dortmunder Rechtenszene gewesen, weshalb die Polizei ein paar Tage ermittelt hatte, aber es hatte keine Hinweise auf ein Verbrechen gegeben. Man ging davon aus, dass er betrunken und darum ertrunken war. War das ein Zufall?

Ich fuhr nach Dortmund, aber unter der Adresse, die mir Ruth Wunderlich gegeben hatte, gab es keinen Hinweis auf den Mann, den Hülya gepflegt hatte. Ich musste mich also in der – sagen wir mal: national gesinnten Szene umhören. Im Internet gab es viel Schwachsinn in der Beziehung, aber keinen Hinweis, wo sich diese Szene in Dortmund traf. Erst der Anruf bei einem Dortmunder Kollegen brachte mir den Namen einer Kneipe.

Am nächsten Abend sah ich mir den Laden an. Von außen wirkte er so einladend wie eine Abdeckerei. Es trudelten Leute ein, von denen man nur manchen ansah, dass sie keine glühenden Anhänger einer demokratischen Staatsform waren. Ich hatte keinen Schimmer, ob der Mann, den Ruth Wunderlich ›Tom‹ genannt hatte, dabei war. Ich ging hinein, der Gastraum war leer. Nur der Wirt, der genau wie der Laden seine besten Zeiten lange hinter sich hatte, stand hinterm Tresen. Ich heuchelte eindeutiges politisches Interesse.

»Kleinen Augenblick«, sagte er nach einer Überprüfungspause und verschwand nach hinten. Ich folgte ihm und stand Sekunden später in einem Zimmer, dessen Wand die Reichskriegsflagge schmückte. Darunter saßen einige Typen an einem langen Tisch, hatten große Biere vor sich stehen und beäugten mich misstrauisch. Ich sagte einen falschen Namen und erzählte, dass ich für ein nationales Blog eine Story über den Tod des Kameraden aus dem Stausee schreiben wolle. Ich hätte den Tipp bekommen, Tom könne mir weiterhelfen. Ihre Blicke blieben misstrauisch.

»Was soll das für eine Scheißstory werden?« Der Wortführer hatte einen zackigen Haarschnitt und machte ein paar Schritte auf mich zu. In dem Moment fiel mir auf, dass diese Legende vielleicht nicht die beste Idee gewesen war. Er baute sich vor mir auf und ein paar andere stellten sich hinter ihn.

»Es geht darum, dass es vielleicht kein Unglücksfall gewesen sein könnte, dass …«

»Der krückt doch!« rief einer der anderen Schwachköpfe und bekam sofort Zustimmung. »Das ist doch ein Scheißschnüffler. Wer weiß, wo der herkommt.« Sie kamen noch etwas näher und ich läutete den Rückzug ein. Hier war nichts zu gewinnen, nicht jetzt und nicht in tausend Jahren.

Ich wartete im Wagen. Es war kurz vor Mitternacht, als sich der Rädelsführer zu Fuß auf den Heimweg machte. Ich rollte an ihm vorbei und wartete an der Hausecke. Meine Rechte traf ihn unvorbereitet. Ich drehte ihm den Arm auf den Rücken und drückte sein Gesicht an die Hauswand.

»So, du Führer in der Jämmerlichkeitsparade, du hast jetzt fünf Sekunden Zeit, mir zu sagen, wo ich Tom finde, genau fünf Sekunden.«

»Leck mich, du verd…« Der Rest des Satzes ging in einen Schmerzschrei über, weil seine Nase noch einmal Bekanntschaft mit der Wand machte. »Tom ist weg, verdammt noch mal«, gurgelte er, als er wieder Luft bekam.

»Was heißt das? Weg?«

»Na, eben weg, verdammte Scheiße! Seit die Geschichte mit Andi passiert ist, ist er spurlos verschwunden.«

»Andi ist der aus dem See?«

»Ja, verdammt noch mal, lass mich los.« Er stöhnte. Ich drehte ihn um und nahm ihn am Revers.

»Wenn du nicht artig bist, tu ich dir wieder weh, verstanden? Hast du eine Ahnung, wo er sein könnte?«

»Nein, hab ich nicht. Seine Wohnung ist ausgeräumt und gekündigt hat er auch. War sowieso komisch drauf die letzte Zeit.«

»Und er ist weg, seit Andi tot aus dem See gezogen wurde?«

»Ja.«

Ich ließ ihn laufen.

War dieses Timing ein Zufall? Ausgerechnet am Tag des Zuckerfestes sterben zwei Menschen und einer verschwindet. Und nach und nach wird klar, dass es zwischen den dreien eine eigenartige Verbindung gab.

Hülyas Schwester Hatice wohnte in einem Mehrfamilienhaus in Lüdenscheid Vogelberg. Ich erwischte sie am nächsten Morgen, als sie ihre Wohnung mit einem kleinen Koffer verlassen wollte. Sie hörte mich an und bat mich nach einem Zögern kurz hinein.

»Ich kann Ihnen nicht helfen«, sagte sie, als ich fertig war. »Hülya und ich hatten kaum Kontakt. Ich weiß gar nicht, wann wir zuletzt miteinander gesprochen haben.«

Von meinem Gespräch mit Ruth Wunderlich hatte ich ihr nichts erzählt und ich fragte mich, warum sie log.

»Dann will ich sie auch nicht länger aufhalten«, sagte sich. »Ich finde auch allein hinaus.« Im Flur hatte ich zwei Sekunden, um mich am Schlüsselbrett zu entscheiden, bevor sie mir folgte.

Ich wartete im Auto, bis sie Minuten später das Haus verließ. Dann ging ich zurück und hatte Glück. Der Schlüssel, den ich vom Brett gefischt hatte, passte. Ihren Rechner schützte ein Passwort. Der Speicher ihres Telefons enthielt zwanzig Einträge, eine Mobilnummer kam viermal vor, außerdem hatte sie vier Hamburger Anschlüsse angewählt. In der Tasche einer Jacke an der Garderobe fand ich einen Ausdruck über Bahnverbindungen zwischen Lüdenscheid und Hamburg für heute. Ein bisschen viel Hamburg, fand ich. Zum Schluss zog ich aus dem Mülleimer in der Küche den Fetzen einer Paketquittung, deren Rest nicht aufzufinden war. Der Name des Empfängers war abgerissen, aber seine Adresse war die Blankeneser Straße 34 in Hamburg.

Fünf Stunden später stand ich vor genau dieser Adresse. Es war ein Haus mit zehn Wohnungen und nur auf einem Klingelschild stand kein Name. Meiner Berechnung lag die Wohnung dazu im zweiten Obergeschoss rechts. Ich mogelte mich ins Haus, als eine Oma ihren Dackel Gassi führte und klingelte im zweiten OG rechts. Vielleicht war sie kein ängstlicher Mensch, vielleicht hatte ich nur einen günstigen Augenblick erwischt, denn sie öffnete ohne Argwohn und ich sah sofort, dass sie es war.

»Hülya Özcan?«

Jetzt wurde sie bleich. Sekunden später stand ein junger Mann hinter ihr. An der rechten Seite seines Halses verschwand eine großflächige Brandnarbe unter seinem Shirt und kam am rechten Oberarm wieder zum Vorschein. In diesem Augenblick lösten sich alle meine Fragen in einer glitzernden Wolke des Wissens auf.

»Ich glaube, Sie sollten mich besser hereinbitten«, sagte ich.

Ihr Tee schmeckte genauso köstlich wie der ihrer Schwiegermutter, und nachdem ich beide aufgeklärt hatte, erzählte sie ihre Geschichte.

»Mein Mann ist kein übler Kerl, aber er hätte mich niemals gehen lassen«, sagte Hülya zum Schluss. »Und ich hatte große Angst, ihn zu verlassen.«

»Und dann sind sie auf den Einfall mit dem Blut gekommen?«

»Nein, das war meine Idee«, sagte der Mann, den ich bisher nur als Tom kannte. »Weil es eben«, er stockte und sah nach unten, »weil es auf einmal ganz schnell gehen musste.«

Jetzt sah auch Hülya weg.

»Verstehe!«, sagte ich. »Wegen Andi.«

Die beiden fuhren wie auf Kommando zusammen. »Er hat uns überrascht, an unserer Stelle am See«, sagte Tom schließlich. »Da wo wir immer ein paar Minuten im Auto miteinander hatten. Er zerrte mich heraus und schlug sofort zu. Wir stürzten in den See, er war wie irrsinnig.« Er machte eine Pause. »Irgendwann hatte ich ihn und habe ihn unter Wasser gehalten, bis er sich nicht mehr rührte. Ich bin dann ans Ufer, weil ich selbst kaum Luft bekam. Als ich ihn wenig später herausziehen wollte, habe ich ihn in der Dunkelheit nicht mehr gefunden. Er war einfach weg, verdammt.«

»War es das wert?«, fragte ich.

»Die würden mich plattmachen, wenn sie von Hülya wüssten«, sagte er und es klang überzeugt. »Ich wollte es mir nicht kaputt machen lassen. Nicht das.« Er nahm Hülyas Hand. »Sie hat mein Leben gerettet, in jeder Weise, in der man ein Leben retten kann«, sagte er nach einer Weile und sah sie mit einer glühenden Ernsthaftigkeit an, die einen Gletscher geschmolzen hätte. »Und ich wusste es seit dem Moment, als sie mich zum ersten Mal berührte. Als gösse mir jemand ewiges Leben in die Seele.«

Ich ging zum Fenster und sah hinaus.

»Mein Auftrag ist es, Hülya zu finden«, sagte ich, »sonst wird jemand vielleicht für etwas büßen, das nie geschehen ist.«

Es entstand ein längeres Schweigen.

»Ich habe eine Idee«, sagte Tom.

Bei der Haftprüfung drei Tage später bestätigte der Richter die Untersuchungshaft gegen Hasan Demir wegen mehrfachen Einbruchs. Von dem Mordverdacht stand nichts mehr im Protokoll. Die DVD, die Hülya direkt an die Polizei und die Staatsanwaltschaft geschickt hatte und auf der sie eine Erklärung abgab, dass es ihr gut gehe und alles Theater gewesen sei, hatte alle überzeugt.

»Ich bin dir was schuldig!«, sagte Mark, als wir nach dem Termin auf dem Gang standen.

»Wie viel du mir schuldig bist, steht dann auf meiner Rechnung!«, sagte ich.

Auf dem Heimweg vom Gericht kaufte ich beim Türken auf der Kluser Straße etwas Lokum und ging ins Büro. Das Firmenlogo hing wieder schief, irgendetwas schien damit nicht in Ordnung zu sein. Ich brachte es in die Waage und hoffte, dass es dieses Mal länger hielt.

Vom Fenster aus sah ich auf den Treppenstufen des Rosengartens Kinder. Sie spielten *Ich sehe was, was du nicht siehst.*

War ziemlich süß, das Zeug.

Tag der Deutschen Einheit

Am 3. Oktober, dem ›Tag der Deutschen Einheit‹, feiert Gesamtdeutschland sich selbst. Der deutsche Nationalfeiertag erinnert an das ›Wirksamwerden des Beitritts der Deutschen Demokratischen Republik zur Bundesrepublik Deutschland‹ am 3. Oktober 1990 – also die umgangssprachliche ›Wiedervereinigung‹. »Jetzt wächst zusammen, was zusammengehört«, hatte Willy Brandt dazu schon 1989 nach dem Mauerfall erklärt, als die DDR absehbar vor ihrem Ende stand. Von einer deutsch-deutschen Wiedervereinigung ganz anderer – mörderischer – Art erzählt der Hamburger Künstler und Autor Gunter Gerlach.

Lügen in Lünen

Ich bin Gärtner, da wirft man nichts weg. Es kommt die Zeit, da kann man alles noch gebrauchen.

Auch Petras zweiundvierzig Postkarten habe ich aufbewahrt. Die erste kam vor über zwanzig Jahren. Geduld ist die Tugend des Gärtners. Der kleine Stapel Postkarten wird von einem weißen Gummiband zusammengehalten. Einzelne Karten haben nach so langer Zeit und dem häufigen Lesen einen ausgefransten Rand, als wären sie aus Stoff. Während der Bahnfahrt nach Lünen habe ich jede noch einmal gelesen. Karte für Karte, Kilometer für Kilometer hat sich eine Folie um meinen Brustkorb gewickelt, wie ich sie im Winter für die empfindlichen Pflanzen benutze. Erst jetzt wird es mir bewusst: Jede Karte war ein Hilfeschrei. Das Atmen fällt mir schwer.

Ein anderer hat an Petras Seite mein Leben gelebt. Ich hätte es sein sollen, aber es war Walter. Ich werde ihn umbringen. Erst wenn ich das getan habe, wird die Folie mich nicht mehr einzwängen. Es wird Frühling werden und ich werde aufblühen können.

In Münster bin ich das letzte Mal umgestiegen. Jetzt fährt der Zug der Eurobahn in Lünen ein. Ich versuche, Petra auf dem Bahnsteig zu entdecken. Selbst nach so langer Zeit bin ich überzeugt, sie wiederzuerkennen. Warum sollte sie nicht mehr die großen Schuhe tragen und die schweren Röcke wie Teppiche aus dem Orient. Die schwarzen Schuhe machten ein Geheimnis aus ihren Füßen. Ich glaube, es waren russische Militärstiefel, bis zu den Waden hochgeschnürt. Genau richtig für Gartenarbeit. Wie gern hätte ich sie ihr ausgezogen und ihre Füße ins Wasser gestellt. Aber so weit ist es nie gekommen. Die Öffnung der Grenze kam dazwischen.

Petra arbeitete in der Verwaltung der LPG – was das war, weiß heute kaum einer mehr. Landwirtschaftliche Produktionsgenossenschaft. Wir begegneten uns täglich. Ich suchte diese Augenblicke, obwohl ich ihren Freund Walter Benz kannte. Ein Kerl aus dem Nachbardorf. Alle nannten ihn nur Benz. Er schlug sie. An manchen Tagen kam sie mit blauen Flecken zur Arbeit.

Eines Abends im November vor über zwanzig Jahren, ich richtete gerade die Astern, da stand sie am Zaun. Sie lachte und weinte zugleich. Es dauerte eine Weile bis ich begriff, was sie mir sagen wollte: »Walter ist weg!«

Ich bat sie ins Haus, deutete auf ihre Stiefel. »Ich zieh sie dir aus.«

Sie nickte, setzte sich auf einen Küchenstuhl und ich kniete mich vor ihr nieder und löste die Schnürsenkel, zog sie Öse für Öse heraus. Es beruhigte sie und ich spürte ihre Hand in meinem Haar. »Er ist weg, nach drüben. Sofort abgehauen, als sich ihm die Möglichkeit bot.«

Ich weitete den ersten Stiefel und griff nach der Hacke, um ihn auszuziehen.

»Warte«, sagte sie. »Du weißt es noch nicht, nicht wahr?«

»Was?«

»Mach mal das Westfernsehen an.«

Ich ging zum Sofa ins Wohnzimmer und Petra folgte mir. Die offenen Schnürsenkel klopften den Takt dazu. Ich schaltete den Fernseher ein. Es war eine Direktübertragung von der Mauer in Berlin. Die Grenzen waren offen. Ab sofort durfte jeder DDR-Bürger ohne Antrag ausreisen.

»Walter ist sofort abgehauen«, wiederholte sie. Sie lehnte sich an mich und bekam einen neuen Anfall, bei dem sie zugleich heulte und lachte. Ich trocknete ihr die Tränen und küsste sie. Sie erwiderte meinen Kuss.

Erneut kniete ich mich vor sie, um ihr die Stiefel auszuziehen. Ich wusste, wenn ich erst einmal ihre Füße in meinen Händen hielt, sie ins Wasser tauchen konnte, dann würde alles gut werden.

Ich zog an ihrem Stiefel. Petra neigte sich zur mir und küsste mich auf die Stirn. »Du bist süß.«

In diesem Moment klopfte es an die Tür, als würde jemand mit einem Hammer dagegenschlagen. »Mach auf, Rolf!«

Mein Nachbar stand mit seiner Frau vor der Tür. »Wir wollen mit dem Trabbi los. Du kommst doch mit?«

»Wo wollt ihr denn hin?«

»Einfach mal rüber.«

»Was soll ich denn da? Ich kenne da keinen. Und mein Garten ist hier.« Petra kam hinter mir an die Tür und erzählte ihnen, dass Walter auch gleich rübergemacht hätte. Meine Nachbarn luden uns beide ein, mitzukommen. Sie hätten ja noch zwei Plätze frei. Ich schüttelte den Kopf, aber Petra war sofort einverstanden und schnürte sich schon wieder die Stiefel zu.

»Ich komme ja wieder«, sagte sie, küsste mich auf die Wange und weg war sie.

Später erfuhr ich, dass sie unterwegs noch einen aus dem Dorf getroffen und eingeladen hatten. Er hieß auch Walter. Ich kannte ihn gut. In dieser Nacht waren sie so weit gefahren, wie der Trabbi mitmachte. Nach einer Woche reichte mir der Postbote eine Ansichtskarte über den Zaun. Lünen Hauptbahnhof. Manchmal sehen Bahnhöfe wie Rathäuser aus. Petra schrieb, sie seien bis Lünen gekommen und wohnten in der Jugendherberge. Die anderen hätten beschlossen zu bleiben. Petra wisse es noch nicht genau. Ich solle nachkommen, schrieb sie. Aber was sollte ich in Lünen? Wo lag das überhaupt?

Es dauerte lange, bis die nächste Postkarte kam. Da wohnte sie bereits in einem Containerdorf im Stadtteil Brambauer. Ich solle ihr mal schreiben.

Als Nächstes erhielt ich eine Heiratsanzeige. Petra und Walter grüßten als Brautpaar. Dann kamen jedes Jahr zwei weitere Postkarten, eine aus dem Urlaub und eine zu Weihnachten. In den letzten Jahren beklagte sie sich ganz direkt über Walter, fuhr allein in den Urlaub, wollte sich scheiden lassen. Er betrüge sie.

Ich war nicht groß im Postkartenschreiben, aber ich wurden Gedanken an ihre Füße nicht los. Ich schrieb ihr eine einzige Karte, über zwanzig Jahre nachdem sie weggefahren war: *Komme am 3. Oktober. Tag der Wiedervereinigung. Gruß Rolf.*

Im letzten Moment fiel mir noch ein, meine Ankunftszeit auf den Rand der Karte zu schreiben.

Ich hob fast mein gesamtes Geld von der Bank ab und kaufte mir zum ersten Mal in meinem Leben einen Koffer. Ich wusste nicht recht, was ich hineinpacken sollte. Schließlich packte ich ein, was mir das Liebste war: mein Gartenwerkzeug. Sicher hatte Petra einen Garten.

Ich klettere mit meinem Koffer aus dem Zug und stehe auf dem Bahnsteig in Lünen mitten zwischen Reisenden, wie in einer Gruppe von Pinguinen am Rande der Eisscholle, noch will keiner springen. Doch dann taucht einer nach dem anderen die Treppe hinab. Niemand wird abgeholt. Petra ist nicht da. Vielleicht hat sie meine Karte nicht bekommen. Walter hat sie abgefangen. Vielleicht erwartet er mich in der Unterführung, sticht mich ab, bevor ich Petra begegnen kann. Er weiß wahrscheinlich, dass ich komme, hat Petra in der Wohnung eingesperrt. Dort steht sie jetzt am Fenster, streckt ihre Arme durch die Gitter.

Ich gehe durch die Unterführung und verlasse das Bahnhofsgebäude. Da steht sie wie immer, schwenkt ihren Teppichrock. Die großen schwarzen Stiefel gucken unten heraus. Sie läuft mir in die Arme und lacht und weint zugleich, wie damals. Schließlich trocknet sie ihre Tränen an meiner Schulter und sagt: »Ist es nicht schrecklich?«

»Alles wird gut.«

»Aber dazu müssten wir ihn umbringen.«

»Ich weiß.«

»Du ...«

Sie lacht und weint wieder. Ich spüre durch den Stoff der Jacke ihre Tränen auf meiner Haut.

»Wir ertränken ihn in deinen Tränen«, sage ich. Aber ich denke an all die Werkzeuge in meinem Koffer. Gut, dass ich sie eingepackt habe. »Hast du einen Garten, wo wir Walter begraben können?«

Sie schüttelt den Kopf, zeigt auf ein Haus. »Da oben im vierten Stock wohnen wir. Kein Garten. Und in die Wohnung können wir auch nicht, da ist Walter. Ich habe ein Zimmer in einem Hotel gebucht.«

Ich ziehe meinen Koffer durch die Einkaufsstraße hinter mir her. Die kleinen Räder daran knarren »Mörder, Mörder, Mörder« über das Pflaster aus roten Ziegeln. Auf der Brücke über der Lippe halten wir an und sehen ins Wasser. Es gibt zwar keinen Uferweg, aber ein Stück weiter führt eine Treppe hinunter.

»Und wenn wir ihn einfach hier hineinwerfen?«, frage ich. »Dann geht's ab bis in die Nordsee.«

Sie schüttelt den Kopf. »Die Lippe fließt in den Rhein, bei Wesel.«

Wir gehen weiter, werfen einen Blick auf ein schlichtes Haus mit vielen Fenstern.

»Das ist das Rathaus«, erklärt sie. »Das höchste Gebäude der Stadt.«

»Und von da oben runterstürzen? Da gibt es doch sicher eine Aussichtsplattform.«

»Nee, da kann man nicht hoch. Ganz oben ist der Trauungssaal vom Standesamt.«

»Seid ihr da oben …?«

Sie nickt und die Tränen strömen schon wieder.

Wir kommen an einer alten Kirche vorbei mit einem Dach wie eine Zipfelmütze aus Blech.

»Gibt's da nicht immer Gruften und Grabplatten, wenn da einer mehr drunter liegt, das fällt doch gar nicht auf?«

Wir gehen in die Kirche, sie hat durch ihren fast rechteckigen Grundriss etwas Gemütliches. Keine Gruften. Ich sehe mir den dreiflügeligen Altar mit Szenen der Ermordung von Jesus an.

»Ich dachte schon an ein altes Zechengelände«, flüstert mir Petra zu. »Aber dann habe ich gesehen, dass alle Hundebesitzer dort ihre Tiere ausführen. Da ist ein Betrieb wie auf diesen Altarbildern.«

Wir gehen weiter. Das Hotel steht in einer Reihe mit dem Theater und einem weiteren Veranstaltungssaal. Ich habe noch nie so ein Hotel betreten, aber Petra regelt an der Rezeption alles für uns. Wir fahren mit dem Fahrstuhl nach oben und sie flüstert mir ins Ohr: »Ich hab uns als Ehepaar eingetragen.«

Im Zimmer gehe ich ans Fenster und blicke auf Kleingärten hinab, dahinter fließt die Lippe. Die Aussicht beruhigt mich. Petra öffnet meinen Koffer. Aus der oberen Schale fallen meine Gartenwerkzeuge.

»Gut«, sagt sie und lacht und weint wieder. Ich knie mich zu ihren Füßen, aber sie zieht mich hoch und küsst mich. Dann erzählt sie, dass es hinter dem Stadtteil Alstedde ein altes Munitionsgelände gibt. Abgesperrt, weil da immer noch Granaten und Bomben liegen. Sie kenne sich aus, da könne man die Leiche einfach ablegen.

»Und wenn wir da auf eine Mine treten?« Ich nehme meinen kleinen Spaten aus dem Koffer und klappe ihn auf. »Außerdem«, sage ich, »bin ich Gärtner. Er wird vergraben. Auch aus einem bösen Menschen kann ein schöner Baum wachsen.«

Petra laufen wieder die Tränen über die Wangen und sie lacht zugleich. Sie setzt sich aufs Bett und ich hocke mich erneut zu ihren Füßen. Einer ihrer Senkel hat sich verknotet, ich bekomme ihn nicht auf. Ihr Handy klingelt. Sie sagt ein paar Mal »Ja«.

Gerade ist es mir gelungen, den ersten Knoten am linken Schuh zu öffnen, da muss sie schon wieder gehen.

»Ich komme ja wieder.« Sie küsst mich auf die Wange und weg ist sie. Wie damals vor über zwanzig Jahren.

Nach kurzer Zeit ist sie zurück und hat das Auto mitgebracht. Es geht aus der Stadt heraus, die Gegend wird ländlich. Felder leuchten in der Oktobersonne. Sie fährt mich zum Horstmarer See. »Einfach versenken«, sagt sie. Wir parken zwischen dem Datteln-Hamm-Kanal und dem See.

»Ein Badesee, der geht zu flach rein«, sage ich.

»Und im Kanal?«

Ich schüttle den Kopf. »Du brauchst Stricke und Gewichte, damit er unten bleibt.«

Wir fahren zu einem Friedhof nach Brambauer. Ich finde ein frisches Grab. Es ist schon bepflanzt worden. »Einfach noch mit rein«, schlage ich vor.

»Und die Pflanzen?«

»Ich bin Gärtner!«

Petra erzählt von einem Kanufahrer, der am Lippe-Wehr verunglückte und ertrank. Hat sie in der Zeitung gelesen. »Ich erinnere mich gut daran, weil der auch Walter hieß und wir damals ein Kanu hatten. Er ist nie wieder aufgetaucht. Da gibt es so einen Wirbel, der hält einen Toten für immer unter Wasser fest.«

Auf dem Weg nach Lippholthausen hält Petra am *Colani-Ufo*. Ein rundes Kunststoffei auf dem Förderturm einer ehemaligen Zeche.

»Wie findest du das?«

»Ungeeignet.«

»Ist eine Sehenswürdigkeit. Man kommt auch gar nicht rein.«

»Und darunter, in dem Bergwerk?«

»Da kommt man auch nicht rein.«

Auch an das Wehr kommt man mit dem Auto nicht ran. Wir steigen aus, gehen zu Fuß ans Ufer.

»Wie schwer ist Walter?«

»Achtzig Kilo. Warum?«

»Dann muss er auf eigenen Füßen hierherlaufen. Ich schaffe es nicht, ihn zu tragen.«

»Ohne Blut vielleicht nur noch fünfundsiebzig Kilo.«

»Immer noch zu viel.«

»Wir schneiden ihm die Arme und Beine mit der Astschere ab.« Petra schluchzt und lacht wieder zugleich. Ich lege meinen Arm um sie und wir schauen in das aufgewühlte Wasser. Petra holt tief Luft und beruhigt sich wieder.

»Bei uns im Keller steht eine Sackkarre«, sagt sie.

Die Wirbel im Wasser und der Schaum sehen aus wie Schrift.

Nein, lese ich daraus.

»Auf der anderen Seite gibt es eine Straße, die kurz vor dem Wehr fast bis an die Lippe heranführt«, sagt Petra.

Wir gehen zum Auto zurück. »Und wie wäre es mit einem Klärwerk?«, fragt Petra. »Da ist eins, nicht weit vom Hotel.«

»Wie stellst du dir das vor?«

»In kleinen Stücken.«

»Das ist doch eine riesige Sauerei.«

»Hauptsache weg.«

Wir fahren wieder zurück in die Stadtmitte. Vom Parkplatz aus biegen wir in die Einkaufsstraße ein. Ich betrachte eine alte Uhr mit *Persil*-Werbung. »Wann machen wir es?«

»Heute Nacht.« Sie zeigt mit dem Daumen auf die Uhr. »Die ist kaputt.«

Auf der anderen Seite eine kleine Bullenherde aus Bronze. »Eigentlich kann man hier ganz gut leben«, sagt Petra.

»Darum geht es gerade nicht.« Ich denke an meine kleine Sichel. Ich werde sie benutzen müssen. »Kriegen wir es hin, alles mit Plastik auszulegen?«

»Wozu?«

»Wegen dem Blut.«

Sie antwortet nicht, führt mich in ein Café an der Lippe. Wir gehen noch einmal alle Orte durch, an denen wir Walters Leiche verschwinden lassen könnten. Petra ist für das Lippe-Wehr. Ich bin für das Doppelgrab auf dem Friedhof.

»Halbe, halbe«, sagt sie, »wir teilen ihn mit der Baumsäge.«

Sie bekommt wieder den Lachanfall, der sich sofort mit Tränen und Schluchzen mischt.

Ich stehe auf, gehe zur Kellnerin und zahle schnell. Draußen wird Petra wieder ruhig und ich bekomme Hunger. Sie kennt eine kleine Pizzeria um die Ecke.

Wir sitzen am Fenster zur Einkaufsstraße. Die Geschäfte haben geschlossen, es wird dunkel. Die Tomatensoße auf der Pizza sieht aus wie Blut.

»In einer Stunde ist hier draußen alles ruhig. Dann haben wir freie Bahn.«

»Ich muss noch im Hotel die Sichel und den Spaten holen.«

»Wenn wir ihn bei dem Wehr in die Lippe werfen, brauchst du nichts.«

»Und wenn er oben bleibt?«

»Es hat schon mehrmals funktioniert.«

Wir trinken noch eine Flasche Rotwein. Petra wirkt nüchtern, ich fühle mich angetrunken und mutig genug. Am Wagen lässt sie mich zurück, um die Sackkarre zu holen. Nach fünf Minuten kommt sie wieder und wir schieben das Teil auf den Rücksitz. Sie setzt sich wieder ans Steuer und fährt aus der Stadt.

»Wo willst du hin?«

»Zum Wehr.«

»Und Walter?«

Sie zeigt mit dem Daumen nach hinten. »Ist schon seit ein paar Tagen im Kofferraum.«

»Du hast ihn schon ...?«

Sie nickt stumm.

Wir parken dicht an der Lippe. Auf dieser Straße ist niemand unterwegs. Ich öffne den Kofferraum. Es stinkt. Den Mann kenne ich nicht. Der Hals ist ihm durchgeschnitten, sein Hemd ist voller getrocknetem Blut.

»Das ist nicht Walter! Keiner von denen, die ich kenne.«

»Ist doch egal, der heißt auch so.«

Wir heben ihn heraus und legen ihn auf die Sackkarre. Petra bindet ihn fest, dabei bekommt sie wieder ihren typischen Anfall zwischen Lachen und Weinen.

Ich schaffe es, den Toten allein bis an die Lippe zu bringen und hineinzuschieben. Er schwimmt oben. Ich warte, bis ich glaube, dass er das Wehr erreicht hat und über die Kante in den Wirbel gestürzt ist. Sehen kann ich ihn nicht mehr.

Petra ist im Auto geblieben, sie starrt durch die Windschutzscheibe in die Dunkelheit. Ihr Gesicht glänzt.

»Wer war das nun?«

»Walter.«

»Welcher Walter?«

»Ein Walter.«

Ich nehme ein Papiertaschentuch und tupfe ihr das Gesicht, bis sie lächelt. Sie startet. Wir fahren zum Hotel.

Im Zimmer setzt sie sich aufs Bett und ich darf ihr die schweren Schnürstiefel öffnen. Öse für Öse ziehe ich die Senkel aus beiden Schuhen. Sie krault mir den Kopf und greift nach meinen Ohren.

»Endlich«, sagt sie.

»Endlich«, sage ich.

Dann ziehe ich ihr die Stiefel von den Füßen und ich begreife, warum die so schwer sind. Sie haben eine Stützkonstruktion. Es sind orthopädische Schuhe. Ihre Füße sind kleine weiße Flossen.

»Die Füße eines Engels«, sage ich. »Von jemandem der Flügel hat und deshalb nicht laufen muss.«

»Du bist süß.«

»Du solltest deine Füße jeden Abend ins Wasser stellen«, sage ich. Das Rezept eines Gärtners. Meine Hände erforschen ihren Körper. Für einen Moment befürchte ich weitere Überraschungen. Aber alles andere ist am richtigen Platz.

Am Morgen bringt sie mich zur Bahn. »Es muss Gras über die Sache wachsen«, sagt sie beim Abschied. »Dann kommst du wieder.«

Beim Kofferpacken habe ich meine Sichel nicht mehr gefunden. Ich bin voller Unruhe, rutsche auf meinem Sitz hin und her. In Dortmund steige ich in den Intercity. Ich denke daran, wie Petra damals vor über zwanzig Jahren zu mir kam, als ihr Freund verschwunden war. Sie lachte und weinte zugleich – genauso wie gestern. Er hieß Walter und ist nie wieder aufgetaucht. Und so ein Wehr haben wir auch – ganz in der Nähe unseres Dorfes.

Reformationstag

Der Reformationstag wird von den Protestanten am 31. Oktober gefeiert – zur Erinnerung an Martin Luther, der 1517 am Tag vor Allerheiligen der Überlieferung nach seine fünfundneunzig Thesen an die Tür der Schlosskirche von Wittenberg nagelte und damit die Reformation einleitete. Heutzutage leitet man bei entsprechend günstiger Konstellation mit dem Reformationstag gern ein langes Wochenende ein. Dass das amerikanische Halloween auch auf den 31. Oktober fällt, weist nicht auf eine weitere Spaltung des Christentums hin, sondern ist reiner Zufall.

Raimon Weber

Halloween in der Hellweg-Bahn oder: Keiner kommt hier lebend raus

Es waren immer nur Männer. Niemals Frauen, geschweige denn Kinder. Das verlangt mein Ehrenkodex. An irgendetwas muss man sich schließlich festhalten.

Auf fünfunddreißig Männer habe ich es bisher gebracht, wenn man den Kandidaten mitzählt, der an einem Infarkt dahinschied, ehe ich ihm mit meiner Walther den Kopf wegpusten konnte. Denn irgendwo war ja mein Auftauchen auch bei ihm ursächlich für sein Dahinscheiden. Was auch der Kunde begriffen hat, der sich den Job glatte fünftausend kosten ließ. Damals noch Mark. Aber inzwischen habe ich wie alle anderen meine Preise auch eins zu eins umgestellt.

Jetzt sitze ich in der Hellweg-Bahn. Ohne Brille sehe ich bloß nebelhafte Gestalten und seit ein paar Wochen habe ich immer wieder diesen stechenden Schmerz in der linken Brustseite. Egal – ich halte nichts von einem Arztbesuch. Wenn die Zeit abgelaufen ist, muss man sich eben damit abfinden. Wer wie ich ohne Zögern in vier Jahrzehnten fünfunddreißig Männer eliminiert hat, sollte nicht zu sehr am eigenen Leben hängen.

Die Hellweg-Bahn pendelt zwischen dem Dortmunder Hauptbahnhof und Soest, ich arbeite diesmal also quasi vor der Haustür, denn ich stamme aus Soest. Die kleine Stadt bildet einen angenehmen Kontrast zu meinen Einsatzorten. Denn eliminiert wird normalerweise immer nur in den Metropolen: Berlin, München, Brüssel. Manchmal auch Düsseldorf oder Rotterdam.

Eine Ausnahme war in den letzten Jahren nur dieser zu gierige Zwischenhändler, der ausgerechnet in Emsdetten wohnte. Er war so zäh und flink, dass ich ihn erst mit dem sechsten Schuss erledigen konnte. Es heißt, ein Mensch hat durchschnittlich sechs Liter Blut im Leib. Der Kerl in Emsdetten schien mindestens über die doppelte Menge zu verfügen. Was für eine Sauerei und was für ein Hallo in der Emsdettener Lokalpresse.

16:32 Uhr

Noch fünf Minuten bis zur Abfahrt der Hellweg-Bahn.

Die letzten Fahrgäste drängen in den Zug. Eine höchstens zwanzigjährige Frau in Begleitung zweier kleiner Mädchen. Die beiden sind verkleidet. Das kleinere ist weiß geschminkt, ein aufgemaltes und schon etwas verwischtes rotes Rinnsal leuchtet an ihrem Kinn. Das Vampirgebiss mit den weißen Plastikreißzähnen bewirkt bei ihr eine Maulsperre, sodass sie nur zischelnde und lallende Laute von sich geben kann. Ihre größere Schwester, anhand der Ähnlichkeit vermutete ich, dass die beiden Schwestern sind, hat sich in ein Skelettkostüm gezwängt. Sie hat etliche Pfunde zu viel und der Overall spannt sich wie eine Wurstpelle. Die Mädchen nuckeln an diesen Plastikflaschen, die anstelle von Fruchtsaft nur bunte Zuckerbrühe enthalten. Die drei setzen sich links auf zwei Bänke, die sich direkt gegenüberstehen. Ein alter Mann, der mindestens noch zehn Jahre mehr als ich auf dem Buckel hat, ist nach ihnen eingestiegen und schaut sich noch um.

Die verkleideten Kinder erinnern mich daran, dass heute Halloween ist, dieses absurde Kinderkarneval-Spektakel aus den USA, das man jetzt auch hier am letzten Tag im Oktober feiert. Letztes Jahr schellte eine Horde kleiner Gespenster, Vampire und Monster doch tatsächlich an meiner Haustür und quiekte im Chor: »Süßes oder Saures!«

Zuerst war ich ziemlich verärgert, schließlich ist mir meine Abendruhe heilig. Beinahe hätte ich ihnen eine Litanei darüber gehalten, dass der Kostüm- und Bettelquatsch nur dazu dient, Geld in die Kassen der Süßwarenindustrie und der chinesischen Spielzeughersteller zu spülen. Und dass ihre Schminke und Kostüme so voller Schadstoffe stecken, dass sie von Glück reden können, wenn sie am nächsten Morgen mit ein paar juckenden Pusteln davonkommen. Und überhaupt sei der letzte Oktobertag der Reformationstag und obwohl man in unserem Ort mehrheitlich katholisch sei, wäre das kein Grund, sich mit solch überflüssigen Albernheiten über einen Feiertag der Protestanten hinwegzusetzen. Aber die Kinder waren noch ziemlich klein und blickten so erwartungsvoll zu mir auf, dass ich den Mund hielt und ihnen einen Kringel Fleischwurst aus dem Kühlschrank holte. Schokolade habe ich nie im Haus. Ich mag es deftig. Erst waren sie irritiert, aber als einer von ihnen, ein stämmiger Nachbarsjunge, einen Freudenschrei ausstieß, bedankten sie sich artig und zogen johlend weiter.

Der alte Knabe, der mit der Mutter und den zwei Mädchen eingestiegen ist, steuert nun auf mich zu und lässt sich auf den freien Platz neben mir plumpsen. Statt eines Grußes stößt er dabei nur einen Grunzlaut aus. Von ihm geht ein unangenehmer, leicht bitterer Geruch aus. Kräuterlikör, Magenbitter, vielleicht auch Medizin.

»Möchten Sie am Fenster sitzen?«, frage ich ihn höflich. Er sieht mich an, als habe ich in einer fremden Sprache gesprochen. Ich stehe auf und deute auf meinen Platz. »Mir wird manchmal übel, wenn ich beim Fahren nach draußen schaue«, füge ich erklärend hinzu.

Mit einem erneuten Grunzen stemmt er sich hoch und rückt umständlich ans Fenster.

In Wirklichkeit will ich mir nur nicht die freie Sicht auf meine Mitreisenden im Zug nehmen lassen.

16:37 Uhr

Wir fahren los. Außer dem grunzenden Rentner neben mir und der jungen Frau mit ihren Mädchen sehe ich noch zwei junge Burschen. Beide tragen ein Piercing, der eine in der Augenbraue, der andere an der Oberlippe. Jeder hat als Handgepäck ein Partyfässchen DAB dabei. Die wollen sich wohl amüsieren und machen, wie der Rest der Leute hier in der Hellweg-Bahn, nicht den Eindruck, mich für meine Altersmilde bestrafen zu wollen. Der mit dem Metall in der Augenbraue scheint im Gegensatz zu seinem Kumpel auch auf Halloween zu stehen. Er hat sich zwei Teufelshörner auf die Stirn geklebt.

Ich hatte für heute einen klaren Auftrag erhalten. Ich sollte den Immobilienmakler Hubert Locker beseitigen. Der Grund spielte für mich keine Rolle. Locker hatte sein Büro in einem etwas schäbigen Siebzigerjahregebäude unweit des Dortmunder Hauptbahnhofs. Eine Gegend, in der man sich noch Sexfilmchen in Videokabinen ansehen kann und nebenan Bargeld für eigenen Familienschmuck und fremdes Zahngold bekommt.

Nachmittags hielt sich Hubert Locker, laut meinem Auftraggeber, immer allein im Büro auf. Seine Halbtagssekretärin ging – logisch – immer schon mittags.

Also eine ganz simple Sache für mich. Ich trug einen grauen Mantel, Hut und Schuhe, deren Spezialsohlen mich etliche Zentimeter größer wirken ließen. Zusätzlich täuschte ich bei Bedarf ein leichtes Hinken vor. Ein Detail, an das sich mögliche Zeugen immer gern erinnern.

Das *Maklerbüro Hubert Locker (RDM)* befand sich im ersten Stock. Die Tür mit dem halbtransparenten Sicherheitsglas war verschlossen. Ich schellte und Sekunden später summte der automatische Türöffner.

Ich trat in einen Flur mit abgewetztem Teppichboden. Zwei Türen zur linken, zwei zur rechten.

»Hier!«, tönte es aus der letzten von links. Ich umfasste die Walther P 99 mit dem Schalldämpfer in der rechten Manteltasche.

Hubert Locker sah so aus wie auf dem Foto, das ich erhalten hatte. Allerdings waren seine Augen blutunterlaufen und die Gesichtsfarbe unter den Bartstoppeln erinnerte an Joghurt. So schaut ein Mann aus, der eine gewisse selbstzerstörerische Neigung hat. Ich kenne diese Sorte.

»Kommen Sie wegen dem Ladenlokal in Huckarde?«, fragte er mich und erhob sich halb vom Stuhl.

Ich erfasste den Raum in einer Sekunde: Regale mit Aktenordnern, zwei Besucherstühle mit Lederpolster vor dem Schreibtisch, an der Wand ein gerahmter Druck von Monets *Der Spaziergang – Frau mit Sonnenschirm*. Ein schönes Motiv.

Auf dem Schreibtisch summte deutlich hörbar der Lüfter des eingeschalteten Laptops. Der kleine Computer hatte wohl gerade eine Menge zu tun.

»Ich war noch nie in Huckarde«, sagte ich und richtete den Lauf meiner Waffe auf ihn. »Ich komme deswegen.«

Seine Augen wurden riesig. Die rechte Hand verharrte auf Brusthöhe und begann zu zittern. »Ich habe doch schon mit Rossberg gesprochen«, brachte er mit einem Kiekser über die Lippen.

»Kenne ich nicht«, erwiderte ich wahrheitsgemäß und wollte gerade abdrücken, als eine helle Stimme hinter mir ertönte.

»Papa?«

Hubert Locker glotzte an mir vorbei und jetzt drohten ihm die Augen endgültig aus den Höhlen zu flutschen. »Bitte!«, ächzte er nur.

Ich wandte mich halb um und verbarg die Waffe dabei unter dem Mantel.

Ein etwa vierjähriger Blondschopf in einer Latzhose sah zu mir auf. Seine rechte Hand umklammerte eine grinsende gelbe Plüschfigur. SpongeBob Schwammkopf. Den kannte ich von meinen Enkeln.

»Meine … meine Frau ist seit gestern im Kra… Krankenhaus.« Lockers Blick zuckte wie irre zwischen mir und seinem Sohn hin und her. Dann veränderten sich Blick und Haltung und sein ganzer Körper straffte sich. Ich wusste sofort, was er vorhatte. Ihm war es egal, dass ich ihn mit einer Kugel stoppen würde, ehe er auch nur auf Armlänge an mich herankam. Es ging hier nicht mehr nur um ihn, sondern auch um seinen Sohn. Was auch immer Hubert Locker getan hatte, um meine Anwesenheit nach Meinung der Auftraggeber notwendig erscheinen zu lassen, der Mann war kein Feigling. Ich ging langsam rückwärts zur Tür, machte dabei einen Bogen um den Jungen und sagte zu Locker: »Ich überlege mir das noch mal mit Huckarde.«

Ich verließ das Büro, wohl wissend, dass meine Auftraggeber ein solches Verhalten nicht dulden würden. Auf der Bahnhofstoilette tauschte ich den langen grauen Mantel gegen eine dunkelblaue Jacke. Nahm den Hut vom Kopf und entfernte die Spezialsohlen von den Schuhen, was meine Größe wieder auf die normalen hundertzweiundsiebzig Zentimeter reduzierte.

Mir war klar, dass ich mich selbst zum Abschuss freigegeben hatte, seitdem ich Lockers Maklerbüro verlassen hatte. Ich hatte versagt. *Failed in action*. Für meine Auftraggeber ein absolutes Killerkriterium.

16:40 Uhr

Also sitze ich jetzt hier in der RB 59, der Hellweg-Bahn, und nähere mich der Station am Stadion des BVB. Dort steigen lediglich ein älteres Pärchen in Ballonseideanzügen und ein junger Bursche mit Baseballkappe ein. Der Junge hat sich extrem bescheuert zurechtgemacht. Wenn ich mittlerweile nicht kapiert hätte, dass heute Halloween ist, würde ich glauben, er hat seinen Kopf kurz in einen Häcksler gesteckt und hinterher versucht, einen Kampfhund zu knutschen. Seine Wangen sind durch großflächige Wunden und Kratzer entstellt, bei denen ich wirklich zweimal hinschauen muss, um zu erkennen, dass sie künstlich sind. Mister Zombie blickt sich für mein Empfinden eine Spur zu lange um und setzt sich dann in die Reihe hinter der jungen Frau mit den Mädchen. Das Mädchen im Skelettkostüm quengelt nach Keksen.

Die Frau, ich bin mir jetzt sicher, dass sie die Mutter der Kinder ist, kontert mit: »Jetz nich, Alina. Wir fahr'n nach 'n Jochen. Vorher gibt's nix.«

Das Mädchen quengelt lauter. Ihre Vampirschwester stimmt mit ein. Mister Zombie starrt regungslos aus dem Fenster. Ich behalte ihn im Auge.

16:45 Uhr
Nach wenigen Minuten erreichen wir Dortmund-Hörde. Halb überwucherte Bahnsteige und zwei simple Überdachungen. Niemand steigt ein oder aus. Ich erhasche zwischen den Häusern einen Blick auf den Phoenix-See. Irgendwer sagte mir mal, dass soll eine exklusive Wohngegend werden. Davon ist sie aber noch weit entfernt. Bisher ist das einfach nur Dortmund. Nicht mehr und nicht weniger. Wobei ich schon Orte gesehen habe, gegen die Dortmund wie ein mondäner Kurort wirkt. Es gibt da zum Beispiel Bezirke in Brüssel, in denen das Wohnen einer Bestrafung gleicht.

16:49 Uhr
In Aplerbeck kommt eine weitere Mutter mit Kind in den Zug. Eine schmale Blondine in Jeans und Wolljacke. Offensichtlich ist die Jacke selbst gestrickt, denn das Kind, ein Junge von höchstens drei Jahren, trägt eine Mütze aus der gleichen groben Wolle. Mutter und Kind sehen aus wie ein Gegenentwurf zu Halloween. Mir gefällt das. Eine Gefahr geht von den beiden definitiv nicht aus.

Die Mutter setzt sich in die Reihe neben mir, grüßt etwas scheu und nimmt ihren Jungen auf den Schoß. Ich glaube, dass ihr die Nähe zweier älterer Herren das Gefühl von Sicherheit vermittelt. Der Junge reckt den Kopf nach dem Zombie und verzieht das Gesicht, als wolle er gleich weinen. Seine Mutter flüstert ihm etwas ins Ohr. Er hört konzentriert zu und nickt mit einer Ernsthaftigkeit, wie sie nur Dreijährige zustande bringen.

Als wir an den Schrebergärten zwischen Aplerbeck und Sölde vorbeifahren, röchelt der Alte neben mir. Er schließt die Augen und auf seinem großporigen Gesicht glänzt der Schweiß.

»Alles in Ordnung?«, frage ich.

Er nickt nur schwach und erläutert knapp und präzise: »Herz.« Als er sich mit der Wange kurz gegen das Fenster lehnt, hinterlässt er einen fettigen Fleck auf dem Glas.

16:57 Uhr

In Dortmund-Sölde verlassen die Jungs mit ihren Party-fässchen den Zug.

Eine Sekunde bevor die Türen schließen, steigen drei Männer ein. Alle Mitte zwanzig, durchtrainiert, mit sorgfältig geglätteten Haaren. Sie setzen sich nicht, sondern bleiben bei der Tür stehen und reden halblaut miteinander. Dem Klang ihrer Sprache zufolge müssen sie Araber sein. Oder Nordafrikaner. Wenn die hinter mir her sind, kann es eng werden.

Die blonde Mutter in der selbst gestrickten Wolljacke beobachtet sie nervös. Als einer der Männer ihr zulächelt, wendet sie abrupt den Kopf zur Seite, kramt eine ziemlich gesund aussehende Gebäckstange aus ihrer Umhängetasche und drückt sie dem Kind in die kleinen Hände. Der Junge knabbert zufrieden.

Die Nordafrikaner stecken die Köpfe zusammen und deuten kichernd auf den Zombie mit der Baseballkappe. Der wirft ihnen und mir unentwegt verstohlene Blicke zu, während das Ballonseidenpärchen über Fußball streitet. Er ist Borussen-Fan und sie hält unverständlicherweise zum VfL Bochum. Der Herzpatient neben mir atmet wieder halbwegs normal. Seine Finger betasten den blau-gelben Stoff der Sitze vor uns, als käme er zum ersten Mal mit solch einem Material in Berührung.

Ich bin fast sicher, dass es einer meiner Mitfahrer auf mich abgesehen hat. Mich aus dem Verkehr ziehen soll. Als umgehende Reaktion auf meine Milde gegenüber dem Makler Hubert Locker. Ich weiß aus Erfahrung, dass mich die Auftraggeber überwachen. Sie wissen also sicher schon Bescheid. Außerdem habe ich keinen Vollzug gemeldet.

Wie zur Bestätigung meiner Überlegungen summt das Handy in der Innentasche meiner Jacke, als wir in die schön restaurierte Station des Unnaer Bahnhofs einfahren.

17:02 Uhr
Die Nummer des Anrufers ist unterdrückt. Klar!
Ich nehme den Anruf an.
»Und?«, höre ich eine männliche Stimme fragen. Sie kommt mir nicht bekannt vor. Auch das ist normal. Ich antworte nicht. Der Anrufer sagt nichts. Ich beobachte, wie die Mutter mit ihren beiden Töchtern – eine heißt Alina, erinnere ich mich – den Zug verlässt. Ihr Pullover verrutscht, als sie sich nach einer Plastiktüte bückt und gibt den Blick auf ein Arschgeweih in schlichter Ausführung frei.
»Unsere Zusammenarbeit ist beendet«, teilt mir die Stimme jetzt mit. Ich schalte das Handy aus und überlege, ob es mir helfen würde, den Zug ebenfalls in Unna zu verlassen. Ich entscheide mich dagegen. Es wäre lediglich ein Aufschub.
Zwei weitere Männer, die nicht gegensätzlicher sein könnten, steigen zu. Ein hochgeschossener Krawattenträger im teuren Anzug und ein kleiner untersetzter Mittfünfziger in Kniebundhose und Lodenmantel. Ein grauer Vollbart überwuchert die untere Hälfte seines Gesichtes, die obere Hälfte liegt im Schatten des Jägerhutes, auf dem ein Dachsbart wippt. Er entspricht perfekt dem Klischeebild eines Jägers. Allerdings fehlt ihm die Flinte.
Der Zug rollt an und nimmt Fahrt auf in Richtung Lünern, während ich mich frage, ob mein Mörder bereits an Bord ist. Wenn ja, dann gibt es zwei Handlungsvarianten. Bei der ersten werde ich vor aller Augen und der laufenden Videoüberwachung der Eurobahn erschossen. Das wäre ein deutliches Signal an meinen Berufsstand. Für diese Variante müsste der Vollstrecker sich in irgendeiner Weise maskiert haben, damit man aus dem Überwachungsvideo keine Fahndungsfotos nehmen könnte.

Bei der zweiten Variante würde mich der Vollstrecker beim Aussteigen erledigen, wahrscheinlich mit einem dünnen, schmalen Messer, das er mir in die Nieren stoßen würde. Einmal, zweimal, dreimal.

Ich studiere meine potenziellen Mörder: Mister Zombie hat sich beinahe bis zur Unkenntlichkeit entstellt. Gute Tarnung – sein wahres Gesicht wird keiner beschreiben können. Aber er ist zu jung, zu nervös und hat für einen Profi viel zu oft in meine Richtung geblickt. Ich gebe ihm keine dreißig Prozent.

Der Jäger könnte sich mit seinem Rauschebart und der zünftigen Kluft verkleidet haben. Wahrscheinlichkeit daher über fünfzig Prozent.

Die Ballonseideanzüge des Pärchens garantieren maximale Beweglichkeit. Sehr gut für Kampfsportler. Vielleicht arbeiten die beiden im Team. Allerdings wirken sie nicht gerade kämpferisch und auch nicht sportlich. Was aber auch wiederum Tarnung sein kann. Ihre Wampen könnten aus Schaumstoff bestehen. Zur Vorsicht gebe ich ihnen auch mal knappe fünfzig Prozent.

Die drei Nordafrikaner sind schwierig einzuschätzen. Ihre ständige Nähe zur Zugtür und die Möglichkeit, dass sie sich illegal in Deutschland aufhalten könnten und daher in keiner Datei auftauchen, macht es schon fast zu offensichtlich. Zu dritt können sie mich ohne Weiteres fertigmachen. Das wäre vonseiten der Auftraggeber schon fast ein Kompliment an mich.

Mindestens sechzig Prozent. Was nichts mit ihrer Herkunft zu tun hat. Jede Gesellschaft erschafft Mörder. Ich kenne mich da bestens aus. Der sadistischste Auftragsmörder, dem ich jemals begegnet bin, kam aus Oberammergau und spielte eine ziemlich wichtige Rolle bei den Passionsspielen. Als strenggläubiger Katholik versuchte er dauernd, mich, den eher lockeren Protestanten, zu bekehren. Vor zwanzig Jahren war das und es war das einzige Mal, dass ich mit jemandem zusammengearbeitet habe.

Die Auftraggeber hatten mir den Betbruder damals zuge-
teilt, als es gegen weißrussische Konkurrenten ging. Fünf
Männer mussten zeitgleich in einem Frankfurter Bordell
eliminiert werden. Der Kollege aus dem tiefsten Bayern ging
dabei mit so unnötiger Vehemenz vor, dass ich mir beinahe
auf die Schuhe gekotzt hätte. Er besaß eine Vorliebe fürs
Verstümmeln, am liebsten mit seinem Jägermesser, einem
zünftigen Dolch mit Hirschhorngriff.

Bleibt noch der Krawattenträger. Sein Anzug ist so pass-
genau geschnitten, dass ich mich frage, wo er eine Waffe
verbergen könnte. Er ist die unbekannte Größe in diesem
Spiel. Daher wage ich keine Prognose.

Die junge strickbegeisterte Mutter mit Kind scheidet
wohl ebenso aus wie der Alte mit den Herzproblemen. Der
ist inzwischen eingenickt und gibt dabei schlürfende Geräusche von sich, die gar nicht gesund klingen.

17:06 Uhr

Gut fünf Minuten später steigt der Krawattenmann in
Unna-Lünern schon wieder aus. Auf dem winzigen Bahnhof
ist nichts los. Ich bin überrascht, dass hier auch einer der
Nordafrikaner gestenreich von seinen Begleitern verabschiedet wird.

17:09 Uhr

Eine Station weiter, in Unna-Hemmerde, reduziert sich
die Gruppe meiner möglichen Mörder um das Ballonseide-
pärchen. Also sind die Wampen echt. Das beruhigt mich,
denn irgendwie waren mir die zwei in ihrer bodenständigen
Art sympathisch.

»Sie fahren auch bis Soest?«, wende ich mich an die junge
Mutter. Sie und ihr Junge sind voller Krümel von der Gebäckstange.

»Bis Westönnen«, erwidert sie leise und zupft behutsam
die Krümel von ihrem Sohn. »Da wohnen meine Eltern.«

»Sie machen sich wohl nichts aus Halloween?«, frage ich.

»Um Gottes willen!« Sie schüttelt so energisch den Kopf, dass ihr eine Haarsträhne ins Gesicht fällt. »Wir gehen heute Abend in den Gottesdienst.«

»Da-da!« Der Junge zeigt gut gelaunt mit dem Finger auf mich.

»Das macht man nicht«, weist sie ihn leise zurecht und wendet sich mit entschuldigendem Lächeln wieder an mich. »Sie sehen ein wenig aus wie sein Opa.«

Sie ist reizend. »Das ist doch sehr schön«, sage ich und nehme aus den Augenwinkeln eine Bewegung wahr.

Der Zombie mit der Baseballkappe nestelt unter seiner Jacke und bringt einen Revolver zum Vorschein. Die junge Frau hat es nicht bemerkt, dafür aber der Jäger und die Jungs aus Nordafrika.

»Uff!«, macht Lodenmantel und presst sich in seinen Sitz. Die Nordafrikaner erstarren, jeder ihrer ausgeprägten Muskeln spannt sich. Der Zombie mit der Waffe steht etwas wackelig auf. Der Lauf zittert in seiner Hand. Ich bin mir sicher, dass er nie zuvor getötet hat. Warum haben sie mir einen solchen Debütanten geschickt?

Jetzt, wo er im Gang steht, kann ihn auch die Frau sehen. Sie schreit leise auf und presst ihren Jungen an sich.

Der Alte neben mir schnarcht, der Jäger hat Speichel auf seinen Lippen und einer der Nordafrikaner streckt beruhigend die Hände nach dem Waffenträger aus.

»Was soll das?«, fragt er auf einmal in nahezu akzentfreiem Deutsch. »Das ist kein Spaß mehr. Du machst der Frau und dem Kind Angst.«

Mister Zombie lässt den Revolverlauf zwischen mir und dem Nordafrikaner hin- und herpendeln. »Bleib stehen, du Arsch!«

Ich richte mich auf, suche die Augen des mutigen Afrikaners und schüttele langsam den Kopf. *Lass das lieber!*, will ich ihm signalisieren.

Mister Zombie ist von der Situation überfordert. Er muss gleichzeitig den Afrikaner und mich im Auge behalten.

»Es geht hier nur um uns beide«, sage ich. Der Junge glotzt mich mit bebenden Lippen an und ich weiß, dass er mit einer geschätzten Wahrscheinlichkeit von siebzig Prozent nicht auf mich schießen wird. Irgendetwas stimmt hier nicht.

Ich habe Revolverzombie abgelenkt und der Afrikaner nutzt diesen winzigen Augenblick, um loszustürmen. Er hält den rechten Arm zu einem Handkantenschlag bereit. Keine Frage, er ist Kampfsportler. Das nützt ihm aber nichts, denn der Zombie ist trotz aller Grobmotorik seiner Gattung schnell genug, um dem Angreifer eine Kugel entgegenzuschicken. Sie trifft den Nordafrikaner in der Schulter und lässt ihn zurückprallen, als sei er gegen eine Wand gelaufen.

Schweres Kaliber, der Revolver.

Mister Zombie widmet dem Getroffenen seine Aufmerksamkeit lange genug, dass ich, ohne die Walther P 99 aus der Seitentasche zu holen, durch das Jackenfutter abdrücke. Der Schusswinkel ist so nicht perfekt, aber immer noch ausreichend. Zwei Schüsse. Beide in die rechte Kopfseite. Jetzt hat Mister Untot da zwei echt zombiemäßige Löcher vom Kaliber 9 mm. Sofortiger Kollaps des Zentralnervensystems. Er ist schon tot, ehe er sich auf dem Boden langmacht.

»Alles in Ordnung!«, rufe ich halblaut und schicke vor allem zur Beruhigung der Mutter und ihrem Kind eine Lüge hinterher: »Ich bin von der Polizei!«

Die Frau hat sich schützend über ihren Sohn gelegt. Beide wimmern. Der zweite Nordafrikaner rennt zu seinem Freund. Der blutet stark, ist aber meiner Meinung nach nicht besonders schwer verletzt.

Dafür spüre ich jetzt einen stechenden Schmerz in meiner rechten Seite. Nicht in der linken. Wie sonst so oft in den letzten Wochen. Dieser Schmerz jetzt ist auch viel heftiger. Verdammt, was …

Ich wanke in den Mittelgang, die Waffe in der rechten Hand und presse die linke auf die Stelle an meinem Körper, wo es plötzlich ganz heiß wird.

Da ist alles voller Blut.

Verdammt, verdammt!

Der Alte auf dem Platz neben mir schläft nicht mehr. Im Gegenteil.

»Knarre fallen lassen, du Bazi«, grinst er mich an. In der linken Hand hält er einen Dolch mit Hirschhorngriff, die Pistole in der rechten zielt auf … die Mutter mit dem Kind.

Er hätte mich eben einfach abknallen können, aber das liegt ihm nicht. Er hat mich zuerst verletzt. Er will mich leiden lassen. So funktioniert seine große Show.

»Nierenarterie«, erklärt er mit einem Kopfnicken auf meine Verletzung, als hätte er meine Gedanken erraten. Das Blut strömt zwischen meinen Fingern hervor.

Mister Zombie war nur eine Ablenkung, ein Zombieopfer sozusagen. Irgendwie haben sie ihn zu dem Job zwingen können. Darin sind sie sehr gut. Er hatte garantiert keine Ahnung, dass er nur ein Statist für den richtigen Killer sein würde.

»Lass die Knarre fallen«, wiederholt der Alte und bemüht sich immer noch, seinen bayerischen Dialekt zu unterdrücken. »Sonst erschieße ich zuerst die Mama.«

Ich habe den Dolch sofort erkannt. Damit hat er damals die Weißrussen in Frankfurt verstümmelt. Damit wollte er auch die Prostituierte schneiden, wenn ich ihn gelassen hätte. Der Bayer aus Oberammergau hat sich in den letzten zwanzig Jahren so sehr verändert, dass ich ihn unmöglich wiedererkennen konnte. Und ich weiß noch nicht mal, wie viel von den Haaren, den roten Äderchen auf der Nase und den bläulich schimmernden Lippen Maskerade ist.

»Versprichst du mir, hier keinem was zu tun?«, frage ich und spüre, wie ich schwächer werde.

Er nickt und bleckt sein schneeweißes Gebiss. »Sicher! Ehrensache!«

Der Bayer zielt noch immer auf die beiden, nicht auf mich. Der Lauf meiner Waffe zeigt zu Boden und jetzt wird die Welt auch mit Brille ganz nebelhaft.

Ich lasse meine Walther P 99 los und höre wie aus weiter Ferne meine Waffe auf den Boden aufprallen. Meine Beine knicken ein. Ich versuche, mich irgendwo festzuhalten, aber meine Hände greifen ins Leere.

Der Killer blickt gut gelaunt auf mich hinab. »Das geht aber flott mit dir«, sagt er und meint damit offenbar die Geschwindigkeit, mit der ich ausblute. Er hat einen perfekten Stich gesetzt. Mein Blut breitet sich unter mir in einer zähen Pfütze aus.

»Ich habe übrigens gelogen«, teilt mir mein Mörder mit. »Hier kommt keiner lebend raus.«

Er nickt zu der Mutter und dem Kind hinüber. »Heute ist Tabula rasa angesagt. Und du wirst mich nicht daran hindern.«

Ich habe gewusst, dass ich ihm nicht trauen kann. Er wird sich die Gelegenheit zum Schneiden und Stechen nicht entgehen lassen. Aus diesem Grund habe ich die linke Hand längst in der anderen Jackentasche. Er bemerkt es nicht, weil ich auf der Seite liege. Meine Finger sind voller Blut und der Kolben meiner Rückversicherung – Walthers kleine Schwester – fühlt sich an wie ein glitschiger Aal. Meine Gedanken sind wie flüchtige Rauchschwaden. Ich muss mich konzentrieren.

Mit geschlossenen Augen höre ich die junge Frau kreischen: »Gehen Sie weg! Bitte! Gehen Sie weg!«

Irgendwo stöhnt eins der anderen Opfer auf.

Ich öffne die Augen und erkenne undeutlich die Gestalt des Bayernkillers. Er beugt sich über die Mutter mit dem Kind. Hält mich für erledigt und will jetzt noch seinen Spaß haben.

Ich bin froh, dass ich keiner Menschenseele von Walthers geheimer Schwester erzählt habe. Sie ist eine flache, nur vierhundert Gramm leichte Pistole. Eine CZ 92, Kaliber 6.35 mm. Nur Stümper verlassen sich auf eine einzige Waffe.

Sie muss nicht entsichert werden. Es reicht ein kräftiges Durchziehen des Abzuges.

Mir gelingen drei Schüsse. Abgefeuert in den breiten Rücken des katholischen Killerpsychopathen. Zu Feinarbeit bin ich nicht mehr in der Lage. Aber es kommt hier sowieso nur auf das Ergebnis an. Der Dreckskerl fällt.

Keine Frauen, keine Kinder!

Der Zug bremst.

17:25 Uhr, Soest

Ich bin tot, ehe er zum Stehen kommt.

Allerheiligen

Allerheiligen ist das christliche Fest, an dem am 1. November ›aller Heiligen‹ gedacht wird – auch derer, die nicht heiliggesprochen worden sind, und von denen niemand (außer Gott natürlich) etwas weiß. Allerheiligen ist ein ›stiller Feiertag‹, an dem ein strenges Verbot von Musik- und Tanzveranstaltungen gilt. Deshalb beginnt die Soester Allerheiligenkirmes, die Jürgen Kehrer als Kulisse für seine Story gewählt hat, auch erst am Mittwoch nach Allerheiligen mit dem traditionellen Fassanstich im Bayernzelt. Symbolfigur des neben der Cranger Kirmes größten Volksfestes Europas ist das Soester Jägerken, eine dem Simplicissimus nachempfundene Schelmenfigur, die die Kirmes repräsentiert.

Jürgen Kehrer

Der wahre Jäger von Soest

Es war eisig kalt auf der ›Wippe‹, ein paar Meter über dem Großen Teich. Der Jäger von Soest hockte auf der obersten Stufe des treppenförmigen, aus dem Mittelalter stammenden Foltergeräts. Er genoss die Stille und den klaren Sternenhimmel. In ein paar Tagen würde hier der Bär toben. Während der Allerheiligenkirmes machten die Soester die Nacht zum Tag, da ging niemand freiwillig ins Bett. Aber heute, an Allerheiligen, herrschte die Ruhe vor dem Sturm.

Mit der Kirmes würde seine große Stunde kommen. Als Jägerken gebührte ihm die Ehre, das Fest zu eröffnen, zusammen mit der Bördekönigin und dem Bürgermeister. Am Mittwoch um Punkt vierzehn Uhr im Bayernfestzelt. Das Ereignis, auf das er seit Jahren hinfieberte, ach was, nicht erst seit Jahren, zeit seines Lebens freute er sich schon darauf, irgendwann einmal das Jägerken sein zu dürfen.

Genau wie bei den meisten anderen Soestern hatte sein bewusstes Leben nämlich mit dem ersten Kirmesbesuch begonnen. Er erinnerte sich genau, wie er an der Hand seiner Mutter durch die lärmende, blinkende Welt der kreiselnden Monster gestolpert war, die plötzlich auf dem Marktplatz der Stadt entstanden war. Und wie ihm seine Mutter das Jägerken gezeigt hatte, diese Figur in ihrem grünen Jägerwams und mit dem eleganten Hut, die direkt einem alten Bilderbuch oder einem neuen Superheldencomic entsprungen zu sein schien.

»Das kannst du später auch mal werden«, hatte ihm seine Mutter ins Ohr geflüstert. In diesem Moment hatte er zum ersten Mal den unbändigen Wunsch verspürt, sich in das Jägerken zu verwandeln. Auch wenn er damals noch nicht die geringste Ahnung hatte, woher die Figur überhaupt stammte. Von Hans Jakob Christoffel von Grimmelshausen und seinem *Simplicius Simplicissimus* hörte er erst viel später, ebenso von dem geheimen Komitee, das jedes Jahr denjenigen auswählte, der als Jägerken auf der Kirmes und bei allen anderen Gelegenheiten auftreten durfte. Er selbst mochte die Bezeichnung Jägerken allerdings nicht so gern, sie verkleinerte die Bedeutung. Er sah sich als Jäger von Soest – als wahren Jäger. Denn in diesem Jahr hatte das Komitee endlich ihn bestimmt.

Seine Zähne klapperten. Plötzlich fühlte er sich unbehaglich. Was für eine dumme Idee von ihm, auf die Wippe zu klettern. Im Sommer, beim *Wippen in den Großen Teich*, mochte der Sprung ins kalte Wasser noch eine Gaudi sein. Begleitet vom Gejohle der Zuschauer, die sich zu Tausenden am Ufer drängten, hüpften auf dem Schützenfest im Juni zwei mehr oder weniger prominente Soester und ein Schützenbruder von der Wippe, um nach wenigen Schwimmzügen wieder ans Ufer zu klettern. Doch jetzt, im Winter, war der Sturz in den Teich sicher lebensgefährlich. Seine Kleidung würde sich sofort mit Wasser vollsaugen, bleischwer an den Armen und Beinen hängen. Wahrscheinlich würde er das Bewusstsein verlieren und hilflos auf den Grund sinken, ohne Chance, sich zu retten. Zwischen den Algen entdeckte man seine Leiche vielleicht erst nach Wochen. Oder nie.

Da, was war das? Ein Geräusch. Und ein Schatten am Ufer. Die Wippe begann, sich zu bewegen. Da war jemand! Er bekam Todesangst, wollte fliehen und war doch unfähig, auch nur eine Hand zu rühren. Die Wippe schwenkte jetzt weiter aufs Wasser hinaus, begleitet vom Ächzen des Mannes, der am anderen Ende stand – und ihn umbringen wollte. Der Jäger von Soest versuchte verzweifelt, das Gleichgewicht zu halten.

Dann fiel er.

Er war wütend. Wütend und verzweifelt. Warum hatte sich Soest gegen ihn verschworen? Warum leugnete man ihn?

Wieso tat man so, als habe er nie existiert? Womit hatte er das verdient?

Er hatte erwartet, dass man ihn überall suchen würde. Dass sich ganz Soest um ihn sorgte. Dass sein Schicksal die Schlagzeilen des *Soester Anzeigers* und der *Lippstädter Tageszeitung* beherrschen würde. Und stattdessen: nichts.

Nicht einmal ein Fünfzeiler auf Seite drei. Sein Plan, zur Überraschung aller am Tag der Kirmeseröffnung im vollen Ornat, mit grünem Wams und lustigen Federn am Hut, auf der Bühne der Bayernfesthalle zu erscheinen und sich vom Volk feiern zu lassen – die Rückkehr des verloren geglaubten Sohnes sozusagen –, zerplatzte wie ein Luftballon von der Losbude.

Nicht er, sondern ein anderer, ein falscher Jäger stand schließlich auf der Bühne. Offenbar hatte das geheime Komitee erneut getagt und einen Ersatzmann gewählt. Wohl aus Angst, er, der wahre Jäger, hätte sich einfach aus dem Staub gemacht, die Soester schnöde im Stich gelassen. Und das Jägerken gehörte nun mal zur Allerheiligenkirmes wie der Pferdemarkt und das Bullenauge. Eine Kirmeseröffnung ohne Jägerken war wie Weihnachtsmarkt ohne Glühwein oder Karneval ohne schmutzige Witze. Schlicht undenkbar.

Also hatte man den Mantel des Schweigens über sein Verschwinden gebreitet und still und heimlich für Ersatz gesorgt. Und nicht nur das. Man tat so, als sei der andere, der falsche Jäger, von vornherein für dieses Amt bestimmt gewesen. Als habe es ihn, den wahren Jäger, nie gegeben. Wie konnte die Welt nur so ungerecht sein?

Immerhin begriff er jetzt, wer ihn hatte töten wollen. Bei dem Mann, der ihn mit der Wippe ins Wasser katapultiert hatte, konnte es sich um keinen anderen als den falschen Jäger handeln. Dieser Typ musste gewusst haben, dass er auf Platz zwei der Liste des geheimen Komitees stand, dass er nachrücken würde, wenn der wahre Jäger beiseitegeräumt war. Nur so war dieser blinde Akt der Gewalt zu erklären, dieser Versuch, ihn im Großen Teich zu ertränken.

Aber er war nicht ertrunken, er hatte überlebt. Mit dem Aufprall auf der Wasseroberfläche verschwand die Lähmung, die ihn auf der Wippe befallen hatte. Er war in der tintig dunklen Brühe versunken, das schon, doch gleichzeitig fühlte er sich wunderbar lebendig. Auch sein Verstand arbeitete auf Hochtouren. Und sagte ihm, dass er nicht sofort auftauchen durfte. Das Schwein, das ihn töten wollte, würde sicher noch am Ufer stehen. Deshalb entfernte sich der wahre Jäger, ohne aufzutauchen, mit langsamen Schwimmzügen von der Wippe. Erst als ihm schon die Sinne schwanden, er keine Sekunde länger ohne Sauerstoff ausgehalten hätte, tauchte er auf und schnappte nach Luft. Vorsichtig blickte er sich um. Der andere war verschwunden, vermutlich im Gefühl, gesiegt zu haben.

Natürlich hatte er daran gedacht, zur Polizei zu gehen. Aber was, wenn ihm die Polizisten nicht geglaubt hätten? Er konnte ja keine Beweise vorlegen. Es gab keine Zeugen. Vielleicht kämen die Polizisten zu der Überzeugung, er habe sich freiwillig in den Teich gestürzt, um sich wichtigzumachen. Und dann würden andere Klugscheißer seine geistige Gesundheit in Zweifel ziehen, ihn für verrückt erklären. Nein, die Gefahr, dass man ihm die Jägerehre in letzter Sekunde aberkannte, war zu groß. Die Gerechtigkeit musste warten. Bis nach der Allerheiligenkirmes.

Das waren seine Überlegungen gewesen. In jener Nacht, als er nass und frierend durch die engen Gassen der Soester Altstadt schlich. Er hatte nicht gewusst, wohin er gehen sollte. Es gab keinen Ort, an dem er sich sicher fühlen konnte. Wer garantierte denn, dass der Mörder nicht einen neuen Anschlag verübte, wenn er ihn entdeckte? Er musste sich verstecken, das stand fest. Aber wo?

Da kam ihm das Glück zu Hilfe. Mitten in der Nacht war ihm ein Mann begegnet, der ihn in seine Wohnung einlud und ihm ein paar trockene Kleidungsstücke überließ. Und es kam noch besser. Der wahre Jäger durfte während der gesamten Kirmeszeit die Wohnung nutzen, der Wohnungsinhaber selbst verschwand schon am nächsten Tag.

Trotz seiner Freude über dieses Angebot war der wahre Jäger ein wenig konsterniert, fast sogar ärgerlich. Denn kein eingeborener Soester verpasste ohne Not auch nur einen Tag der Kirmes. Sie kamen sogar aus aller Welt in die Heimat zurück, um die fünf Tage zu feiern, schließlich war den Soestern die Kirmes heiliger als den Kölnern der Karneval.

Einige wenige gab es trotzdem, die vor der Kirmes flüchteten, nach Bad Sassendorf oder an den Möhnesee. Zugezogene, Alte, Herzkranke, Bewohner von Altstadtwohnungen inmitten des Trubels, auf deren Schlafzimmerfenster jede Nacht ein paar Hundert Mal die Gondel eines Fahrgeschäfts zuraste, bevor sie im letzten Moment, nur wenige Zentimeter von der Glasscheibe entfernt, die Kurve kratzte, begleitet vom ebenso regelmäßigen Kreischen der Passagiere. An Schlaf war da selbstverständlich nicht zu denken.

Aber der wahre Jäger von Soest war noch jung. Er brauchte während der Kirmes keinen Schlaf. Und so freute er sich, dass die Wohnung seines Gönners an einer der Kirmesstraßen lag und er die Arbeit der Schausteller beim Aufbau der Attraktionen verfolgen konnte.

Anfangs jedenfalls. Bis er merkte, dass etwas komplett schieflief. Niemand sein Verschwinden zu beachten schien. Die Medien ihn totschwiegen.

Es kam der Mittwoch, an dem die Kirmes eröffnet wurde. Der wahre Jäger sah die Bilder des falschen Jägers im Fernsehen. Er hätte kotzen können. Dieser Typ erdreistete sich, ihn überflüssig zu machen. Und ganz Soest spielte mit. Eine Gemeinheit!

Donnerstag. Pferdemarkt. Auch da hätte er dabei sein sollen. Seine Aufgabe wäre gewesen, gemeinsam mit der Bördekönigin und dem Bürgermeister die prominenten Gäste aus Politik und Wirtschaft durch den Krammarkt und die Landmaschinenausstellung zu führen. Früher hatte zwischen Bahnhof und Osthofentor noch ein echter Pferdemarkt stattgefunden, im Jahr 1953 drängten sich hier dreitausend-fünfhundert Pferde. 1980 waren es gerade noch zwei. Eines davon kaufte ein Zeitungsredakteur, das sagte ja wohl alles.

Ein ähnliches Schicksal hatte das Bullenschätzen ereilt, in vergangenen Zeiten einer der Höhepunkte des Pferdemarktes, ja der Kirmes überhaupt. Wer das Gewicht eines lebenden Bullen am genauesten schätzte, heimste einen Preis ein. Doch irgendwann brachten die Bauern keine Bullen mehr zum Pferdemarkt. Wozu auch, es gab ja niemanden, der sie kaufen wollte. Inzwischen hatte man die Tradition in veränderter Form wiederbelebt, statt des Bullenschätzens gab es ein Pferdeschätzen mit Kaltblütern, die die Kirmesorganisatoren nur für den Donnerstag nach Soest karrten.

Auch wenn das Pferdeschätzen nur ein matter Abklatsch des Bullenschätzens war, der wahre Jäger von Soest hätte die prominenten Gäste gerne dazu animiert, für ein paar witzige Sprüche war er immer zu haben. Doch statt seiner hampelte auf dem Pferdemarkt sein betrügerischer Doppelgänger herum, der sich seine Jägerehre durch einen miesen, brutalen Trick ergaunert hatte. Wenn er daran dachte, kochte der wahre Jäger vor Wut. Er hätte diesen Aufschneider umbringen können, ja, das wäre die verdiente Strafe gewesen.

Freitag. Es stank. Als würde in der Wohnung etwas vermodern oder verwesen. Ein totes Tier vielleicht. Der Gestank kam eindeutig aus dem Badezimmer. Es war nicht zum Aushalten.

Draußen, vor den Fenstern, tobte die Kirmes, auf den Straßen und Plätzen amüsierten sich die Menschen. Und er saß hier fest, in diesem stinkenden Loch. Er musste raus. Es ging nicht anders. Aus Rücksicht auf das einfache Kirmesvolk hatte er mit seinem Auftritt eigentlich bis zum Sonntag, bis zum letzten Tag der Kirmes, warten wollen. Schließlich konnten die braven Kirmesgänger ja nichts dafür, dass sich die Verantwortlichen gegen ihn, den wahren Jäger, verschworen hatten. Erst am Kirmessonntag, so seine neue Idee, wäre er mit einem Paukenschlag in der Öffentlichkeit erschienen, hätte den Komplott entlarvt und zugesehen, wie man den falschen Jäger und seine Freunde davonjagte.

Aber so lange konnte er in dieser nach Verwesung müffelnden Wohnung nicht mehr ausharren. Nicht teilnahmslos hinter den Vorhängen am Fenster stehen und zusehen, wie draußen die Post abging.

Am Abend, die Dunkelheit war längst hereingebrochen, verließ er das Haus. Er trug eine Perücke und darüber eine Kapuze, die er sich tief ins Gesicht zog. Auf den ersten Blick würde ihn niemand erkennen.

Er begann seine Tour am Marktplatz. Vor dem Hotel *Im wilden Mann* sog er die nach gebrannten Mandeln, Zuckerwatte, Nikotin und Alkohol riechende Kirmesluft ein. Sofort spürte er, wie sich seine Stimmung besserte. Als bräuchte sein Körper diesen Lebensatem der Kirmes, um in Schwung zu kommen. Begreifen konnte das wohl nur, wer das Allerheiligenkirmes-Gen besaß. Er erinnerte sich an die Geschichten, die er als Jugendlicher aufgeschnappt hatte. Von den Leuten, die sich *Im wilden Mann* die Zeit vertrieben, bis gegen drei oder vier Uhr morgens die letzte Fahrt der *Alten Liebe* ausgerufen wurde. Denn natürlich wollte jeder bei der letzten Schiffsschaukelrunde mitmachen. Überhaupt ging man damals nur ein Mal zur Allerheiligenkirmes, nämlich am Mittwochmittag, und kehrte erst am Sonntagabend zurück. Mittlerweile war um ein oder zwei Uhr nachts Sperrstunde. Leider.

Der wahre Jäger schaute hinüber zur *Milchbar*, die dem Kirmestreiben die Rückwand zeigte. Milch wurde dort selbstverständlich nicht getrunken, sondern das Bullenauge, ein Mokkalikör mit einem Schuss Sahne. Bullenauge und Dudelmann (»Trinkst du den Dudelmann auf ex, hast du den allerbesten Sex«) waren die traditionellen Getränke der Kirmes – und zu anderen Zeiten auch nicht zu ertragen. Obwohl es angeblich Frauen gab, die das ganze Jahr Bullenaugen tranken. Aber das war ein anderes Thema.

Zu gern wäre er jetzt zur *Milchbar* hinübergeschlendert,

um sich ein Bullenauge auf ex zu genehmigen. Aber die Gefahr, dass er dort alte Bekannte traf, war zu groß. Das Risiko durfte er nicht eingehen.

Noch nicht.

Ersatzweise trank er eine Ampel, so ein neumodisches Schickimickizeugs. Dann ließ er sich auf einer schwenkbaren Scheibe herumschleudern und machte eine Fahrt in einem ultrahohen Kettenkarussell. Doch so schön, wie er ihn sich in der Fantasie ausgemalt hatte, war der Kirmesspaß nicht. Stets blieb der Platz neben ihm leer. Auf den anderen Sitzen drängten sich die Paare knutschend aneinander und er hockte da wie ein Penner mit Körpergeruch in einer überfüllten U-Bahn: einsam und verlassen.

Nein, man ging einfach nicht allein auf die Allerheiligenkirmes. Wehmütig schielte der wahre Jäger zu den Grüppchen hinüber, die sich vor den Buden und Fahrgeschäften knubbelten und lauthals lachten. Seine Augen wurden feucht, beinahe hätte er angefangen zu heulen.

Und überall Polizei. Er drehte sich weg, als ein Polizist mit Ziegenbärtchen an ihm vorbeikam. Und genau in diesem Moment sah er ihn: den falschen Jäger. Der falsche Jäger trug Zivil, Jeans und Pullover, trotzdem erkannte ihn der wahre Jäger sofort. Dieser Blender. Es schien ihm zu gefallen, dass sich eine ganze Gruppe von jungen Männern und Frauen um ihn drängte, als wäre er der Fixstern ihres Sonnensystems. Vor allem die Frauen warfen dem falschen Jäger bewundernde Blicke zu. Wenn sie wüssten …

Der wahre Jäger biss sich so heftig auf die Lippe, dass sie aufplatzte. Leise fluchend saugte er an der Wunde, während er die Gruppe mit dem falschen Jäger verfolgte. Die bewegte sich quer durch die Altstadt, ständig Geschwindigkeit und Richtung ändernd. Wie ein Schwarm Fische auf der Flucht vor einem Hai.

Der wahre Jäger ließ der Gruppe einen gehörigen Vorsprung. Denn obwohl alle reichlich getrunken hatten und nicht wahrzunehmen schienen, was um sie herum vorging, durfte er nicht leichtsinnig werden. Der richtige Zeitpunkt würde noch kommen, da war er ganz sicher.

Der Moment, in dem er sich dem falschen Jäger entgegenstellen würde.

Der falsche Jäger und seine Anhänger tauchten in die schwülwarme Luft der Bayernfesthalle ein. Auf der Bühne spielte eine bayerische Combo in Lederhosen, auf der Tanzfläche davor bewegten sich euphorisierte Menschen im Takt der volkstümlichen Klänge.

Die Musik hörte auf, der Sänger nahm das Mikrofon in die Hand. »Kennt ihr meinen Lieblingsmarsch?« Ja, den Witz kannte der wahre Jäger schon. Und dann kam er prompt: »Das ist der Leck's-mi-a'-M'arsch.«

Stunde um Stunde verging. Der falsche Jäger und seine Freunde wurden immer betrunkener, der wahre Jäger, draußen in der Kälte, immer entschlossener. Anfangs hatte er nur mit dem Gedanken gespielt, aber jetzt wusste er, dass es in dieser Nacht passieren würde.

Wie vorausschauend von ihm, die Luftdruckpistole eingesteckt zu haben, die er vor ein paar Tagen in der Wohnung entdeckt hatte. Eine Elite 50347, von einer echten Pistole kaum zu unterscheiden, schon gar nicht in der Dunkelheit.

Die Clique des falschen Jägers löste sich auf. Zuerst verabschiedeten sich die Frauen, dann verschwanden die Männer, einer nach dem anderen.

Der falsche Jäger blieb bis zum Schluss, gegen zwei verließ er das Festzelt mit dem letzten verbliebenen Helfer an seiner Seite. Doch schon zwei Straßenecken weiter trennten sich ihre Wege.

Das Herz des wahren Jägers hämmerte. Endlich. Das Schicksal seines Widersachers lag jetzt in seiner Hand. Schnell blickte er sich um. Die wenigen Menschen, die sich noch auf der Straße befanden, waren vollauf damit beschäftigt, den Weg zu ihrem Bett zu suchen, die würden ihm nicht in die Quere kommen.

Mit einem kurzen Sprint war er bei dem anderen, drückte ihm die Pistole in die Seite.

»He, was soll das?« Der andere versuchte, ihn wegzuschieben.

Ein Schlag mit dem Pistolenlauf auf den Hinterkopf beruhigte den Betrüger. »Au, das tut weh!«

»Siehst du das?« Er hielt dem falschen Jäger kurz die Pistole vors Gesicht. »Damit kann ich dich abknallen.«

»Was …« Der Idiot riss die Augen auf und schnappte nach Luft, er hatte kapiert. »Was soll das?«

»Du hast mich bestohlen.«

»Ich?« Ein klägliches Lachen. »Wieso denn?«

»Der wahre Jäger von Soest bin ich. Du und dieses geheime Komitee, ihr habt mich um meinen Titel betrogen.«

»Das ist doch Unsinn. Ich war der einzige …«

Noch ein Schlag auf den Hinterkopf.

»Ja. Meinetwegen. Sie sind der wahre Jäger von Soest.«

»Du dachtest wohl, ich wäre ertrunken. Aber du hast es nicht geschafft, mich umzubringen.«

»Was? Wovon reden Sie da? Ich soll versucht haben, Sie umzubringen? Sie sind ja verrückt!«

»Du hast mich mit der Wippe in den Großen Teich geschleudert.«

»Nein, das habe ich ganz bestimmt nicht! Hören Sie, ich glaube, Sie brauchen Hilfe. Verstehen Sie? Hilfe!« Der andere schrie jetzt: »Hilfe!«

»Halt die Klappe!« Der Pistolenlauf im Mund brachte den Krakeeler zum Schweigen. »Und jetzt geh weiter!«

»Wo… hi…?«

»Zum Großen Teich.«

Heftiges Nuscheln und Kopfschütteln.

»Entweder du gehst oder ich drücke auf der Stelle ab.«

Das Argument zog.

Sie erreichten die Wippgasse, nur noch ein paar Schritte bis zum Großen Teich. Vor dem Gitter, das den Zugang zur Wippe versperrte, sträubte sich der falsche Jäger ein letztes Mal.

Dann war auch dieses Hindernis geschafft.

»Auf den Boden!« Er zog den angesabberten Pistolenlauf aus dem Mund des anderen.

»Nein. Bitte! Bitte nicht!«

Er hatte genug von dem Gejammer. Mit einem Tritt gegen das Standbein und einem Schlag in den Nacken brachte er den falschen Jäger zu Fall. Zusätzlich zur Pistole hatte er noch ein paar nützliche Dinge aus der Wohnung seiner Zufallsbekanntschaft mitgenommen, Kabelbinder zum Beispiel. Damit fesselte er die Hände des falschen Jägers auf dem Rücken. Und mit einem Stück Klebeband stopfte er ihm endgültig das Maul. Anschließend hievte er ihn auf die Wippe.

»He, was machen Sie da unten?«

Verdammt. Das kam von oben, aus einer der Wohnungen oberhalb der Wippe.

»Lassen Sie den Mann los! Ich rufe die Polizei.«

»Seht ihr das da drüben?« Das kam von der anderen Seeseite.

Verdammt, verdammt, verdammt. Ihm lief die Zeit davon. Seinen Plan, den falschen Jäger ebenso langsam und grausam zu quälen, wie dieser das an Allerheiligen mit ihm gemacht hatte, musste er aufgeben. Aber er konnte ihn immer noch ins Wasser befördern, nur musste das schnell geschehen. Also hebelte er den falschen Jäger nach oben, zielte mit der Pistole auf dessen Kopf und drückte ab. Mehr vor Schreck als aufgrund der harmlosen Gummikugel fiel der andere von der Wippe und platschte ins Wasser. Blubbernd ging er unter.

Und jetzt nichts wie weg. Der wahre Jäger kletterte am Gitter vorbei zurück auf die Straße. Scheiße. Auf einmal waren da überall Menschen.

»Da ist er. Haltet ihn fest!«

Er versuchte wegzurennen. Aber die Leute stellten sich ihm in den Weg, grabschten nach seiner Kleidung, umringten ihn, schlugen auf ihn ein. Dann verlor er das Bewusstsein.

MORD WÄHREND DER ALLERHEILIGENKIRMES
Kranker Täter bringt Jägerken in seine Gewalt

Soest: In der Nacht zum Kirmessamstag kam es am Großen Teich zu einem spektakulären Mordversuch. Der an Allerheiligen aus der forensischen Psychiatrie in Münster entflohene Berthold S. (38) überfiel gegen zwei Uhr nachts den in diesem Jahr als Soester Jägerken amtierenden Christoph Schmidt (42). Offenbar aus Neid auf die von Schmidt verkörperte Figur schleppte der psychisch kranke Mann aus Münster den gefesselten Soester zum Großen Teich und katapultierte ihn mithilfe der Wippe ins kalte Wasser. Nur dem beherzten Eingreifen von späten Kirmesgängern, die sich sofort in den Teich stürzten und das hilflose Opfer retteten, verdankt Schmidt sein Leben. Unterdessen gelang es anderen Passanten, Berthold S. zu überwältigen und der Polizei zu übergeben.

Bereitwillig führte der als Gewalttäter bekannte S. die Beamten daraufhin zu der Wohnung, in der er sich in Soest versteckt hatte. Hier machten die Polizisten eine grausige Entdeckung: In der Badewanne lag die Leiche des bereits vor etwa einer Woche durch zahlreiche Messerstiche getöteten Wohnungsbesitzers Henning B. (55). Dringend tatverdächtig auch in diesem Fall: Berthold S. In einer eilig einberufenen Pressekonferenz erklärte Prof. Udo Willschrei, der Leiter der forensischen Klinik in Münster, dass Berthold S., ein hochintelligenter Mann, unter der untherapierbaren Wahnvorstellung leide, der wahre Jäger von Soest zu sein.

In seiner Fantasie sei S. davon überzeugt, aus Soest zu stammen und die Geschichten von der Allerheiligenkirmes mit der Muttermilch aufgesogen zu haben. Tatsächlich sei S. jedoch in Kattenvenne bei Münster geboren und dort auch aufgewachsen. In Fachkreisen, so Professor Willschrei, werde das Phänomen bereits als *Morbus Allerheiligenkirmensis* bezeichnet.

11.11.

Der 11.11. – das ist, besonders in einem Elferjahr, der perfekte Hochzeitstermin. Oder Geburtstermin für den Nachwuchs. Deshalb sind an dem Schnapszahldatum Standesämter und Kreissäle gut gefüllt. Und natürlich alle Plätze in den Karnevalshochburgen. Denn am 11.11. beginnt im Rheinland die Karnevalssaison mit der Weiberfastnacht, der Machtübernahme der Frauen. Die stürmen die Rathäuser, schneiden den Herren die Krawatten ab und garnieren diesen ganzen Frohsinnsvandalismus mit feuchtfröhlichen ›Bützchen‹. Im Rheinland ist Weiberfastnacht inoffizieller Feiertag, in Westfalen nicht ganz, wie die beiden Polizisten in der Story des geborenen Rheinländers Thomas Hackenberg feststellen.

Thomas Hackenberg

Mutti, der Bus mit dem Koks ist da oder: Pufferküsser auf der Linie R 81 Kreis Unna

Sonntag, 11.11.2012. Kurz vor halb elf in der Nacht.
Auf der Bundesstraße zwischen Rünthe und Bergkamen.
»Aus!«

Kein schöner Anblick. Der Kiefer war auf groteske Weise unter die Nase gerutscht. Der Schädel vom Stirnbein bis über den Scheitel aufgeplatzt wie ein reifer Kürbis, nur dass es kein Fruchtfleisch war, das zwischen den zertrümmerten Knochenplatten hervorquoll. Aus den Ohren rann ein dünner Blutfaden auf den feuchten Asphalt.

»Banko! Aus!« Doch der Retriever zerrte weiter an der Leine, um mit der Schnauze an die noch warme Hirnmasse zu kommen.

»Aus!! Gehst du weg da!« Der Mann war von seinem Fahrrad abgestiegen und zerrte das Tier von dem leblosen Körper weg, während er auf seinem Handy den Notruf wählte.

»Hallo! Hier ist ein Unfall passiert! B 233 kurz vor der Marina! Der Tote … keine Ahnung … der trägt sonne komische Uniform! … Ja, hundert Prozent is der tot! Banko! Aus! … Banko! Gehst du da weg! Nein, das ist mein Hund, der …« Dann knickten dem Mann die Beine weg, das Fahrrad schepperte auf den Boden und Banko ließ von dem Hirn des Toten ab, um seinem Herrchen das Gesicht zu lecken.

Montag, 12.11.2012. Zehn Uhr dreißig am Vormittag.
Polizeipräsidium Dortmund, Markgrafenstraße, Zimmer 204.
»Und was haben wir damit zu tun?« Richard Joon starrte missmutig auf die Fotos in der Ermittlungsakte. »Wenn ich so einen Scheiß schon lese: *Tatwaffe ist ein großer stumpfer*

Gegenstand, 18 m lang, 2,5 m breit ... Hallo!? Wenn mir ein MAN A 23 mit achtzig Sachen frontal ins Gesicht fährt, dann ist das keinesfalls ein ›großer stumpfer Gegenstand‹, sondern ein stinknormaler Linienbus. Aber ist deshalb jetzt schon jeder Autounfall ein Mord?!«

»Richard, jetzt krieg dich mal ein!« Michael Milleck schob seinem Kollegen einen Becher Kaffee über den Schreibtisch. »Hör mir erst mal in Ruhe zu!«

»Warum sollte ich dir zuhören, Mike? Ich bin nämlich gar nicht hier! Genau genommen, liege ich noch in Köln bei Martina im Bett und schlafe gemütlich meinen Kater aus! Falls es dir entgangen sein sollte: Ich hätte nämlich heute frei!«

»Ja, sag ihr, es tut mir leid, dass ich so früh angerufen habe. Wie war denn der Start in den Fasching?«

»Fas-te-lo-vend, oder von mir aus auch Karneval, aber auf keinen Fall Fasching! Fasching, das ist ... egal ... ihr Westfalen werdet das sowieso nie kapieren.«

Milleck verkniff sich ein Grinsen und tippte auf eines der Bilder: »Detlev Woelke war wohl übrigens auch Faschinist!«

»Bitte was?«

»Entschuldige, Karnevalist!«

»Wer!?«

»Das arme Schwein, das den Vollkontakt mit dem Bus hatte. Detlev Woelke. Sechsunddreißig Jahre alt, ledig, wohnte noch bei seiner Mutter in Werne. Da wird übrigens auch Karneval gefeiert. Das würde zumindest erklären, warum Woelke diese Uniform getragen hat.«

Richard Joon blätterte die Tatortfotos durch. »Sandbraune Jacke und Hose, schwarzes Koppel und Schulterstücke ... das Käppi kenne ich irgendwoher.«

»Ich sag dir auch woher!« Milleck drehte seinen Computermonitor zu Joon hin. »Louis de Funès als *Der Gendarm von St. Tropez*. Die Uniform gibt's für zweihundert Euro im Internet.«

»Als Fetisch oder was?«

»Wenn du drauf stehst. Aber der Reihe nach – das ist ein einsames Stück Landstraße dort. Nicht weit von der Lippebrücke, nahe der Marina Rünthe. Der Bus bedient im Auftrag der VKU die Linie R 81 zwischen Unna und Werne. Die Fahrt gestern Abend wäre die letzte Verbindung in Richtung Unna gewesen«

Joon fischte sich zwei Zuckerwürfel aus der Blechdose auf seinem Schreibtisch und versenkte sie in seinem Kaffee. »Was ist mit den Fahrgästen? Zeugen? Verletzte?«

»Fehlanzeige.«

»Und der Fahrer? Was sagt der?«

»Nichts! Er ist weg, verschwunden, wie aufgelöst. Der Bus war leer. Das Fernlicht eingeschaltet, Scheinwerfer vorn rechts kaputt und voller Blut, der Motor aus, Türen verriegelt.«

»Der hat Panik bekommen und ist abgehauen.«

»Ja, sieht so aus.« Milleck kratzte sich am Kopf. »Hat sich aber bis jetzt nicht gemeldet. Oder der Polizei gestellt. Oder sich einem Anwalt anvertraut. Außerdem sprechen noch zwei weitere Dinge dagegen, dass es nur ein Unfall war.«

»Bitte, ich höre!«

»Die B 233 läuft an dieser Stelle schnurgrade. Es hat in der Nacht zwar ein bisschen genieselt, aber die Sicht war einwandfrei. Der Busfahrer hätte Woelke in seiner sandfarbenen St.-Tropez-Uniform selbst bei Dunkelheit schon von Weitem sehen müssen. Außerdem, und da legen sich die Freunde von der SpuSi fest: Woelke stand auf der Gegenfahrbahn und der Bus ist ganz offensichtlich rübergezogen, um ihn mit vollem Tempo frontal auf die Kiepe zu nehmen.«

»Kann aber trotzdem ein Unfall gewesen sein«, widersprach Joon und rieb sich das unrasierte Kinn.

»Unwahrscheinlich!«, sagte Milleck und schob Joon den Kartenausdruck der Unfallstelle hin. »Das eigentlich mysteriöse ist der Ort des Geschehens, nämlich hier an der B 233.« Er tippte auf die Stelle, die er mit einem Kreuz markiert hatte. Mit dem Finger fuhr er die Linie der Bundesstraße nach. »Aber die eigentliche Fahrtroute der R 81 führt hier entlang!« Milleck zeichnete nun die Form zweier Tangenten. »Und hier erst, an der Haltestelle Lessingstraße, trifft die fahrplanmäßige Route wieder auf die Bundesstraße, auf der unser Bus unterwegs war. Es gibt keine Hinweise, warum der Fahrer diese Abkürzung genommen hat – und er muss zudem darauf gesetzt haben, dass an den Haltestellen Gewerbepark und Kettelerschule sonntagabends sowieso keine Fahrgäste warten. Also, was sagst du?«

Kriminalhauptkommissar Richard Joon versenkte zwei Aspirin aus seinem Notvorrat im Kaffee und schob seinem Kollegen die Schlüssel ihres Dienstwagens hin. »Ich sage: Du fährst!«

Montag, 12.11.2012. Zwölf Uhr am Mittag.
Betriebshof der VKU, Lünener Straße, Kamen.
Trotz seiner gläsernen Fassade wirkte die Zentrale der Verkehrsbetriebe des Kreises Unna wie eine Trutzburg aus dem architektonischen Albtraumarchiv der Achtziger. Zwei wuchtige Betonplatten schirmten den Eingangssockel von dem aus verschiedenfarbigen Steinplatten zusammengeflickten Gehweg ab, der wiederum durch ein feuerverzinktes Stahlgitter vor dem Verkehr auf der Lünener Straße geschützt wurde. Die Fenster des VKU-Bunkers waren vermilchglast und die gesamte Anlage verströmte den Charme eines defekten Fahrkartenautomaten.

Uwe Packens Büro lag im zweiten Obergeschoss, mit Blick auf die großen Werkstatthallen des Betriebshofes. In einer Standvitrine neben dem akkurat aufgeräumten Schreibtisch des Betriebshofsleiters waren sorgfältig mindestens zwei Dutzend Modelle von Linienbussen aneinandergereiht.

Packen blickte hinunter auf das weiträumige Gelände seines Betriebshofes. »Wie lange muss ich auf die Halle 1 noch verzichten?«

»Bis wir den Bus wieder freigeben, Herr Packen!« Joon schnippte eine Süßstofftablette in die Tasse und bediente sich aus der silbernen Besucherkaffeekanne. »Uns geht es erst mal darum, den Busfahrer zu finden. Den Herrn Sandner, Dieter.«

»Wie schon gesagt, er ist nicht bei uns, sondern bei einem unserer Subunternehmer angestellt. Da kann ihnen der Kollege vom Betriebsrat ... ah, da ist er schon!«

»Der Dieter war aber auch mal bei uns!« Ottmar Pauli wirkte mit seiner gedrungenen Gestalt und dem ausladenden Schnäuzer wie die Ruhrgebietsausgabe der polnischen Arbeiterikone Lech Walesa. »Das können Sie aber auch nicht wissen, denn das war noch vor Ihrer Zeit bei uns, Herr Packen.«

Montag, 12.11.2012. Ein Uhr am Nachmittag.
Auf der Fahrt von Kamen nach Werne.

Am Horizont ragte der schmutzigbraune Cityturm in den Himmel. Das sechzig Meter hohe ›Wahrzeichen‹ von Bergkamen symbolisierte wie kaum ein anderes Bauwerk den Niedergang der Region. Seit Jahren schon stand das fünfzehnstöckige Wohnhaus leer und verrottete. Eine Zeit lang schmückten die bunten Gartenhäuschenskulpturen eines Kölner Aktionskünstlers die Fassade, bis auch diese dem Verfall anheimfielen. Vielleicht hätte die einstmals größte Bergbaustadt Europas auf solcherlei ›künstlerische Aufwertung‹ verzichtet, wenn den Stadtoberen jemand verraten hätte, dass der für die Aktion importierte rheinische Kunstprofessor in seiner eigenen Stadt meist nur als ›Müllkünstler‹ tituliert wurde.

»Also ...« Richard Joon malte dünne Kreise auf das beschlagene Beifahrerfenster ihres Dienstwagens. Der bislang herbstlich warme Novembertag hatte sie mit einem kurzen Regenschauer überrascht, der sich jetzt mit einem sanften Nieseln davonstahl. »... was glaubst du?«

Milleck zuckte die Schultern. »Vielleicht war es doch ein Unfall. Oder wenn dir das besser gefällt: ›fahrlässige Tötung infolge einer Trunkenheitsfahrt‹.«

»Du meinst, Sandner hatte einen Rückfall?«

»Zumindest war die Sauferei ja wohl der Grund, weshalb er damals von sich aus den Dienst bei der VKU quittiert hat. So hab ich jedenfalls unseren Barrikadenkämpfer vom Betriebsrat verstanden. Hör mal, malst du hier etwa Hammer und Sichel auf mein Fenster?«

Joon wischte die Scheibe sauber. »Wenn Sandner ein Quartalstrinker ist, wie unser Herr Pauli das andeutet, dann schießt er sich allenfalls in seiner Freizeit ab.«

»So wie du gestern bei deiner Karnevalsfete?«, bemerkte Milleck grinsend. »Weißt du, was mich wundert? Dass er überhaupt noch für die VKU fahren durfte. Da muss der Subunternehmer ein mächtig gutes Wort für ihn eingelegt haben. Oder einer bei den VKU war ihm was schuldig.« Milleck schaltete den Scheibenwischer an, der quietschend den Nieselregen mit dem Schmutz auf der Windschutzscheibe vermischte.

»Oder der Betriebsrat«, spekulierte Joon. Der Opel Vectra passierte die Stelle, an der gestern Abend der Gendarm von St. Tropez totgefahren worden war. Die Farbmarkierungen auf der Fahrbahn waren vom Regen schon fast weggewaschen. Ein dunkler, fast schwarzer Fleck auf dem Asphalt war das Letzte, was an Detlev Woelke erinnerte. Bergkamen lag längst hinter ihnen, die Gegend wurde jetzt zunehmend ländlicher. Vorbei an einem kleinen Reiterhof auf der rechten Seite zog sich links von der B 233 ein kleines Wäldchen bis zum Datteln-Hamm-Kanal und der Marina Rünthe hinauf. Im Sommer herrschte dort, im größten Sportboothafen von NRW, geschäftiges Treiben.

Die Lippebrücke bildete eine eigentümliche Grenze. Kaum überquert, änderte sich die Umgebung. Alles wirkte mit einem Schlag lieblicher, Licht und Farben erschienen satter, als hätte jemand mit einer lockeren Bewegung den grauen Schleier des Ruhrgebietes beiseitegewischt.

Als der graue Opel am Marktplatz in Werne ankam, tauchte eine gelbe Novembersonne die alten Fachwerkhäuser in einen malerischen Schein. Auf den mittelalterlichen Pflastersteinen lagen die Reste des feuchtfröhlichen Einläutens der diesjährigen Karnevalsaison: Scherben, kalte Pommes, hier und da erbrochene Erbsensuppe.

Montag, 12.11.2012. Viertel vor zwei am Nachmittag.
Wohnung von Magdalena Woelke, Kleine Burgstraße 2, Werne.

Dass ihr Sohn ein Nesthocker gewesen war, hatte Magdalena Woelke nie wirklich gestört. Er war das Einzige, was ihr nach dem Tod ihres Mannes 1992 geblieben war. Detlev war da mit grade sechzehn Jahren in einem Alter, in dem ein Junge eigentlich einen Vater braucht, der mit seinem Sohn Fußball spielt, anstatt Blut hustend jeden Tag ein bißchen weniger zu werden.

Das Zimmer ihres Sohnes wirkte immer noch wie ein Jugendzimmer. Die Wände waren vollgepinnt mit Postkarten, Zeitungsfotos und Postern. Nur, dass sich Detlev nicht wie andere Jungs für Popstars, Fußballmannschaften oder Comichelden interessiert hatte. Irritiert betrachteten Joon und Milleck die zugeklebten Wände: Omnibusse. In allen Farben, in allen Modellen. Niederflurbusse, Gelenkbusse, Zweiachser, Dreiachser, rot-weiß lackiert, blau-weiß lackiert, mit und ohne LED-Fahrtzielanzeige. Und auch in der Vitrine unter dem Hochbett, in Reih und Glied aufgebaut: Modelle von Linienbussen.

»Er war ein Pufferküsser!«, sagte Magdalena Woelke mit zittriger Stimme von der Tür her, als sie die Blicke der Kriminalbeamten bemerkte.

»Und was genau macht ein … ähm … Pufferküsser?«, fragte Joon. Magdalena Woelke wirkte völlig paralysiert. Eigentlich war es unverantwortlich, die Frau in diesem Zustand zu befragen, aber Joon wusste, wie entscheidend die ersten Stunden nach einem Verbrechen für die Ermittlungen waren. Wenn es denn ein Verbrechen war.

»Er hat Busse fotografiert. So wie dat andere mit Zügen machen oder mit Flugzeugen. Ein harmloses Hobby. Welches is dat neueste Modell, wo gibbs irgendwatt Besonderes halt. Dat is hier 'ne eigene Clique hier im Kreis. Die treffen sich und tauschen Fotos und Modelle. Und gestern war Karnevalsfeier, da hat der Detlev sich extra die Uniform für bestellt, die von dem … wie heißt er gleich…«

»Gendarm von St. Tropez«, half Milleck aus,

»Genau.« Sie schniefte.

Milleck hatte auf Detlevs Schreibtisch eine Digitalkamera entdeckt. »Und damit hat Ihr Sohn die Busse fotografiert!?«

»Ja, bis letzte Woche … da hatter sich so'n Telefon gekauft, wat alles kann. Ohne wat zum Fotografieren ist der nich aussem Haus.« Milleck blickte zu Joon. Ein Mobiltelefon war bei dem Toten nicht gefunden worden.

Wie auf Stichwort klingelte Millecks Handy. Während der den Anruf annahm, bedankte sich Joon bei Frau Woelke und verabschiedete sich. Milleck folgte ihm aus dem Haus, das Handy am Ohr. »Dann lassen Sie einen Ihrer Leute dort eben die Nacht über da!«, sagte er schließlich und legte auf. »Ich glaub's ja nicht!«

Richard Joon zog den Reißverschluss seiner Jacke bis zum Kragen zu. Ein Windstoß trieb die restlichen Blätter des Jahres in runden Bahnen über den Asphalt. »Was?«, fragte er.

»Das war Doc Schanz von der Spurensicherung. Dieter Sandner wurde vor einer halben Stunde aus dem Datteln-Hamm-Kanal gefischt. Keine Spuren von Gewalt. SpuSi läuft, das Ergebnis der Autopsie hast du morgen früh auf dem Schreibtisch.« Milleck ließ mit dem Funkschlüssel die Türknöpfe des Vectra nach oben springen. »Außerdem war da noch was: Als Schanz und seine SpuSis sich auf dem Betriebshof der VKU den MAN vornehmen wollten, da haben sie bemerkt, dass das Siegel zur Werkstatthalle aufgebrochen war. Da hat sich wohl über Nacht jemand am Bus zu schaffen gemacht!«

Joon zog die Beifahrertür auf. »Du meinst: an der Tatwaffe, Mike! An der Tatwaffe!«

Montag, 12.11.2012. Halb sechs am Abend.
Unna, Falkstraße 85. Sechster Stock. Vor der Wohnung von
Dieter Sandner.

Zu groß für echte Nachbarschaft, zu klein für abgeschiedene Anonymität. Der achtgeschossige Wohnklotz im Süden Unnas war so gesichtslos, dass er ebenso gut in einem Vorort von Tripolis oder Antwerpen hätte stehen können. Nicht alt, nicht neu, weder schwarz noch weiß, setzte er mit seiner Fassade in acht Variationen von Grau einen düsteren Nicht-Akzent in eine Straßenfront voller anderer Bausünden.

Der Hausmeister der Hausverwaltung blieb professionell teilnahmslos stehen, nachdem er Joon und Milleck die Tür zu Dieter Sandners Appartement mit seinem Notschlüssel geöffnet hatte. »Ist der Sandner denn immer noch nicht aufgetaucht?«

»Doch ist er«, sagte Joon. »Wenn Sie bitte draußen warten würden!«

In dem Apartment ging von der engen Diele rechts das fensterlose Badezimmer ab. Links befand sich eine Abstellkammer, in die nachträglich eine Pantryküche eingebaut worden war. Eine Kochstelle mit zwei Ceranfeldern, daneben eine Mikrowelle. Im Kühlschrank ein paar Zitronen, Margarine, eine angebrochene Packung Toastbrot, Scheiblettenkäse sowie eine große Flasche Doppelkorn und eine Flasche *Wodka Gorbatschow*. Beide halb voll. Im Wohnzimmer dann eine cordgrüne Bettcouch, vor der ein braun gefliester Couchtisch stand. Darauf ein Karton mit Zigarettenhülsen, eine Blechdose mit Tabak und eine Stopfmaschine.

»Immerhin! Ein bewegtes soziales Leben«, sagte Milleck und deutete auf einen Flyer, der neben der Tabakdose auf dem Tisch lag. Ein rotes Neonherz auf schwarzem Grund und dazu Nacktfotos der Frauen, die als Chantal oder Veronika das Luder ihre Dienste in einem der Bordelle am Kamener Kreuz feilboten. »Ganz schön einsam!«

»Warum einsam? Wie heißt es so schön: Im Verein bist du niemals allein.« Joon deutete mit dem Kopf zu einem digitalen Bilderrahmen in der schwarz lackierten Schrankwand. Darin lief eine Serie von Bildern, die vier scheinbar bestens gelaunte Menschen im gemeinsamen Bootsurlaub zeigte: einen braun gebrannten Dieter Sandner mit offenem Hemd und großer Zigarre im Mund. Im Arm eine junge, auffallend stark geschminkte, karibische Schönheit. Daneben ihre Schwester/Freundin/Kollegin, die sich an einen schnauzbärtigen, tigergleich grinsenden Mann mit Kapitänsmütze schmiegte, der die Finger zum Victoryzeichen hochhielt.

»Na, wenn das nicht unser Arbeiterführer ist!«, stellte Milleck fest, als er Ottmar Pauli erkannte. »Schau mal an! Und ich dachte, nur bei VW fahren die Betriebsräte nach Rio!«

Dienstag, 13.11.2012. Neun Uhr dreißig am Vormittag.
Polizeipräsidium Dortmund, Markgrafenstraße, Zimmer 204.

»Dieter Sandner ist maximal eine halbe Stunde nach Detlev Woelke gestorben.« Richard Joon versenkte den zweiten Zuckerwürfel zielsicher in seinen Kaffeepott. »Zum Zeitpunkt des Todes 2,3 Promille Alkohol im Blut. Das passt alles nicht zusammen, Mike!«

»Ich weiß!« Milleck starrte auf den Bericht der Rechtsmedizin. »In diesem Zustand hätte er selbst als versierter Trinker den Bus keine zwei Stationen mehr lenken können. Doc Schanz und seine Leute meinen, dass das Verhältnis zwischen Blutalkohol und dem, was noch im Magen war, darauf hindeutet, dass Sandner sich schon vorher über Stunden zugepichelt hat.«

»Aber warum wird dann seine Leiche«, Joon legte ein Lineal auf den Ausdruck eines Kartenausschnitts, »grade mal fünfhundert Meter Luftlinie just von dem Bus entfernt gefunden, den er eigentlich hätte fahren sollen, aber – laut dem Doc und seinen Jungs – gar nicht zu fahren in der Lage war?«

»Darf ich deinen komplizierten Gedankengang etwas vereinfachen?« Michael Milleck grinste Joon mit hochgezogener Augenbraue an. »Die spannende Frage ist doch: Wer hat den Bus tatsächlich gefahren?«

Die grüblerische Stille, in die sie beide angesichts der Frage fielen, wurde von Polizeimeisteranwärterin Julia Tremmel unterbrochen, die bei diesem Fall den Aktenführer unterstützte. »Ich störe nur ungern, aber hier ist ein junger Mann, der behauptet, ein Puffküsser-Kollege von Detlev Woelke gewesen zu sein.«

»Pufferküsser!«, korrigierten Joon und Milleck synchron.

»Bitte was?«

»Puffer, nicht Puff«, sagte Joon. »Und es ist nicht das, was Sie denken! Lassen Sie ihn rein!«

Die Tremmel rollte mit den Augen und schob gleich darauf einen schmächtigen Jungen von etwa vierundzwanzig Jahren, mit blassem Teint, schlabbriger Cordhose, grünem Zopfpulli und Parka, in das Büro.

»Stefan Vobis, ich wohne in Bergkamen in der Ebertstraße und …« Joon machte eine beruhigende Geste. »Was führt Sie zu uns?«

»Nun, wir … ähm … also wir sind ein kleiner Klub von Busfans und fotografieren und sammeln alles über …«

»Ich weiß«, unterbrach Joon ihn wieder. »Ihr seid Pufferküsser.«

»Genau genommen, sehen wir selber uns mehr als Busfreunde!« »Natürlich! Und?«

»Also … vorgestern haben wir ein bisschen Weiberfastnacht gefeiert, also erst auf dem Markt und später noch bei einem Freund im Partykeller in Werne, ganz in der Nähe von da, wo Detlev wohnt. Er war auch da, ist dann aber früher weg, weil er noch den letzten R 81 abpassen wollte.«

Milleck rückte seinen Stuhl näher zu dem Jungen. Dessen Gesicht war von hektischen Flecken übersät. Milleck fragte sich, ob das Sammeln von Busfotos einem bestimmten Menschenschlag vorbehalten war. »Und warum, lieber Herr Vobis, sollte sich Herr Woelke, anstatt weiterhin in seinem lustigen Gendarm-von-St.-Tropez-Kostüm mit seinen Kumpels Karneval zu feiern, lieber in den Nieselregen spätabends auf die Straße stellen, um einen Bus der Linie R 81 an einer Stelle zu fotografieren, wo der eigentlich gar nicht langfährt?«

Dienstag, 13.11.2012. Elf Uhr am Vormittag.
Dortmund, Bünnerhelfstraße 31. Rechtsmedizinisches Institut, Saal 3.

Dr. Edgar Schanz entsprach in keiner Weise dem Klischee des forensischen Pathologen. Weder verspeiste er Sandwichs, während er einen Leichnam untersuchte, noch machte er dabei zynische Bemerkungen über das Leben und die Sinnlosigkeit desselben. Mit seinen grauen Haaren und den schlaksigen ein Meter zweiundneunzig wirkte er eher wie ein amerikanischer Präsidentschaftskandidat. Und er verfügte auch über dessen ausgeprägte soziale Kompetenz, was Joon und seinem Kollegen den Besuch in den kühlen Katakomben seines Institutes erheblich erleichterte.

»Danke, dass Sie gekommen sind!« Doc Schanz verteilte seinen kräftig-vertrauenerweckenden Händedruck. »Ich freue mich, Sie zu sehen!«

Richard Joon winkte ab: »Keine Ursache, Doc!«

»Das war ein interessanter Fall, dieser Sandner!«

Auch Milleck winkte ab. »Für Sie suchen wir immer nur das Beste aus, Doc!«

Doc Schanz hob das Tuch an, unter dem der Leichnam Sandners lag und deutete mit seinem Teleskopkugelschreiber auf den aufgedunsenen Penis des ertrunkenen Busfahrers. »Gut, dass Sandner nicht beschnitten war. Daher konnten wir noch Reste unter der Vorhaut finden.«

»Danke für ihre offenen Worte!« Milleck schluckte hörbar.

»Keine Ursache, lieber Herr Milleck! Es handelt sich dabei um Speichel!«

»Und wie kommt der da hin?« Milleck versuchte, nicht allzu angewidert auf das zu starren, was der Doc jetzt leicht anhob. »Ich meine, natürlich weiß ich, wie der da hinkommt ...«

»Sie meinen also, er genoss noch kurz vor seinem Tod einen Blowjob?«, fragte Joon.

»Und was für einen!«, sagte der Doc. »Denn diese Person hatte genügend Kokain im Speichel, um dem Herrn Sandner mit dem Job den Verstand wegzublasen. Dabei handelt es sich übrigens um den gleichen Stoff, der auch in dem Linienbus transportiert wurde.«

»In welchem Bus?«, fragte Joon perplex.

»Ihrer Tatwaffe, dem Bus! Das aufgebrochene Siegel zur Halle! Wir haben noch Reste einer Vorrichtung gefunden, mit der man kleine Boxen unter der Karosse transportieren kann. Funktionierte idiotensicher – im hinteren Drittel des Fahrzeugs, ein Griff unter das Bodenblech, Metallbox rausziehen, Ware entnehmen und wieder zuschieben. Was für Ware das war, können Sie sich denken. Columbian Snow, Reinheitsgrad fünfzig Prozent. So was kommt als Großhandelsware aus den Niederlanden herein, meist übers Wasser.«

Milleck pfiff durch die Zähne. »Donnerwetter, Doc! Ich bin beeindruckt. Und ich beneide fast den Herrn Sandner um seine letzte Nacht – Weiberfastnacht, wahrscheinlich mit zwei Rio-Bräuten an der Marina. Hossa, das ist Karneval!«

»Was sagst du da?« Richard Joon packte seinen Kollegen am Ärmel. »Komm wir müssen los! Du fährst nach Bergkamen in die Ebertstraße und lässt mich vorher raus.«

Milleck zuckte mit den Schultern, schickte einen vielsagenden Blick zu Edgar Schanz und hastete seinem Chef hinterher. »Hallo? Richard? Was soll ich in Bergkamen? Richard, rede mit mir!«

Dienstag, 13.11.2012. Zwölf Uhr am Mittag.
Betriebshof der VKU, Lünener Straße, Kamen.

Betriebsratssitzung. Nicht stören. Richard Joon scherte sich nicht um das Schild. Da es rundherum mit breitem Klebeband fixiert war, handelte es sich zweifellos um eine Dauersitzung. Als er die Tür öffnete, war er überrascht, wie groß dieser Raum war. Er bot mehr Platz als das Büro des Betriebshofleiters der VKU. Dafür wirkte es aber mit mehreren Schreibtischen und Wandregalen zugestellter als das puristische Domizil von Uwe Packen.

Eine Kaffeemaschine verströmte den beißenden Geruch abgestandenen Filterkaffees. Ottmar Pauli saß an seinem Schreibtisch und schnitzte mit einem Messer an einem hölzernen Segelbootmodell nach einer 3-D-Ansicht der Jacht, die sich auf dem Monitor seines Betriebsratscomputers drehte.

»Das ist aber eine arbeitsreiche Arbeitervertretung, ich bin beeindruckt!«

»Ich weiß nicht, ob Sie als Beamter da unbedingt mitreden können«, gab Pauli ungerührt zurück.

»Hübsches Bötchen haben Sie da!«, sagte Joon. »So was in groß haben Sie ja in Rünthe in der Marina liegen. Wollen Sie nicht bald auf Dock gehen? Der Winter steht vor der Tür.«

»Ja, wird langsam Zeit. Ich wusste gar nicht, dass Sie sich so für Boote interessieren, Herr Kommissar«

»Hängt vom Boot ab. Ich nehme an, Sie haben inzwischen gründlich Klarschiff gemacht.«

»Ja, sauber halten ist mehr als die halbe Miete.«

»Na ja, Hauptsache ihr Freund Sandner hatte noch ein bisschen Spaß.«

Ottmar Pauli legte sein Modellboot weg und blickte Joon fest in die Augen. »Herr Kommissar, ich mag keinen Small Talk. Was wollen Sie von mir?«

Richard Joon zog einen der Drehstühle heran und setzte sich. »Herr Pauli, Dieter Sandner wurde gestern Nachmittag tot aus dem Kanal gezogen und wir haben Grund zu der Annahme, dass Sie Ihren Freund und Exkollegen getötet haben!«

Pauli beugte sich vor. »Und warum sollte ich so etwas tun?«

»Um zu vertuschen, dass nicht *er* die letzte Tour von

Werne aus am Sonntagabend auf der R 81 gefahren ist, sondern *Sie*! Es gibt da eine paar Fotos in Sandners Wohnung,
die zeigen, dass Sie ein gemeinsames ... ähm, Hobby hatten.
Hübsche Bilder! Sie beide und Ihre ›Begleiterinnen‹! Bestens
gelaunt auf Ihrem Boot in der Marina. Mädels und Alkohol,
das waren die Schwächen vom Sandner. Weil er gesoffen hat,
hat er den Job bei der VKU verloren. Sie haben ihn hinten-
rum als Fahrer des Vertragsunternehmens wieder reinge-
bracht. Auf die R 81. Weil Sie ihn da brauchten.«

»Ach? Wie das denn?«

»Weil man einem Quartalssäufer ganz leicht alle paar Wochen die Tour abnehmen kann, wenn man ihm ein nettes
Wochenende mit 'ner bekoksten Nutte und jeder Menge
Bölkstoff auf dem Boot anbietet. Dafür sind Sie dann mit
dem Bus – ganz inkognito – eine kleine Extratour gefahren.«

Pauli sagte nichts. Das Einzige, was sich im Büro bewegte,
war das 3-D-Modell des Bootes auf dem Monitor.

Joon sagte: »Blöd nur, dass da an Weiberfastnacht plötzlich einer von diesen nervigen Pufferküssern in seiner fran-
zösischen Bullenuniform auftaucht, der sich wundert, wieso
immer wieder sonntags ausgerechnet die letzte R 81 die
immer gleichen Stationen schlabbert. Musste da wohl jemand die Zeit reinholen, die er vorher brauchte, um etwas
unter dem Bus festzuschrauben?«

Ottmar Pauli erhob sich. Joon deutete auf das Messer in
Paulis Hand. »Legen Sie das doch bitte auf den Tisch, Herr
Pauli.«

Pauli tat es. Er stand nun direkt vor Joon und beugte sich
hinunter, nah vor sein Gesicht. »Für all das«, sagte er, und
Joon konnte seinen sauren Kaffeeatem riechen, »haben Sie
nicht einen einzigen stichhaltigen Beweis.«

In diesem Augenblick öffnete sich die Tür zu dem Be-
triebsratszimmer und Milleck kam herein. Im Schlepptau
hatte er Vobis, den Pufferküsser mit den hektischen Flecken, gefolgt von Betriebshofleiter Uwe Packen.

»Doch, ich denke, den haben wir! Wenn Sie erlauben?«

Milleck schob Pauli zur Seite und drückte dann Vobis auf den Stuhl des Betriebsrates. Der Nerd zog fast reflexartig das Keyboard und die Maus von Paulis Computer heran, rief einen Internetbrowser auf und tippte etwas ein.

»Herr Vobis war so nett und machte uns darauf aufmerksam, dass die Pufferküsser, Verzeihung, die *Busfreunde Unna*, bestens über die sozialen Netzwerke vernetzt sind. Und das hier ...« Milleck deutete auf die Internetseite, die Vobis aufgerufen hatte, »ist so ein Netzwerk. *GooglePlus*. Herr Vobis hat sich da gerade mit seinem Account angemeldet. Und jetzt gucken Sie mal, was passiert. Herr Vobis ...« Der Nerd mit dem grünen Zopfpulli zog ein Smartphone aus der Tasche und schoss ein Foto von Ottmar Pauli.

Der Betriebsrat wirkte ein wenig überfordert. Und, wie Joon zufrieden registrierte, verunsichert. »Und was soll das jetzt werden?«, fragte Pauli

»Wenn Sie mal schauen wollen ...«, sagte Milleck. In den *GooglePlus*-Kreisen der *Busfreunde Unna* erschien das Foto von Pauli, das der Nerd soeben gemacht hatte.

»Tolle Sache, nicht wahr?« Milleck klopfte Vobis auf die Schulter. »So was nennt sich ›Sofort-Upload‹ – wenn Sie das richtige Telefon und die richtige Einstellung haben, wird jedes Foto, das Sie machen, sofort auf Ihren Account geladen. Und Detlev Woelke hatte das richtige Fotohandy, als er in der Nacht auf den R 81 gewarte hat, um ihn für die *Busfreunde Unna* abzuschießen. Und wenn Herr Vobis jetzt mal die *GooglePlus*-Seite von Detlev Woelke öffnet ...«, der Nerd klickte und ein Fotostream öffnete sich, »... dann sehen wir das letzte Bild, das Woelke in jener Nacht mit seinem neuen Handy gemacht hat!«, sagte Milleck

Auf dem Monitor schien aus der Schwärze der Nacht ein hell erleuchteter Bus auf den Betrachter zuzufahren. Der Mann hinter dem Steuer war etwas unscharf geraten. Aber von der Statur und der Haltung und vor allen mit seinem ausladenden Schnauzbart sah er aus wie die schlechte Kopie eines legendären polnischen Arbeiterführers.

Freitag, 16.11.2012. Elf Uhr am Vormittag.
Polizeipräsidium Dortmund, Markgrafenstraße, Zimmer 204.

»Mutter der Bus mit dem Koks ist da!«, las Michael Milleck die Schlagzeile im Kamener Lokalteil der *WAZ*. Es war nicht klar, ob Richard Joon ihm zuhörte. So, wie er auf den Bildschirm seines Rechners starrte. »Polizei deckt dank Pufferküsser Kokainverteiler mit Linienbus am Kamener Kreuz auf«, las Milleck weiter, »Stoff kam aus Holland via Marina Rünthe. – Das ist Presse, die dem Chef gefällt.«

Joon tippte etwas auf seinem Computer. Milleck nahm an, dass er noch letzte Hand an den Papierkram des Falls Woelke legte, den sie gestern mit einem Geständnis Paulis abgeschlossen hatten.

Joon hob den Blick und peilte kritisch zu Milleck herüber.

»Was?«, fragte Milleck.

»Was bist du? Eine 46 oder eine 48?«

Milleck hob eine Augenbraue. »Konfektionsgröße? Wer will das wissen?«

Joon grinste. »Du kriegt einen Crashkurs Fastelovend. Karneval. Rheinischen Frohsinn. Von Martina und mir. In zwei Wochen ist Festsitzung der *Vringsveedeler Dschungelbrööder*. Ich bestell dir gerade das Kostüm dafür!«

»Das wagst du nicht!« Innerhalb von Sekunden war Milleck bei ihm und starrte auf die Interseite des Kostümversands.

»Du wirst bombig aussehen«, meinte Joon zufrieden. »Sandbraune Jacke und Hose, schwarzes Koppel und Schulterstücke, das schwarze Käppi ... für zweihundert Euro ein Schnäppchen.«

Barbaratag

Die heilige Barbara ist die Schutzpatronin der Geologen und der Bergleute, aber sie hilft auch gegen Blitzschlag und Feuer. Ihr Gedenktag ist der 4. Dezember und traditionell werden am Barbaratag Zweige von Obstbäumen oder Forsythien geschnitten, die dann spätestens am Weihnachtstag trotz der winterlich kalten Jahreszeit in der Vase blühen sollen (was natürlich auch daran liegen kann, dass es im Wohnzimmer wärmer ist als draußen). Junge Mädchen, die jeden Zweig einem ihrer Verehrer zuordnen, können am ersten Zweig, der erblüht, ablesen, welcher der jungen Männer am besten zu ihnen passt. Trotzdem sollte sich niemand auf das Barbara-Orakel verlassen, wie die Story von Stefan Holtkötter zeigt.

Barbara hilft auch in Kamen

»Mach deine Kasse dicht, Sandy.«

Sie schrak auf. Verdammt. Hatte sie etwa schon wieder geschlafen? Das konnte sie inzwischen wie ein Pferd: einfach fest auf den Beinen stehen, die Augen schließen und wegdämmern. Sie blinzelte. Die grellbunten Christbaumkugeln *Yrsnö* und die Lichterkränze *Skina* aus der Aktionsware blendeten sie. *Weihnachten feiern wie die Schweden* war der Slogan. Mit bergeweise blinkendem Plastikschrott. Der Teamleiter in seiner gelb-blauen *IKEA*-Uniform schien nicht sauer auf sie zu sein. Im Gegenteil. Er blickte eher mitleidig.

»Heute ist eh nichts los«, sagte er. »Geh nach Hause und schlaf dich aus. Ich pass schon auf, dass keiner was merkt.«

»Ja, schlafen«, sagte Sandy. In einem Bett. Was für ein wundervoller Gedanke. Seit Wochen arbeitete sie fast rund um die Uhr, tagsüber bei *IKEA* und nachts als Aushilfe in Ahmeds *Atatürk-Grill* an der Stormstraße. Sie war fest entschlossen, alles zu tun, um das Geld für die Mietrückstände zusammenkriegen. Dreitausend Euro. Die fristlose Kündigung war längst gekommen, die Räumungsklage lief, und wenn sie das Geld bis Weihnachten nicht hatte, würden sie Silvester alle auf der Straße stehen. Sandy und ihre ganze chaotische Familie.

Es war eine absurde Hoffnung, ein Aufbegehren gegen jede realistische Einschätzung ihrer Lage, die sie antrieb. Denn es war im Grunde egal, wie viel sie arbeitete – sie würde das Geld niemals rechtzeitig zusammenbekommen. Und vom Rest ihrer Familie war nicht viel Hilfe zu erwarten. Seit ihrem Vater wegen mangelnder Kooperation das Hartz IV gestrichen worden war und ihre Oma im religiösen Wahn beschlossen hatte, den Großteil ihrer mickrigen Rente per Dauerauftrag der Piusbruderschaft zu spenden, war Sandy quasi die einzige, die noch Geld nach Hause brachte.

Ihr Vermieter, Jens König, ein stadtbekannter, schmieriger Immobilienhai, hatte ihr in Anbetracht der Situation bereits zu verstehen gegeben, wie er sich die Lösung ihres Mietproblems vorstellte. Mit spitzen, schwitzigen Fingern hatte er an ihrer Schulter rumgefummelt und notgeil geflüstert: »Du kannst doch bestimmt eine Internatsuniform auftreiben, oder? So ein Schulmädchending, verstehst du? Wir könnten uns an den Weihnachtstagen ein bisschen amüsieren. Dann gebe ich euch einen Aufschub. Aber bring Rollschuhe mit. Und flechte dir Zöpfe.«

Dabei hatte er sie angegrinst, als wäre längst klar, dass er gewonnen hatte. Natürlich. Leute wie Jens König bekamen immer, was sie wollten.

Der Teamleiter hatte sich bereits abgewandt, als ihm noch etwas einfiel. »Ach, Sandy«, sagte er und machte ein betretenes Gesicht. »Dein Bruder ist übrigens hier.«

»Dennis?« Sie sah sich hektisch um. Das letzte Mal hatte er volltrunken auf ein Ausstellungssofa *Knislinge* gekotzt.

»Keine Sorge. Die Sicherheitsleute haben ihn nach draußen gebracht. Aber du kriegst Probleme, Sandy. Er hat hier Hausverbot. Da kann er nicht einfach so reinschneien.«

Verdammt, Dennis! Wenn er schon den ganzen Tag nur rumsaß und kiffte, während sie versuchte, ihnen allen den Arsch zu retten, konnte er doch wenigstens versuchen, ihr dabei nicht in den Rücken fallen.

»Tut mir leid, Chef. Ich kümmere mich drum.«

Der Teamleiter nickte und verschwand. Sie machte eilig die Abrechnung und hastete durch den Eingangsbereich nach draußen.

Dennis hockte mit seinen schmutzigen Baggy Pants unter dem Vordach neben den Fahrradständern auf einem Ausstellungstisch. Er starrte dumpf vor sich hin. Mal wieder völlig zugedröhnt.

»Dennis! Was machst du hier?« Sie versetzte ihm einen harten Stoß. Er rutschte vom Tisch. »Verdammt, ich verlier noch meinen Job!«

»Ey … was soll'n …« Träge rappelte er sich auf und erst jetzt erkannte er Sandy. »Schwesterherz! Du glaubst nicht, was passiert ist.«

»Du hast hier Hausverbot, du Arschloch. Das weißt du genau.«

»Jetzt hör doch erst mal zu. Ich hab die Lösung. Für unsere Probleme. Wegen der Mietschulden und überhaupt.«

»Ach ja?«, blaffte sie. »Hast du etwa einen Job?«

»Job?« Er blickte etwas verdutzt aus der Wäsche. »Nee, viel besser. Heute ist doch der Barbaratag und …«

Der Barbaratag! Das hatte Sandy ganz vergessen. Das hieß, dass sie die Wohnung ganz für sich hatte, wenn sie heimkam, weil der Rest der Familie ausgeflogen war. Denn am Barbaratag wurde auf dem Kamener Marktplatz gefeiert: mit Bratwurst- und Glühweinständen, einem Bühnenprogramm, dem uniformierten Knappenverein und dem Bergwerksorchester.

Ihre Oma ging hin, weil sie katholisch war, natürlich, und ihr Vater, weil er sich in dem Getümmel besaufen konnte. Sandy würde also tatsächlich einmal in Ruhe schlafen können. Ein Glückstreffer.

»Du kennst doch die Geschichte …«, redete Dennis unbeirrt weiter, »… die mit dem Bergmann, der sich mit dem Teufel eingelassen hat, und dann kam die heilige Barbara, du weißt schon, die mit den Kirschzweigen, die an Weihnachten blühen, und dann hat er mit diesen Zweigen den Teufel besiegt.«

Natürlich war Dennis wieder zugekifft bis oben hin, aber warum interessierte er sich plötzlich für Religion? Da stimmte doch etwas nicht.

»Ja, und weiter?«, fragte Sandy misstrauisch.

»Sie ist mir erschienen!«, brach es aus ihm heraus. »Echt! Heute Morgen! Die heilige Barbara. Es ist ein Wunder! Ich schwöre! Sie ist mir erschienen, um uns zu retten. Wie damals den Bergmann.«

»Ja, is klar!« Sandy zog ihr Fahrrad aus dem Ständer und schob es vom *IKEA*-Parkplatz. Sie wollte nur noch nach Hause. Und schlafen! Dennis lief hinter ihr her.

»Warte doch! Ich schwöre. Sie war es. Heute bei Murat im Schuppen.«

»Bei Murat im Schuppen also?« Murat lebte auf einem abrissreifen Bauernhof direkt am Kamener Kreuz. Der Hof lag in der südwestlichen Ecke des Autobahnkleeblatts und war eine einzige Drogenhöhle. »Was hattet ihr denn da gerade geraucht?«

»Ein bisschen von dem neuen Gras, das Murats Bruder verkauft. Aber nicht viel, nur zum Probieren.« Aufgeregt trabte Dennis neben seiner Schwester her. »Und dann wird es plötzlich hell und eine voll tolle Blondine schwebt da in einem weißen … keine Ahnung, *Umhang* oder was das war, und überall ist Licht, verstehst du? Sie war es. Die heilige Barbara.«

»Dennis, bitte …«

»Nein, jetzt hör doch mal zu. Begreifst du nicht, was das bedeutet? Das ist wie mit den Zweigen. Ich muss *heute* Marihuanastecklinge auspflanzen. Am Barbaratag. Daraus wird dann das beste Zeug, was wir hier je gehabt haben. Die Leute werden uns das aus den Händen reißen. Und dann können wir alle Schulden bezahlen. Das wollte sie mir damit sagen.«

Sandy sparte sich jeden Kommentar und fuhr einfach weiter, und Dennis hechelte hinter ihr her.

»He, stopp doch mal!« Und schon war er vor ihr und versperrte ihr schwer atmend den Weg. »Komm, ich muss noch zum Markt, Murat treffen. Der wartet und es ist schon voll spät … Nimm mich wenigstens mit!«

Wenn sie ihn da stehen ließ, lief er womöglich, bekifft wie er war, ins nächste Auto. Sandy seufzte. Familie!

Sie zeigte nach hinten. »Gepäckträger!

Mit Dennis im Gepäck brauchte Sandy länger als die üblichen zehn Minuten für die vier Kilometer bis ins Zentrum von Kamen. Sobald sie die Seseke überquert hatte, empfing sie in der Altstadt als Erstes die Blasmusik des Bergwerksorchesters. Dann kam der Geruch von Glühwein und Bratwürsten dazu, der durch die Gassen wehte. Und schließlich erreichte sie den Marktplatz. Die überdachte Bühne, die Fressbuden, ein Festzelt und die Eislaufbahn. Trotz des ungemütlichen Dezemberwetters war eine Menge Leute unterwegs, gut eingepackt in Allwetterjacken und die Nasen gerötet vom Glühwein, den es offenbar an jedem dritten Stand gab. Ihren Vater erkannte Sandy bereits von Weitem: eine Schnapsleiche, den Kopf auf dem Tresen einer Glühweinbude abgelegt. Auch ihre Oma entdeckte sie. Mit einem demonstrativ zur Schau getragenen, gnadenreichen Gesicht verteilte sie mit ihren Freundinnen der Gemeindehilfe und unter Aufsicht des Pastors ihre Barbarazweige.

»Ey danke, Sandy, wirklich!« Dennis sprang von ihrem Gepäckträger und winkte mit der Ernsthaftigkeit, wie sie nur Bekiffte zustande bringen, in die Menge. »Murat! Hier! Wir sind hier!«

Murat stand am Crêpestand und mümmelte offenbar in einem Fressflash eine doppelte Nutellacrêpe. Als er sie sah, stopfte er sich den Rest in den Mund und taumelte auf sie zu.

»Ey, Alter!« Er gab Dennis mit nutellaverschmierten Fingern High Five. »Geht das jetzt klar mit dem Schlüssel?«

Sandy runzelte die Stirn. »Dem Schlüssel?«

»Na ja, also … ähm.« Dennis räusperte sich. »Bei Murat auf dem Hof können wir das mit dem Gras nicht machen, weil, da ist ständig die Polizei, wegen seinem Cousin. Du weißt schon, dem Dealer. Aber wir müssen das heute machen, weil ja Barbaratag ist.«

»Und bei euch in der Wohnung geht das auch nicht, klar …«, fügte Murat hinzu. »Die ist zu klein und eure Oma würde das nicht erlauben.«

»Und da dachten wir …« Dennis druckste herum.

»Na ja, du hast doch noch den Schlüssel zum Personalein-
gang vom *Hertie*«, kam Murat auf den Punkt.

Das alte *Hertie*-Haus in der Kampstraße stand jetzt schon
seit mehr als drei Jahren leer und verschandelte die Umgebung. Nur das Parkdeck wurde noch benutzt – vorwiegend
von Jugendlichen, die in Ruhe kiffen wollten, und Autofah-
rern, die sich daran nicht störten. Bis im August 2009 die
Lichter im *Hertie* ausgingen, war Sandy dort Verkäuferin bei
den Haushaltswaren gewesen – und in dem Durcheinander
der Schließung hatte man irgendwie vergessen, ihr den Per-
sonalschlüssel abzunehmen.

»Ihr wollt …? Spinnt ihr?«

»Bitte, Sandy, das ist perfekt«, bettelte Dennis. »Da ist
Platz genug und die Polizei kommt da nie drauf!«

»Wir bauen einen Kellerraum zum Gewächshaus aus«,
schob Murat hinterher. »Wir haben alles, was wir brauchen,
das ganze –«, und seine Zunge verknotete sich beinahe beim
Versuch es auszusprechen, »*Grow Equipment*. Teichfolie,
Silikonkitt, 600-Watt-Lampen, Luftabsauger. Ist alles auf
dem Dachboden bei meinem Cousin. Müssen wir nur rüber-
schaffen.«

»*Grow Equipment*? Teichfolie?« Sandy runzelte die Stirn.
»Ihr schafft es ja noch nicht mal, einen Eimer Wasser umzu-
kippen.«

»Wir schaffen das«, beteuerte Dennis. »Glaub mir. Und
wir müssen das *heute* machen. Wegen der Barbara. Du musst
uns einfach den Schlüssel geben.«

Sie wollte widersprechen, doch die Müdigkeit machte sich
bemerkbar. Sie hatte keine Kraft mehr für eine Diskussion
über die heilige Barbara, Marihuana, *Hertie* und das ganze
Grow Equipment. Also gab sie sich geschlagen.

»Danke, Sandy«, sagte Dennis. »Ich schwöre, damit retten
wir die Familie.«

»Schon klar.« Sie schüttelte den Kopf. »Aber seid bloß
vorsichtig. Gegenüber vom *Hertie* wohnt der alte Apotheker

aus Omas Kirchengemeinde. Der sitzt den ganzen Tag am Fenster. Lasst euch nicht von dem erwischen.«

»Das machen wir nicht. Wir schwören.«

Zwei Schuljungen, die sie mit großen Augen ansahen. Sandy schüttelte resigniert den Kopf, setzte sich wieder aufs Rad und fuhr endlich nach Hause.

Ein paar Tage später lauerte ihr Jens König bei *IKEA* in der Deko-Abteilung auf. Mit seinem schlecht sitzenden Anzug und dem teigigen Gesicht tauchte er plötzlich neben der Baumdekoration *Kallt* auf. Er betrachtete sie lüstern von oben bis unten und drückte ihr dann eine Plastiktüte in die Hand.

»Noch zwei Wochen, Sandy. Hier hab ich schon mal die Schulmädchenuniform für dich!«

»Bitte, Herr König. Ich habe schon sechshundertfünfundsiebzig Euro zusammen, und bis Weihachten sind es bestimmt tausend. Das ist doch eine ganze Menge.«

»Dreitausend Euro oder ihr fliegt raus. Es sei denn … Aber das weißt du ja.« Wieder dieses eklige Grinsen. »Und vergiss die Rollschuhe nicht.«

Sandy fühlte sich furchtbar. Was sollte sie jetzt tun? Den ganzen Arbeitstag dachte sie darüber nach, aber sie fand keine Lösung. Als sie sich dann später zu Hause für ihren Abendjob im *Atatürk-Grill* umzog, war das Familienleben voll im Gange. Ihre Oma ordnete im Wohnzimmer ihre Barbarazweige in der Vase und betete dabei, ihr Vater hing in der Küche besoffen halb über dem Tisch und Dennis spielte wie üblich in seinem Zimmer total bekifft *Farmerama*.

»Hi, Dennis«, sagte sie »Wie steht's denn mit eurem Projekt im *Hertie*-Haus?«

Dennis wandte sich von seinem Computer ab. Enttäuschung stand ihm ins Gesicht geschrieben.

»Ich verstehe das nicht«, meinte er. »Ich hab mich fest auf die Barbara verlassen! Ich meine – das ist doch ihr Ding, das mit dem wachsen lassen und blühen und so. Aber die Pflanzen sind bislang kaum gewachsen! Sie müssten viel größer sein! Sonst können wir Weihnachten nichts ernten!« Er wirkte regelrecht verzweifelt.

Doch so, wie es in dem Zimmer roch, mussten sie schon etwas geerntet haben. Sandy schnüffelte. »Und was stinkt da so?«

Sie entdeckte eine Beule unter seiner Bettdecke und schlug sie zur Seite.

»Dennis!«

Das waren schätzungsweise zwei Pfund Heroin oder Koks in prallen Plastikbeuteln. Und natürlich Marihuana. Eingewickelt in Alufolie und verstaut in Tupperdosen. Sandy war fassungslos.

»Was! Ist! Das!?«

»Reg dich ab. Keine Panik. Das gehört Murats Cousin. Der hat Muffe, dass die Bullen 'ne Durchsuchung bei ihm machen. Er holt es in ein paar Tagen wieder ab.«

»Aber du kannst doch nicht …«

»Der Cousin ist in Ordnung. Es darf nur nichts davon verloren gehen.« Sein Gesicht verfinsterte sich. »Sonst sind wir tot.«

»Aber wie kannst du ihm das erlauben?«

»Hab ich ja gar nicht. Die Oma hat's ihm erlaubt. Der hat mit ihr im Wohnzimmer stundenlang gequatscht, über Jesus und so.«

»Hat sie überhaupt verstanden, worum es hier geht?«

»Natürlich nicht. Aber sie findet, Murats Cousin ist ein guter Christ.«

»Er ist Moslem! Mein Gott, Dennis!« Sandy schüttelte verzweifelt den Kopf und deutete auf die Drogen. »Ich habe das hier nicht gesehen. Damit will ich nichts zu tun haben.«

Sie war schon beinahe draußen, als Dennis ihr hinterherrief: »Sandy! Ich weiß, wir sind dir alle keine große Hilfe. Aber ich schwöre, mein Plan wird am Ende funktionieren. Die heilige Barbara hilft uns. Wir werden das Geld zusammenkriegen.«

»Und was, wenn nicht?«, schrie sie zurück. Doch Dennis war schon wieder in seinem *Farmerama* abgetaucht. Wenn nicht, dachte Sandy, kann die heilige Barbara sich die Schulmädchenuniform anziehen und zu Jens König gehen.

Die Tage vergingen, ohne dass sich etwas Wesentliches an der Situation änderte. Immerhin holte Murats Cousin nach und nach seine Drogen wieder ab, nicht ohne dabei jedes Mal von der Oma in eine längeres Gespräch über Jesus, Gott und die Welt verwickelt zu werden.

Ihr Vater, der offenbar ahnte, dass er als Familienoberhaupt ein Totalversager war, kam nur noch nach Hause, um seinen Rausch auszuschlafen, den er sich bei seinen Touren durch die Altstadt zwischen Nordenmauer und Ostenmauer angetrunken hatte.

Sandy verkaufte weiter tagsüber Weihnachtsdeko bei *IKEA* und nachts Dönerteller im *Atatürk-Grill*, doch ihr war klar, dass sie das Geld, das Jens König verlangte, nicht bis zum Termin zusammenbringen würde. Aber sie versuchte es wenigstens. Auch die Marihuanapflanzen der Plantage im Keller der *Hertie*-Ruine, bei der Dennis jeden Tag vorbeischaute, würden es nicht bis Weihnachten bis zur Blüte schaffen.

Sandy fragte sich, wieso noch niemandem die zugeklebten Kellerfenster und die fantasievolle Rohrkonstruktion der Bewässerungsanlage im Hof aufgefallen waren. Oder die Stromrechnung, die die beiden Hanfgärtner mit ihren Speziallampen fabrizierten. Wie dumm konnte die Polizei eigentlich sein? Aber die Aktivitäten von Dennis und seinem Kumpel Murat blieben unentdeckt.

Als dann an Heiligabend, an dem der Sage nach die blühenden Barbarazweige den Bergmann vor dem Teufel gerettet hatten, die kleinen Pflänzchen immer noch weit davon entfernt waren, erntereif zu sein, fühlte Dennis sich von der heiligen Barbara endgültig übers Ohr gehauen. Was auch immer die Erscheinung am Kamener Kreuz ihm hatte mitteilen wollen – mit dem Anbau von Marihuana hatte es offensichtlich gar nichts zu tun gehabt.

Als Dennis und sein Vater am Heiligabend vollgedröhnt und betrunken im Wohnzimmer lagen und die Oma in der Küche den schmerzensreichen Rosenkranz betete, fügte sich Sandy ihrem Schicksal. Sie zog Bluse, Rock, Kniestrümpfe und Krawatte der Schulmädchenuniform an, stieg in ihre alten Rollschuhe, warf sich einen Mantel über und rollte leise aus dem Haus.

Es war einsam auf den Straßen. Hinter den Fenstern leuchtete überall der Weihnachtsschmuck. Auf ihren Rollschuhen bewegte sich Sandy wie auf Eiern, seit ihren Teenagertagen war sie damit nicht mehr unterwegs gewesen. Am liebsten hätte sie losgeheult. Doch sie musste jetzt stark bleiben. Sie tat das für ihre Familie.

Jens König empfing sie in seinem protzigen Loft am Postpark. Gerade als Sandy unten ins Haus gekommen war, hatte sich ein Typ, der sie irgendwie an Murat erinnerte, an ihr vorbei nach draußen gedrückt. Oben räkelte sich Jens König auf einer Ledercouch, die garantiert nicht von *IKEA* stammte.

»Ahhh!«, sabberte er mit lüsternem Blick, als er Sandy sah. »Bescherung!« Dann beugte er sich vor und zog genüsslich eine Linie Koks vom gläsernen Couchtisch. Er zeigte Sandy seine gelben Zähne. »Dreh dich!«, befahl er. »Ich will sehen, was ich bekomme.«

Sandy ließ ihren Mantel auf den Boden fallen. Nun stand sie in ihrer knappen Schulmädchenuniform vor ihm. Beim Versuch, eine Pirouette zu drehen, verlor sie die Kontrolle über die Rollschuhe und ging in die Grätsche.

»Hast du deine Hausaufgaben gemacht?« Ein hässliches Lachen erklang. »Oder warst du wieder faul und bist ein böses Mädchen gewesen? Muss ich dich bestrafen?«

Sandy spürte Ekel in sich aufsteigen. »Ja, ich bin ein böses Mädchen gewesen!«, spielte sie mit leierndem Tonfall mit. »Ich muss bestraft werden!«

Jens König beugte sich wieder über seinen Glastisch und drehte einen Joint. Genüsslich zündete er ihn an.

»Komm her. Ich zeig dir, was ich mit unerzogenen Mädchen mache. Los, herkommen und auf die Knie!«

Er öffnete seinen Gürtel, lehnte sich zurück, inhalierte tief und fixierte sie mit gierigen, bösartigen Blicken. Sandy ging auf die Knie und schloss die Augen.

Von draußen war ein Glöckchen zu hören. Dann noch eines. Jens König schwieg. Sandy wartete. Nichts geschah. Vorsichtig öffnete sie die Augen. Zu ihrer Überraschung krümmte sich Jens König auf dem Sofa. Seine Augen traten hervor und Schaum quoll aus seinem Mund. Die Glocken draußen wurden lauter. Er würgte, griff sich an den Hals, lief blau an. Und dann, ganz plötzlich, erschlaffte sein Körper und sein Blick starrte leblos ins Leere.

Sandy blickte sich um, verstand nicht, was passierte. Sie kam mit Mühe wieder auf die Beine und rollte zum Sofa. Es war kein Traum, es war Wirklichkeit: Jens König war tot.

Draußen bimmelte es jetzt überall. Offenbar war die Christmette vorbei. Völlig verstört öffnete sie das Fenster und sah hinaus. Der Lärm der Glocken schien die Altstadt einzuhüllen, wogte durch die kalte Dezemberluft und löschte jedes andere Geräusch aus. Sandy kam die Sage der heiligen Barbara in den Sinn: Als am Ende der Teufel besiegt wurde, war das gesamte Ruhrtal erfüllt von mächtigem Weihnachtsgeläut. So abwegig es auch sein mochte, Dennis schien recht zu behalten: Die heilige Barbara hatte sie tatsächlich gerettet.

Die Todesnachricht sprach sich an den Weihnachtstagen in der Kirche und nachmittags beim Kaffeetrinken wie ein Lauffeuer herum.

»Jens wurde mit Strychnin vergiftet«, schnappte Sandy auf. Und: »Die Polizei sagt, es war dem Kokain beigemischt, das er genommen hat. Sie fahnden nun nach dem Drogendealer. Einen türkischen Mann vom Kamener Kreuz.«

Sandy fragte sich, warum Murats Cousin Jens König ermordet haben sollte. Ihre Schulmädchenvisite am Heiligabend war wohl unbemerkt geblieben.

Verwirrt sah Sandy ihrer Oma zu, die die blühenden Barbarazweige in der Vase sortierte und dabei ein Gebet murmelte: »Nimm unseren Gruß entgegen, Sankt Barbara, du Licht auf dunklen Wegen, du Schützer in Gefahr.« Als sie Sandy bemerkte, lächelte sie voller Güte.

Es war Sandy, als fasste eine kalte Hand nach ihr. Hatte die Oma nicht dauernd mit Murats Cousin im Wohnzimmer gehockt? Hatten sie da tatsächlich nur über Jesus geredet? Sandy dachte an den alten Apotheker, der gegenüber vom *Hertie*-Haus wohnte.

»Sag mal, Oma. Meinst du, ein Apotheker könnte Strychnin besorgen?«

Sie sah überrascht auf. Ihre Augen verdunkelten sich.

»Ich weiß nicht, wovon du redest.«

Das Telefon klingelte. »Jens … Herr König … Ihr Vermieter«, sagte eine Frau mit belegter Stimme am anderen Ende. »Er war mein Bruder …«

»Oh«, sagte Sandy. »Ich meine: mein Beileid!«

»Die Kripo hat mich informiert und ich verschaffe mir gerade einen Überblick hier in seinem Büro … was ich sagen will: Ich habe diese Räumungsklage gegen Sie gefunden … Das geht natürlich nicht. Sie bleiben in der Wohnung und wegen der Miete finden wir eine Lösung.«

»Da… danke!«, stammelte Sandy. »Frau …«

»König«, sagte sie. »Barbara König!«

Sandy starrte noch auf den Hörer, lange nachdem die Anruferin aufgelegt hatte. Ihre Oma hatte die letzten Zweige geordnet, trat zurück und schlug ein Kreuz. »Sankt Barbara, dir sei der heut'ge Tag geweiht. Dich ehren wir und froh erschalle ein Lied zu dir in Dankbarkeit.«

Nikolaustag

Der Nikolaustag am 6. Dezember ist der Todestag des Bischofs Nikolaus von Myra, der in der ersten Hälfte des vierten Jahrhunderts lebte. Weil er nachts drei jungen Frauen mit einem Goldgeschenk aus der Not half, entwickelte sich daraus im Mittelalter der Brauch des Schenkens. Heute finden Kinder in ihren Schuhen, die sie am Abend zuvor vor die Tür gestellt haben, kleine Überraschungen. Die hat der Nikolaus über Nacht gebracht, als Belohnung für gutes Benehmen und gute Noten. Dass der Bärtige aber noch ganz andere Präsente parat hat, beweist die Story von Edda Minck.

Edda Minck

Stumpfes Trauma in Bergkamen
oder: Lionel is coming to town

Ho, ho, ho, kann ich reinkommen? Ich hab gehört, das Shoppingcenter sucht einen neuen Nikolaus …

Hier sitzt du also … Überwachungszentrale! Ho, ho, ho …

Mein Gott, Werner, erkennst du mich nicht?

Ich bin es, Lionel. Heideschule, Overberg. Klingelt's? Rischtisch!

Ich hab dich vorhin unten gesehen, als euer Nikolaus 'n Abgang gemacht hat … Bist ein bisschen spät eingetrudelt, hast es dann aber gut im Griff gehabt, sicherheitsdienstmäßig, Kompliment. Stabile Seitenlage, Notarzt, absperren, alles wie aus dem Lehrbuch. Doch, doch, du machst hier 'nen guten Job in deiner Überwachungszentrale.

Aber nach Hightech sieht das hier ja nicht gerade aus. Komm, gib's zu – hier wird gar nichts aufgenommen. Aber draußen die dicken Schilder hinhängen: *Unser Sortiment wird dauerhaft videoüberwacht!*

Also, nee, Werner. Du bist ein Spaßvogel. Wen willst du mit deinen Pappkameras eigentlich erschrecken?

Ich setz mich mal. Kann man besser reden.

Und jetzt lass mal die Luft raus. Um den alten Dittmann ist es doch nicht schade. Jeder muss sterben. Der eine früher, der andere später. Bei dem war früher noch nicht früh genug.

Dittmann … der schlechteste Nikolausdarsteller der Welt.

Ja, den hab ich gekannt. Flüchtig. Sozusagen. Nee, der kommt nicht wieder, glaub mir. Der is hin, hundert Pro, schließlich hab ich ihm das Licht ausgeblasen.

Was? … Und ob ich das war!

Im Affekt? Nee, Affekt ist nicht mein Stil. Das war geplant.

Nikolausgeschenk für meine Oma. Der war Blockwart in der Schrebergartenanlage – und der musste weg. War höchste Zeit.

Der immer mit seiner Wassersparerei. Das kann er zu Hause machen, bei seiner Ollen. Aber nicht im Schrebergarten, wenn bei meiner Oma im Sommer die Himbeeren eingehen, weil der wieder das Wasser abgedreht hat. Und immer mit seiner Kantenbürste die Pflastersteine vor seiner Laube am Schrubben und bei den andern am Meckern, wenn da wieder ein Grashalm aus der Wiese hochguckt.

Mann, die Kleingärtner von *Haus Aden* zünden heute Freudenfeuer an. Wirst sehen, die ganze Barbarastraße eine einzige Partymeile. Sag jetzt bloß nicht, dass ihr hier im Shoppingcenter nicht gemerkt habt, was der für'n Arsch war. Wie ist der überhaupt an die Stelle als Nikolaus gekommen? Hat 'ne fette Rente und nimmt irgendeinem Studenten noch den Job als Nikolaus weg ... so was kann ich leiden! Da staunst du, was ich alles weiß.

Nee, ich wohn schon lange nicht mehr in Bergkamen. Ist mir gleich nach dem Abitur zu klein geworden. Ich wollte was von der Welt sehn, auch mal weiter kommen als bis Dortmund, oder?

Ich hab Geschäfte im Ausland gemacht. *You know?* Aber jetzt, zu Weihnachten, denk ich, besuchste mal die Oma ... Man weiß ja nicht, wie lange man die noch hat.

Was guckst'n jetzt so kariert ausser Wäsche?

Geht wohl nicht in deinen ostwestfälischen Quadratschädel, dass einer aus Bergkamen im Ausland so richtig Knete macht?

Ach, so. Verstehe, du willst wissen, womit. Werner, ich bin Auftragskiller. Aber: Klappe! Muss man nicht an die große Glocke hängen.

Was?

Musst du auch nicht glauben. Aber dann frag dich mal, warum es den Nikolaus vorhin so elegant hingehauen hat. Schon komisch, oder?

Und guck dir meinen Schlitten vor der Tür an. Von nix kommt nix. Und guck dir im Gegenzug mal den Schädel von dem Dittmann an. Saubere Arbeit. Ich dachte erst, die Mütze von dem Weihnachtsmannkostüm würd mich dran hindern, einen sauberen Schlag anzusetzen. Aber dann hat's doch gepasst.

Werner? ... Brauchst'n Arzt?

Warum ich das mitten im Einkaufszentrum durchgezogen hab, wo alle Blagen dabei sind?!

Ich bitte dich! Die kleinen Scheißer haben heutzutage schon mehr Morde im Fernsehen gesehen, als dein Opa im Russlandfeldzug. Die stecken das weg.

Außerdem ging das ratzfatz – zack! Wie meine Oma mir das beigebracht hat. Jahrelang die Tauben gekeult und die Hühner für die Züchter, weil die hohen Vereinsherren zwar was Zartes auffem Teller haben wollten – aber sich dafür die Finger blutig machen, nee, das wollten se nicht. Dafür haben die meine Oma geholt. Und bevor die sich auf ihre alten Tage persönlich an dem Dittmann vergreift, hab ich gedacht, ich mach das mal, damit Oma endlich ihre Ruhe hat. Bot sich grad so an. Wie gesagt: statt Nikolausteller. Toter Dittmann macht auch nicht so dick wie'n Sack voll Blätterkrokant. Das weiß die Oma zu schätzen.

Und es ist besser, ein Profi erledigt das für sie.

Nicht, dass die das nicht selbst gekonnt hätte. Glaub ma bloß! Der Dittmann hätte täglich ins Gras beißen können, so sauer war meine Oma auf den. Ich hab schon gedacht, der wär fällig, als der die Hecke von ihrem Gartengrundstück rausgerissen hat – einfach so. Meine Oma sagt, dass sie da Jahre für gebraucht hat, bis die blickdicht, und dann kommt der einfach daher und macht alles kaputt. »Da nistet nur Ungeziefer drin«, hatter gesagt und meiner Oma einen

Prospekt für grünen Maschendrahtzaun in die Hand gedrückt.

Woher ich das weiß? Na – weil ich bei der Oma wohn, solang ich hier bin, du Heiopei! Draußen in Oberaden. Ist ja immer noch ziemlich beschaulich da. Ich krieg da echt Nostalgie. War ja nicht alles schlecht, damals in Bergkamen, so in den Siebzigern.

Weisste noch, wie die Typen von der Berufsberatung bei uns durch die Schule gezogen sind, mit ihren Empfehlungen?

Oma hat sofort gewusst, dass der Arbeitsamtaffe schief gewickelt war. »Friseur«, hat sie gesagt, »dat is nix für unsern Lionel.« Und damit war das vom Tisch. Und dann hat sie mich gefragt, ob ich mir vorstellen kann, echte Handarbeit zu lernen ... effektive Handarbeit. Ich denk so – Häkeln meint die damit bestimmt nicht. Und so bin ich beim vegetarischen Siziliano im Eissalon gelandet. In der Siedlung ging das Gerücht, der wäre vor seiner eigenen Familie auf der Flucht ... du verstehst ... die Familie!

Während ihr Hosenscheißer vorne im Salon Stracciatella gelöffelt habt, hab ich von dem alles gelernt, was ein Auftragskiller wissen muss.

»Lionelli«, hat der immer zu mir gesagt, »mein Junge, dasse isste wie Gehirnchirurgie.« Stimmt ja auch. So was macht man nicht aus der Lameng. Ich sag immer: Fit sein, wach sein – und auf die Regeln achten, vor allem, auf die selbst gemachten. Jetzt nur mal nebenbei – in meinem Job gibt's nur selbst gemachte Regeln. Gibt kein Buch, wo das drinsteht – *Auftragskiller für Dummies* oder so. Könnte ich aber eigentlich mal schreiben ... oder schreiben lassen ... Könnte man prima vorlesen ... in Bergkamen bei diesem Krimifestival. Da würde das doch hinpassen, oder?

Aber, wo war ich?

Also, Rummurksen bringt's nicht. Das geht voll nach hinten los, wie bei so vielen Hobbystümpern, die meinen, sie könnten mal eben so ihre Alte umlegen. Fliegt immer auf. Da wird getrickst und verschleiert und ein unglaubliches Bohei gemacht, und am Ende kommt immer alles raus. Der Erfolg, und das kann ich dir ganz offen sagen, liegt in der Schlichtheit. Je einfacher, desto weniger Spuren. So ist das. Haste doch eben gesehen – oder besser gesagt – nicht gesehen.

Wie jetzt? Meine Regeln?

Kann ich dir sagen, Werner. Wir sind ja unter uns: Finger weg vom organisierten Verbrechen. Nix *tutti la familia*. Hat der Siziliano mir eingebleut. Das ist Punkt eins. Punkt zwei: Ich hau nur alte Leute weg. Alt im Sinne von über fünfundsechzig. Junge Leute – nee, da hätte ich das Gefühl, ich nehme denen was weg.

Also: Der Kunde darf nicht jünger sein als fünfundsechzig. Und auf der anderen Seite: So Komaleute im Krankenhaus oder Krebs im Endstadium – so was geht auch nicht. Da bleibe ich hart. Mit dem lieben Gott soll man keine Deals machen, *you know?*

Und Punkt drei: Der Auftraggeber muss dabei sein, wenn ich es erledige. Beim Mord. Genau! Nicht dass so ein Depp einfach denkt, dasser mich bloß mal anrufen muss und zack!, schon mach ich die Drecksarbeit. Nee, nee, nicht mit mir! Ich will den Kunden an meiner Seite haben. Erstens liefere ich saubere Arbeit ab – da kann man ruhig bei zugucken. Kein Thema. Außerdem isses auch schon vorgekommen, dass der Kunde plötzlich den Schwanz einzieht, weil's da 'ne Versöhnung gegeben hat oder weil ihm die Muffe geht oder was weiß ich. Alles schon da gewesen. Und jetzt stell dir vor, der will den Job abblasen und kann mich nicht erreichen. Weil ich mein Handy immer ausmache, wenn ich einen Job erledige. Was soll er da also machen? Mir sein Storno auf die Mailbox quatschen, während ich da vor Ort schon zugange bin? Geht ja wohl gar nicht.

Siehst du, Werner, das ist eigentlich schon alles.

Die Kohle? Ja, Kohle nehm ich natürlich auch dafür.

Pauschal zehntausend, plus Spesen. Vorkasse. Bar auf die Hand. Kleine Scheine, nichts über Zwanziger. Sonst läuft da gar nichts.

Wieso hast du's plötzlich eilig? Komm, die paar Minuten hast du noch, bevor deine Martha kommt und dich abholt. Ist doch schön, wenn man sich mal richtig ausquatschen kann. Du hast ja nicht alle Tage einen Könner aus der Branche am Tisch, nicht wahr?

Ich? ... bin Spezialist für stumpfes Trauma. Das hat sich für die Altersklasse, die ich bediene, total bewährt. So ein Schädel hält ja auch nicht ewig und im Alter fängt die Birne ganz schön an zu bröseln. Das merkste sicher auch bei dir schon, was Alter? Nichts für ungut. Kleiner Scherz.

Normalerweise arbeite ich mit einem kurzen Baseballschläger. Oder wenn es die Situation erfordert, nehm ich auch schon mal eine leere Colaflasche. Die kleinen Viertelliterdinger aus Glas. Die halten mächtig was aus. Hab ich mal innem Kinofilm gesehen, da fällt eine Colaflasche aus einem Flugzeug. Peng! Mitten in die Savanne oder so ... spielte in Afrika. Den Rest hab ich vergessen, aber was ich nicht vergessen hab: Die Flasche, also, die fällt aus dem Flugzeug und ist nicht kaputt!

Ja, da guckste, was? Die sind unkaputtbar.

Manchmal hat die Kundschaft auch Sonderwünsche. Ich meine, bitte sehr, wenn das machbar ist, *why not* ... Golfschläger oder so geht noch. Aber Kettensäge, Wagenheber, Schusswaffen und so Kram, nee. Manche wollen auch, dass ich das Zielobjekt mit dem Auto umniete! Das ist auch so ein No-go, das ist total nicht sicher, und wenn ich nicht aufpasse, hab ich auf einmal den Airbag inner Fresse und 'ne Schrottkarre am Hals. Nee, nee.

Ideal ist eigentlich so 'n Überfall. In der Öffentlichkeit, am helllichten Tage. Wenn der Auftraggeber danebensteht, sieht's sogar aus, als hätte der bei der spontanen Tat eines Irren auch mit draufgehen können. Da kann der sogar bei den Bullen seine Aussage machen mit allem Pipapo, da fällt kein Verdacht auf den.

Genial, oder?

Bei dem Dittmann vorhin hat das super geklappt. Der hat auffer Aktionsfläche am Eingang die Nikolausshow für die Blagen abgezogen mit »Ho, ho, ho« und »Warsse denn auch brav?« und »Komma bei mich auffen Schoß, kleine Petra!«. Hat alles so gemacht wie schon die Tage vorher immer und plötzlich ist der rückwärts vom Stuhl gefallen, einfach so, direkt mit dem Kopf auf diesen fiesen gusseisernen Weihnachtsbaumständer. Und nach was sieht das aus, Werner?

Rischtisch! Unfall.

Kann meine Oma bezeugen. Die stand direkt daneben. Und ich aber auch. Kannste die Gerti aus dem Friseursalon fragen. Ich hatte mit der grad vorher noch 'ne Cola gezischt, hatte ich mir im *Kaufland* besorgt, also für mich 'ne Cola und für die Gerti ein Piccolöchen. Und meine Oma hat beim Dittmann gestanden und es sich nicht nehmen lassen, ihm noch mal ordentlich Bescheid zu stoßen wegen dem Maschendrahtzaun.

Und bums, fällt der in den Weihnachtsbaumständer.

Mein Gott, Werner! Der ist echt annem Ständer gestorben! Schöner geht's doch gar nicht.

Ich könnt mich immer noch beömmeln. Dem sein Gesicht, wie der so hinten rüberschlägt. Und die Oma erst …

»Dat is dein Meisterstück, Junge«, hat die hinterher gesagt und ganz stickum die Colaflasche in ihre Handtasche gesteckt, mit der ich beim Dittmann … du weißt schon.

Aber das bleibt jetzt unter uns. Normalerweise erlaube ich keine Andenkensammelei bei der Kundschaft. Is klar!

Warum mich keiner wiedererkennt, wenn ich diese Überfallnummer mache? Mensch, Werner, hast du mich erkannt, als ich vorhin mit den anderen Gaffern bei dem kaputten Nikolaus gestanden hab? Oder als ich hier reingekommen bin, eben? Siehste! Lionel und seine Allerweltsvisage. Manchmal hat meine eigene Mutter mich nicht erkannt, wenn ich aus der Schule kam. Vielleicht hat meine Oma deshalb drauf bestanden, dass ich so einen komischen Namen krieg. Lionel. Damit die Leute sich wenigstens an irgendwas erinnern. Wer weiß, sonst würde ich vielleicht heute immer noch auf der Babystation vom Hellmig-Krankenhaus drauf warten, dass ich abgeholt werde.

He! Jetzt lach doch mal. Das war 'n echter Killerjoke.

Versuch mal, mein Gesicht zu beschreiben ...

Na? Gib's zu, du kannst es nicht.

Und was lernt mich das? In jedem Problem steckt auch eine Lösung. Und jetzt hör auf, mit deinem Handy rumzufummeln. Kein Erinnerungsfoto! Du willst doch unser Wiedersehen nicht verderben?!

Übrigens, super Jacke, die du da anhast. Blöd nur, dass da *Security* falsch geschrieben ist. *Security* schreibt man mit einem C und ohne J.

Warum lachst du jetzt?

Ach so, du glaubst, du hast mich im Sack, weil ich hier bei dir sitze ...

Na und?

Werner, red keinen Scheiß... Du hast mich grad festgenommen?! Seit wann das denn? Ich sitze hier, ein unbescholtener Bürger der Vereinigten Staaten von Amerika, auf Urlaub in der alten Heimat, der bei einem Unglücksfall im Shoppingcenter Ersthelfer war. Denn als es passiert ist, da warst du ja Gott weiß wo im Center unterwegs. Bestimmt wieder oben bei der Christel von der Post. Werd mal nicht komisch. Oma hat erzählt, dass du da was am Laufen hast ...

Das hat über fünf Minuten gedauert, bis du unten bei dem Dittmann warst. Handgestoppt!

Hallo! Mach den Mund zu, es zieht!

Klar, darfst du mich was fragen.

Yo, man: Ich fliege heute Abend wieder in die Sonne und du latschst hier bis Ladenschluss durch eineinhalb Etagen und musst gucken, dass die Blagen keine Alcopops klauen. Und wenn du Glück hast, geben sie dir was davon ab. Siehste, Werner, du hast zwar 'nen Gummiknüppel am Gürtel, aber benutzten darfst du den nicht. Augen auf bei der Berufswahl. Mir sagt keiner, tu dies, tu das – kein Chef und keine Ehefrau.

Guck doch mal in den Spiegel, Werner.

Ja, mach mal ruhig.

Was siehst du da?

Nicht weinen, jetzt, Alter. Der Schreck geht vorbei.

Im Gegensatz zu mir versauerst du hier in deinem Bergkamen und passt auf die moderne Kunst im Kreisverkehr auf, und ab und zu fährste nach Dortmund, um mal richtig die Sau rauszulassen. Du musst zweihundert Euro an deiner Martha vorbeischmuggeln, damit dich so 'ne Bordsteinschwalbe durchnudelt, weil die Christel von der Post auch nicht Dolly Buster ist.

Nee, ich wollte deine Laune nicht verderben. Ich sag nur, wie es ist.

Guck mich an. Hab ich eine Falte im Gesicht? Und mein Teint ist echt, nix Sonnenbank. Ich hab einen Kilometer Strand vor meiner Hütte, da, wo ich zu Hause bin. Ich muss nicht *Flipper* im Fernsehen gucken, ich geh mit Flipper schwimmen und trink abends Cocktails mit Schirmchen. Du hast Fototapete – ich hab das Original.

Werner, was ist jetzt wieder? Spuck es aus.

Ach, wie ich an meine Aufträge rankomme? Das kann ich dir sagen. Ich inseriere. Unter *Entsorgung von Biomaterial*. Der Rest ist Mundpropaganda. Ich hab 'ne Warteliste von hier bis Honolulu.

Werner?

Nee, nich im Ernst jetzt?!

Bist du total bekloppt geworden? Einen Compagnon? Ich? Hast du sie noch alle? Du und ich? Nee! Dir fehlt eindeutig die sittliche Reife dafür. Ja, Bulle sein … in Bergkamen und nach der Rente hier im Center einen auf Security machen, Mann, du hast eine Arbeitnehmermentalität, da ändert deine *Miami-Vice*-Sonnenbrille auch nix dran. Versteh das doch. Mein Leben ist nix für dich. Und überhaupt. Du müsstest erst mal Englisch lernen.

Ja, ja, träum weiter, Alter!

Ach, was?! Dann mal Butter bei die Fische: Hast du in deiner Zeit als Bulle mal einen mit deiner Dienstwaffe abgeknallt?

Wie, nicht absichtlich und nur ins Knie?! Werner, mein Geschäft ist absichtlich. Volle Absicht. Hundert Prozent tödlich. So, wie du drauf bist, muss ich nach deinem ersten Einsatz erst mal einen Psychologen für dich anheuern. Du bist doch jetzt schon traumatisiert, nur weil ich dir reinen Wein einschenke. Denk an dein Reihenhäuschen und deine Martha.

Ach, du meinst, die wäre das Problem.

Die Martha? O nein. Kommt gar nicht infrage. Dass ich meiner Oma 'ne Freude gemacht hab, heißt noch lange nicht, dass ich hier 'ne Filiale aufmache. Und Lionel ist nicht in Spendierlaune.

Wo willst du denn zehntausend Öcken herkriegen? Nee. Vergiss es. Meinetwegen schubs deine Gattin in den Kreisverkehr – ja genau, den mit dem blauen Pinn in der Mitte an der Landwehrstraße neben dem *Penny-Markt*.

Ach, das kannst du nicht! Ich bitte dich, ihr kauft da doch immer ein. *Jesus fuckin' christ …*

Werner, hör auf zu flennen. Nei-en, du kannst mich nicht besuchen kommen. So, und schmeiß das Blatt da von deinem Notizblock weg. Das ist doch alles Unsinn, was du da gekritzelt hast.

Geständnis? Wassen für 'n Geständnis?

Ich – ein Auftragskiller?!

Werner, Werner – willst du in der Klapse landen?

Hallo-o: Ich bin's, der Lionel, dein alter Schulkumpel. Ich hab eine mobile Gebäudereinigungsfirma, drüben in den Staaten. So steht's auf meiner Visitenkarte. Das ist alles. Ich kille Kakerlaken und andere Schädlinge, auch große, an die sich sonst keiner rantraut. Heute hier, morgen dort ... *Global Player, you know.*

Du solltest die Finger vom Alk lassen – ich riech das bis hierher. Das könnte deinem Boss nicht gefallen. Und deiner Frau auch nicht ... Höre ich da etwa das Quietschen ihrer orthopädischen Schuhe auf dem Flur? Die müsste doch gleich kommen, die Martha, oder?

Ich muss jetzt los. Oma wartet. Wir wollen zum Mittagessen an die Marina. Für die alte Dame ist das der Duft der großen weiten Welt. Da geht sogar der Bürgermeister hin, hat sie mir gesagt.

Ach, da ist ja die holde Gattin.

Hallo, Martha.

Pünktlich wie 'ne Schweizer Uhr. Komm rein. Kannst dich setzen, mein Stuhl ist noch warm.

Und jetzt, Werner ... Was meinste, warum ich gewartet hab, bis die Martha hier is?

Was ich mit der Colaflasche will? Werner! Hast du mir nicht zugehört?

Martha, möchtest du ihm noch was dazu sagen? Nee?

Nix für ungut, Alter. Vertrau mir, Lionel weiß wie's geht.

Weihnachten

Weihnachten ist mit Ostern und Pfingsten eines der Hauptfeste des Christentums. Das ›Hochfest der Geburt des Herrn‹, welcher, der biblischen Überlieferung folgend, in einem Stall in Bethlehem zur Welt kam. Auch im Weltlichen ist Weihnachten einer der höchsten Feiertage – der Boom der Weihnachtsmärkte und Weihnachtsdekoration beginnt oft schon Ende November. Und die Einzelhandelsumsätze erreichen ihre Höhepunkte an den vier Adventswochenenden. Erst wenn dann am Vormittag des 24. Dezember die letzten Geschenke gekauft sind, setzt die weihnachtliche Ruhe ein. Vor dem Hintergrund dieser festlichen Vorfreude hat Startenor René Kollo seine Story über einen mysteriösen Todesfall in Hagen angesiedelt. Und wie es zu einem Künstler aus dem Opernmilieu passt – mit großer Tragik versehen!

René Kollo

Große Oper Hagen

20. Dezember

Bei dämmrig regnerischem Dezemberwetter, am Rande der Bürgersteige lagen noch dreckige Reste des novemberlichen Schneefalls, ging er gerade über einen Zebrastreifen und konnte sich mit einem beherzten Sprung gerade noch vor einem viel zu schnell heranrasenden Auto retten.

So ein Scheißer! Eiskaltes Wasser stand in seinem linken Schuh und sein Hosenbein war klatschnass. Dabei hatte er den Anzug doch gerade erst reinigen lassen.

Vollidiot! Und auch noch ein *Phaeton* … brummte Albrecht durch die Zähne, nur der Name schick …

Phaeton, Sohn des Gottes Helios, bat seinen Vater inständig, doch nur ein Mal den Himmelswagen mit den vier feuersprühenden Pferden lenken zu dürfen. Helios riet ab, weil zu gefährlich, doch wie Söhne nun mal so sind … Die vier Pferde, der goldene Himmelswagen und Phaeton stürzten wie eine glühend goldene Sternschnuppe vom Himmel herab und verbrannten die ganze Erde.

Ich sollte mich zur Abteilung *Organisierte Kriminalität* versetzen lassen, überlegte Kommissar Werner Albrecht. Da würde ich diesem Phaeton-Fahrer schon auf die Spur kommen. Sicherlich ein Wirtschaftskrimineller …

Albrecht lehnte sich an einen Laternenpfahl, zog seinen Schuh aus und schüttete das Wasser heraus. Das würde genügen müssen, denn um zwanzig Uhr musste er in der Oper sein. Er wollte sich die *Götterdämmerung* von Richard Wagner anschauen. Im Großen Haus des *Theater Hagen* an der Elberfelder Straße.

Opern waren seine Leidenschaft. Immer schon. Die Oper war Mord und Totschlag in Reinkultur: Gattenmord, Kindermord, Tyrannenmord oder politischer Mord – zu allem gab es eine Oper.

Mein Gott, dieser Phaeton-Fahrer eben wäre ja fast seine eigene Götterdämmerung geworden. Und das auch noch kurz vor Heiligabend.

Auf dem Weihnachtsmarkt zwischen Volkspark und Friedrich-Ebert-Platz war trotz des kalten und regnerischen Wetters einiges los. Jetzt, vier Tage vor dem Fest, tobten die Kinder übermütig zischen Losbuden und Karussells herum, und die meisten Erwachsenen schlürften einen heißen Glühwein. Man stand dicht zusammengedrängt an den Buden und trank trotzig lächelnd gegen das Wetter an.

Werner Albrecht steuerte die *Westfalen-Klause* an, eine Bude für Würstchen und Bier, die sein Stammtischfreund Heinz jedes Jahr auf dem Weihnachtsmarkt aufbaute. »Lass mich mal an dein Heizgebläse«, sagte er und deute auf sein nasses Hosenbein. »Ich will noch in die Oper. *Götterdämmerung.*«

Sein Freund öffnete ihm lächelnd die Klappe vom Tresen. »Dann grüß mir den Kraic, der singt den Siegfried. Toller Sänger, wahnsinnige Stimme! Der hat hier ab und zu mal ein Bierchen getrunken. Wirkte irgendwie ein bisschen … deprimiert. Tat mir richtig leid.«

Während seine Hose trocknete, lauschte Werner Albrecht den verschiedenen Dialekten der Gäste an der Bude – er hörte den Zungenschlag des echten Hageners, den trockenen Tonfall des Westfalen und auch den ein oder anderen Sauerländer heraus. Der Weihnachtsmarkt als Treffpunkt der Region – und das bei jedem Wetter! Nicht einmal die Berge, die die Stadt in dem Talkessel wie ein Kranz umschlossen, sah man heute.

Plötzlich lächelte er. Er erinnerte sich an einen Witz, den ihm ein Sänger aus dem Ensemble des Theaters vor Tagen am Stammtisch erzählt hatte: »Da singt der Alberich im zweiten Aufzug der *Götterdämmerung* zu seinem Sohn Hagen: *Schläfst du, Hagen, mein Sohn?* Und immer wenn die Stelle auf der Bühne kommt, dann singen wir hinter der Bühne ganz leise mit: *Schläfst du in Hagen, mein Sohn?*«

Heinz reichte seinem Freund eine Bratwurst und stellte ihm ein frisch gezapftes Pils hin. »Das geht aufs Haus. Als Weihnachtsgeschenk, sozusagen!«

Fünf Minuten später hatte Werner Albrecht die Wurst gegessen, das Bier getrunken und überpüft, ob seine Hose trocken war. Zufrieden und weihnachtlich gestimmt machte er sich auf den Weg zum Theater. Wie ein kleines Kind freute er sich schon auf den ersten großen Fortissimoeinsatz der Hörner im Orchester und auf die kommenden zwei Stunden des ersten Aktes der *Götterdämmerung*. »*Vom Niblung jüngst vernahm ich die Mär*«, summte er. Mein Gott, was für ein grandioses Werk!

Das Orchester spielte wunderbar. Werner Albrecht saß auf seinem Platz in der zehnten Reihe und genoss die Aufführung. Siegfried hatte für seinen Blutsbruder Gunther die starke Brünnhilde erobert, aber die hatte bei der Hochzeit den Betrug bemerkt und Rache geschworen. Und Hagen und Gunther die einzige Stelle verraten, an der Siegfried verwundbar war. Werner Albrecht beugte sich gespannt vor. Gleich kam die Ermordung Siegfrieds.

Der stand dem Publikum zugewandt im Vordergrund der Bühne und schaute nach oben, den Vögeln nach. Weiter hinten standen im Halbkreis die Mannen, dazwischen Hagen. Bei dem großen Fortissimo dann stach Hagen wütend seinen Speer von hinten zwischen Siegfrieds Schulterblätter.

Die Mannen stürzen entsetzt zu Hagen. *Was tust du? ... Was tatest du?*

Meineid rächt ich ..., singt Hagen und reißt seinen Speer wieder aus Siegfrieds Körper heraus. Siegfried bricht tödlich verwundet auf die Knie. So hatte es Richard Wagner in seiner Partitur geschrieben.

Werner Albrecht kannte jede Szene der *Götterdämmerung*

in- und auswendig und wartete gebannt darauf, dass Siegfried sich jetzt auf seine Arme stützte und im Sterben noch einmal seine geliebte Brünnhilde sah: ... *dieses Atems wonniges Wehen! Süßes Vergehen, seliges Grauen: Brünnhild bietet mir – Gruß!* Aber nichts dergleichen geschah.

Siegfried rappelte sich noch einmal hoch und dann sank er hin. Lag nur da. Regungslos. Kein Atmen, keine Bewegung.

Alle standen um Siegfried herum. Nachdem das Orchester verstummt und der Notvorhang gefallen war, hatte der Intendant die Veranstaltung mit ein paar kurzen Worten abgebrochen. Ein Arzt hatte den Tenor untersucht und dessen Tod festgestellt.

Dass Werner Albrecht jetzt mit den Polizisten und Kripobeamten, die nach und nach eingetroffen waren, auf der Bühne stand, verdankte er weniger seiner eigenen Initiative als vielmehr den beiden Kollegen von der Kriminalbereitschaft, die ihn unter den aus dem Theater herausströmenden Zuschauern erkannt und sofort dienstverpflichtet hatten: »Wir brauchen hier jetzt jeden Polizisten, den wir kriegen können!«

Fassungslos und zitternd stand der Sänger des Hagen da und stammelte immer nur dieselben Worte. »Ich habe doch nichts getan. Nichts getan ... Er ist mir doch in den Speer hineingerannt ... mit dem Rücken richtig hineingerannt. Es muss mit Absicht geschehen sein. Gerade in dem Moment, in dem ich zusteche«, erklärte er weiter mit zittriger Stimme, »natürlich bremse ich das immer kurz vor seinem Körper ab, gerade in dem Moment muss er sich mit dem Rücken kräftig in den Speer gestürzt haben.«

Hagens Speer war von hinten bis in das Herz Siegfrieds vorgedrungen und hatte ihn auf der Stelle getötet.

»Geben sie mir doch mal den Speer«, sagte Kommissar Albrecht.

Der Sänger des Hagen reichte ihm die Waffe. Albrecht hielt sie ins Licht. »Das ist ja eine richtige Stahlklinge.« Er strich mit seinem Daumen darüber. »Messerscharf. Wird so etwas denn nicht aus Pappmaschee gemacht? Ich meine, auf der Bühne wird doch alles nachgebildet? Oder?«

Er schaute in die Runde. Aus der Gruppe um den Oberspielleiter löste sich ein Assistent, ein junger Bursche mit brennendem Blick und daumennagelkurzen Haaren: »Ja, das ist schon richtig, aber wir wollten in dieser Inszenierung mehr Realismus erreichen, den Superrealismus, verstehen Sie? Wir wollten die Klinge wirklich blitzen sehen. In der richtigen Beleuchtung bekommt das Ganze dann eine ganz andere Qualität von Gefährlichkeit.«

»Verstehe«, sagte Kommissar Albrecht und schaute den Assistenten und auch den Oberspielleiter ironisch an. »Das haben Sie ja dann wirklich erreicht. Jetzt haben wir einen Toten.«

Ein anderer Polizist mischte sich ein: »Die Spurensicherung ist gleich fertig, Herr Kollege. Können wir das Opfer dann zur Gerichtsmedizin bringen lassen?«

Werner Albrecht nickte. Dann wandte er sich zum Sänger des Hagen. »Sie müssen uns in den nächsten Tagen zur Verfügung stehen und dürfen Hagen nicht verlassen. Zumindest nicht unabgemeldet.« Er gab ihm seine Visitenkarte.

Er blickte dem Sänger in die Augen. »Sie sind Viktor Bäumer, ist das richtig?«

»Ja, das ist richtig«, sagte der Sänger leise.

»Herr Bäumer, Sie sind zumindest verdächtig, an der Tötung beteiligt gewesen zu sein. Wie weit das Ganze Totschlag oder Mord war, werden wir noch herausbekommen. Wir rufen Sie an, wenn wir Sie brauchen.«

21. Dezember

Dass Kommissar Werner Albrecht auch am nächsten Tag mit dem Fall des toten Siegfried befasst war, verdankte er diesmal wirklich eigener Initiative – er hatte den Leiter der Kripo angerufen und darum gebeten, die Ermittlungen im Fall des toten Sängers Kraic leiten zu dürfen. Immerhin war er nicht nur quasi Zeuge der Tat geworden, sondern auch als ausgewiesener Opernliebhaber mit den besonderen Gegebenheiten am Hagener Theater und speziell der *Götterdämmerung* vertraut.

»Das Opfer ist der Sänger des Siegfried, der Herr Ivo Kraic«, fasste Albrechts Kollege bei der Vormittagsbesprechung zusammen. »Kroate. Verheiratet, zwei kleine Kinder, aber getrennt lebend. Seine finanzielle Situation war mehr als prekär. Also sozusagen pleite. Offenbar eine brotlose Kunst, das Singen.« Er lachte.

Tadelnd schaute Kommissar Albrecht ihn über seine Lesebrille von unten an. »Man macht keine blöden Witze auf Kosten eines Toten.«

»Kann es ein Selbstmord gewesen sein?«, wurde gefragt. »In der Rechtsmedizin hat man nicht viel mehr herausbekommen, als dass der Stich von hinten direkt ins Herz gegangen ist.«

»Das wäre ja wohl der eigenartigste Selbstmord, den ich mir vorstellen kann!«, sagte ein anderer.

»Aber vielleicht ist er auch nur ausgerutscht und nach hinten gefallen?«, spekulierte Werner Albrecht. »Unbeabsichtigt. Ein Unfall?«

»Dann würde zumindest die Lebensversicherung zahlen!«, bemerkte der Kollege, der Kraics Finanzen untersucht hatte. »Eine halbe Million, Begünstigte ist seine Frau. Die Prämien hat er immer pünktlich bezahlt, obwohl er sonst überall Schulden hatte.«

Weitere Aufklärung erwartete sich Werner Albrecht von der Frau des Opfers, Maria Kraic, die am Nachmittag zu ihm ins Büro kam. Kommissar Albrecht bot ihr einen Stuhl an, sprach sein Beileid aus, kam aber dann sofort zur Sache.

»Also, Frau Kraic, können Sie mir etwas über Ihren Mann erzählen? Was war er für ein Mensch?«

Die Frau sah betreten auf den Boden. Sie war blass und versuchte, sich zu konzentrieren. »Als wir uns kennenlernten«, begann sie zögerlich, »da war alles so voll Optimismus.

Er hatte eine wirklich schöne Stimme, sah gut aus und hatte schon Verbindungen zu den großen Opernhäusern.« Sie blickte den Kommissar verschüchtert an. »Er hatte Engagements, verdiente gutes Geld und wir malten uns eine tolle Zukunft aus. Aber dann kam der Moment, der viele Sänger in eine schlimme Situation gebracht hat. Sie gestatten doch, dass ich etwas aushole?«

»Reden sie sich nur alles von der Seele.«

»Nun, Ivo wurde älter, seine Stimme war nicht mehr so brillant wie früher. Und aus dem Osten kamen so viele neue, junge Sänger. Außerdem erhielten die Theater von der Politik immer weniger Geld und Ivo bekam fast kein Festengagement mehr, sondern wurde immer nur als Gast engagiert. Er saß also nur noch herum und unser Zusammenleben wurde mit jedem Tag unerträglicher. Natürlich litten auch die Kinder darunter. Eines Tages mussten wir sogar Hartz IV beantragen. Er bekam immer öfter richtige Wutanfälle. Er schrie und weinte und beschuldigte die ganze Welt. Ich nahm eine Putzstelle an und konnte die Kinder und mich so einigermaßen durchbringen.« Tränen rannen ihr jetzt über die Wangen.

»Mein Gott«, sagte sie schluchzend, »die Situation war einfach unerträglich.«

Der Kommissar suchte ein Papiertaschentuch aus seiner Tasche und reichte es ihr. »Aber jetzt hatte er doch die Partie des Siegfried am Hagener Theater? Das ist doch was.« Er sah sie fragend an.

»Ja, ein Glücksfall. Er hatte schon die letzten zwei Jahre versucht, ins Heldenfach hineinzukommen. Da gibt's ja nur wenige, die das können. Aber das, was er jetzt verdiente, konnte ihn natürlich nicht aus seinen Schulden herausreißen. Vielleicht, wenn er noch mehr Zeit gehabt hätte …«

22. Dezember

Für den nächsten Tag hatte Kommissar Albrecht einen Lokaltermin auf der Bühne des Hagener Theaters anberaumt. Der Intendant führte ihn im ersten Stock durch lange Gänge, an endlosen Kleiderständern mit wunderschön bestickten Kostümen in allen Farben vorbei. Erträumte Bühnenträume. Die Garderoben lagen genau gegenüber der Tür, die auf die Bühne führte.

Auf der Bühne standen schon alle Sänger bereit und warteten. Die *Mannen*, die von Chorsängern dargestellt wurden, Ludwig Bäumer, der Sänger des Hagen, und schließlich der Oberspielleiter, der bei der Rekonstruktion die Rolle von Ivo Kraic alias Siegfried spielen sollte. Albrecht blickte noch einmal über die ganze Bühne und nickte dann dem Oberspielleiter zu.

»Also, alle auf eure Plätze«, rief der Oberspielleiter übertrieben laut.

Die *Mannen* stellten sich auf der Hinterbühne auf. Als der Sänger des Hagen am Kommissar vorbeiging, gab er ihm zitternd die Hand. Er sah blass und übermüdet aus.

»Ich kann überhaupt nicht mehr schlafen. Warum hätte ich meinem Kollegen etwas Schlimmes antun sollen? Ich habe doch gar keinen Grund dazu.«

»Es wird sich schon alles finden«, lächelte Werner Albrecht.

»Wir schalten jetzt die Originalbeleuchtung der Szene ein«, erklärte der Oberspielleiter. »Beleuchtung!«, rief er, »Beleuchtung, macht doch mal die einundzwanzig«.

Albrecht verstand gar nichts.

»Das ist die Lichtnummer im Computer«, erklärte der Oberspielleiter. »Die Beleuchtung ist genau programmiert und man braucht nur auf den Knopf zu drücken.«

Langsam wurde es dunkler, die mystische *Götterdämmerungs*-Atmosphäre stellte sich ein. »So«, hörte Albrecht den Oberspielleiter rufen, »und jetzt bitte die Musik dazu.«

Im Orchestergraben setzte der Pianist mit dem Klavierauszug der Szene ein. Albrecht sah Hagen nicht, hörte aber, dass Viktor Bäumer tatsächlich versuchte, seine Sätze zu singen, wobei ihm fast die Stimme versagte. Dann trat er hinter Siegfried, hob den Speer und stieß zu. Zumindest ahnte Albrecht den Stoß, der dieses Mal aber mit einer Pappmascheerequisite geführt wurde. »Sicher ist sicher«, hatte der Intendant vorhin gesagt. »Ein Mal reicht!«

Albrecht überlegte. Die acht bis neun Meter hinter Hagen/Bäumer stehenden *Mannen* konnten sicherlich noch weniger erkennen als er. Keiner von ihnen würde mit Sicherheit sagen können, ob der Hagen mit Mordabsicht zugestochen hatte oder ob der Tenor sich ihm aus eigenem Antrieb mit aller Kraft in den Speer hineingeworfen hatte.

Natürlich fragte er trotzdem danach und alle schüttelten erwartungsgemäß den Kopf. Als das Licht wieder hochgefahren wurde, wandte sich Albrecht an Viktor Bäumer.

»Wie es mit dem Mordverdacht gegen Sie steht, muss der Staatsanwalt entscheiden. Auf jeden Fall scheint es aber Totschlag zu sein, da laufen die Ermittlungen gegen Sie weiter!« Er sah in die betroffenen Gesichter der Künstler und wollte schon gehen, als ihm noch etwas einfiel.

»Wenn Sie die *Götterdämmerung* das nächste Mal aufführen«, wandte er sich an den Oberspielleiter, »dann bitte mit dem Speer aus Pappmaschee! Denn Oper ist Oper, die Realität ist doch mörderisch genug.«

23. Dezember

Trotz intensiver Recherchen kamen Kommissar Albrecht und sein Team auch am nächsten Tag nicht voran. Weihnachten stand unmittelbar vor der Tür und die meisten seiner Kollegen hatten sich wohl schon darauf eingestellt, dass die Ermittlungen auch über die Feiertage andauern würden. Für die Familienmenschen unter ihnen war das ein großes Opfer, das Albrecht nicht hoch genug zu schätzen wusste.

Heute Morgen war er erneut in der Theater- und Kunstszene Hagens unterwegs gewesen, um Näheres über Kraic und seine Lebensverhältnisse zu erfahren. Aber überall hörte er nur Klagen über Kürzungen und Einsparungen im Kulturhaushalt, niemand kannte Kraic wirklich, da gab es höchstens Andeutungen über fremdenfeindliche Hintergründe der Tat. Kraic war schließlich Kroate gewesen, Bäumer war Deutscher. Und Bäumer sollte wohl politisch etwas weit rechts einzuordnen sein, hatten einige seiner Kollegen im Theater ausgesagt. War das nur Stammtischgerede oder steckte mehr dahinter?

Sein später Besuch im Kunstkarree mit *Emil-Schumacher-* und *Osthaus-Museum* hatte ihm auch nicht weitergeholfen. Selbst beim meditativen Betrachten einiger abstrakter Bilder war ihm jegliche Inspiration für den Fall verwehrt geblieben.

Jetzt stand er auf dem Elbersgelände vor der alten Backsteinkapelle direkt an der Volme. Einsam und etwas mythisch wirkte der Bau, der vor mehr als hundert Jahren einmal für die katholischen Arbeiter aus dem Osten errichtet worden war. In den letzten Jahren war es zu einem kleinen Theater umgebaut worden.

Er schellte und rüttelte an der Tür. Niemand da. Klar, einen Tag vor Heiligabend.

Von der Volmestraße, der B 54, trug der Wind den Lärm der Autofahrer herüber. Albrecht setzte sich auf eine Bank und schaute wie gebannt in die träge dahinfließende Volme. Warum bei Selbstmord eine so überzogene Inszenierung, warum während der Premiere? Was steckte dahinter? Hatte Kraic gar Bäumer …? Und falls es Selbstmord war, warum existierte kein Abschiedsbrief? Es musste doch … Theater – alles nur Theater? Sein Grübeln nutzte nichts, er fand den sprichwörtlichen roten Faden nicht.

»Was machst du denn hier, suchst du den Siegfriedmörder jetzt etwa bei uns auf dem Weihnachtsmarkt?« Unbewusst hatte Werner Albrecht den Weg ins Zentrum eingeschlagen und war vor der *Westfalen-Klause* seines Freundes Heinz gelandet. Wie alle anderen Geschäfte auf dem Weihnachtsmarkt hatte er schon fast alles ausgeräumt. Heute war der letzte Tag, morgen, am Heiligen Abend würde der Markt vormittags abgebaut werden. Heinz reichte ihm ein Bier.

»Wenn dir das im Dienst erlaubt ist!« Er beugte sich vor. »Weißt du eigentlich, dass der Bäumer und die Frau Kraic ein Pärchen sind?« Er machte eine eindeutige Geste.

Werner Albrecht seufzte. Nicht noch mehr Stammtisch.

Oder etwa nicht? »Und woher weißt du das?«

»Na ja, aus erster Quelle!«

»Und die heißt?«, fragte Werner Albrecht angesäuert.

»Na, die heißt Ivo Kraic!«, sagte Heinz. »Der Kraic hat es doch jedem hier auf dem Weihnachtsmarkt erzählt, wenn er sich hat volllaufen lassen. Ausgeheult hat er sich bei mir, und ich habe ihm des Öfteren einen spendiert, weil er keine Knete mehr hatte. Der war doch runter, ziemlich down, hatte nicht mal mehr Geld, seinen Kindern was zu Weihnachten zu schenken. Anfang Dezember hat er mich noch um mehr als hundert Euro angeschnorrt. Ich habe gedacht, dass er dafür die Geschenke besorgen will, aber was sagt er mir: Damit wollte er seine Versicherungsprämie bezahlen. Und dann kriegt er auch noch mit, dass seine Frau mit dem Bäumer rummacht. Der Mann war fertig.«

Als Maria Kraic das Büro betrat, wirkte sie verunsichert. Kein Wunder, denn Albrecht hatte sie von zwei Uniformierten daheim abholen und ins Präsidium bringen lassen. Jetzt ging der Kommissar direkt auf sie zu. »Warum haben Sie mir nicht gleich gesagt, dass Sie mit Viktor Bäumer ein Verhältnis haben?«

»Sie haben mich ja nur zu meinem Mann befragt«, sagte sie leise und umklammerte nervös ihre Handtasche. »Und ehe sie mich auch danach fragen: Ja, ich liebte meinen Mann immer noch. Trotz allem, was geschehen war. Ich war ja auch traurig und verzweifelt über die sinnlosen Jahre, in denen uns unser Glück aus der Hand geglitten ist. Da kommen einem die Tränen, wenn man daran zurückdenkt. Viel Schönes und viel Verlorenes. Geeignet für ein Melodram. Vielleicht könnte jemand *darüber* mal eine neue Oper schreiben.«

Der Kommissar ahnte, dass er nun behutsam vorgehen musste. »Ja, das verstehe ich schon«, sagte er. »Aber Sie haben auch ein Verhältnis mit dem Bäumer. Das wirft ein ganz neues Licht auf den Tod Ihres Mannes. Ist Ihnen das klar?«

»Lassen sie mich das erklären«, antwortete Maria Kraic, die jetzt doch etwas mutiger geworden war. »Ich war damals wirklich mit den Nerven am Ende. Die Putzarbeit war anstrengend und Geld fehlte immer. Dazu zwei kleine Kinder, da können Sie sich vorstellen, wie es mir ging. Dann lernte ich Viktor Bäumer auf einem Kantinenfest in der Oper kennen. Wir waren uns sympathisch und so trafen wir uns später wieder. Daraus wurde über die Zeit eine feste Beziehung. Er half mir auch finanziell, so weit er konnte. Er verbrachte viel freie Zeit bei mir, natürlich ausschließlich dann, wenn ich mit der Putzarbeit fertig war. Aber eins möchte ich hier auch ganz klar betonen: Ich habe nie ein böses Wort gegen meinen Mann von ihm gehört. Im Gegenteil. Er ...« Sie stockte.

»Ja, was wollten Sie sagen, Frau Kraic?«

»Es war ihm sogar fast peinlich, mit meinem Mann zusammen auf der Bühne zu stehen. Damals begannen gerade die Proben für die *Götterdämmerung* und sie hatten regelmäßig miteinander zu tun. Was da bei der Aufführung passiert ist – es kann nicht willentlich geschehen sein, das weiß ich genau. Viktor ist ein guter und gebildeter Mensch. Er hat sogar ab und zu meinen Mann etwas Geld gegeben. Da kann er doch so etwas Schreckliches nicht tun.«

»Damit wird sich jetzt der Staatsanwalt beschäftigen« antwortete Albrecht und beschloss, aufs Ganze zu gehen. »Den Herrn Bäumer allerdings werde ich jetzt gleich wegen Mordverdachts verhaften lassen. Es gibt Hunderte von Zeugen für das, was da auf der Bühne geschehen ist, und mit ihrem Geständnis, dass sie ein Verhältnis mit ihm hatten, haben Sie mir auch das Motiv für seine Tat geliefert.«

Maria Kraic schluckte. Ihre Hände zitterten. »Aber...«

»Ich denke, der Fall ist dann auch für das Gericht klar. Bäumer wird auf längere Zeit hinter schwedischen Gardinen verschwinden.«

»Nein!« Maria Kraic schrie es fast. »Nein, das geht nicht. Er ist ... er ist doch nicht schuld an Ivos Tod.«

»Ach nein?«, sagte der Kommissar hart.

»Nein, wirklich nicht.«

»Und woher wissen Sie das? Jetzt rücken Sie endlich den Abschiedsbrief heraus. Es hat doch einen gegeben. Ich weiß es!«

Unter Tränen nestelte sie ein Papier aus ihrer Handtasche und hielt es dem Kommissar hin. »Hier, lesen Sie, lesen Sie, was Ivo mir noch selbst geschrieben hat, ehe er sich ... in Hagens Speer stürzte. Er beschreibt sogar ganz genau den Orchesterforteschlag, bei dem es passieren sollte.«

24. Dezember

Kommissar Albrecht kam gerade noch rechtzeitig, um ein letztes Bier an der *Westfalen-Klause* zu trinken, ehe Heinz die Bude komplett abbaute. Überall auf dem Weihnachtsmarkt werkelten die Leute an ihren Ständen, demontierten, verluden, zählten ihre Einnahmen.

»Eine ganz große, sehr dramatische Geschichte!«, sagte der Kommissar und starrte in sein Bier. »Kraic wollte seiner Frau und den Kindern das Auskommen sichern, indem er ihnen seine Lebensversicherung zukommen ließ. Da die aber bei Selbstmord nicht zahlt, musste er es wie einen Mord aussehen lassen. Da kam ihm der Bäumer als Täter gerade recht – denn so konnte er zugleich auch noch seinen Nebenbuhler ausschalten. Ein geschickter Plan – Kraic ließ es so aussehen, als sei Bäumer sein Mörder. Eifersucht, Nebenbuhler, Untreue, Mord und Selbstmord – ein ganz großer Opernstoff mit Frau Kraic in der Hauptrolle. Als ich ihr sagte, dass wir den Bäumer für den Mord an ihrem Gatten büßen lassen würden, war sie hin und her gerissen – sie konnte ihn retten, indem sie mir den Brief mit Kraics Geständnis zeigte – aber damit verzichtete sie auf die halbe Million aus seiner Lebensversicherung. Oder sie entschied sich für das Geld und gegen Bäumer, der sie liebte ...«

Heinz nahm sich jetzt auch selbst ein Bier. »Wirklich tragisch!«, sagte er und trank.

»Im Grunde hast du mich auf die richtige Spur gebracht!«, sagte Albrecht.

»Ich?«

»Du hast erwähnt, dass der Kraic dich angepumpt hat, um seine Versicherungsprämie zu bezahlen. Das hat mich auf die Spur gebracht. Ich habe mich gefragt, warum ihm das so wichtig war – und nicht die Weihnachtsgeschenke für seine Kinder.«

»Wieso warst du so sicher, dass der Kraic diesen Abschiedsbrief hinterlassen hat, in dem er seiner Frau genau erzählt, wie er sich umbringen wird?«, fragte Heinz.

»Das war ein bisschen geblufft«, sagte Albrecht selbstkritisch. »Aber als dramatischer Effekt passte der Brief genau zu Kraics Wesen als Opernsänger. Er musste einfach seiner Frau im Tod noch einen ganz großen Gefühlsschock versetzen ... indem er sie vor das Dilemma stellt, das Geld zu nehmen oder ihren Liebhaber zu verraten.«

»Schau mal«, zeigte Heinz in Richtung Theaterplatz. Sie sahen den Oberspielleiter durch die Gänge des Weihnachtsmarktes heranirren.

»Ah, hier sind Sie ja!«, rief der Theatermann Kommissar Albrecht zu. »Man sagte mir, dass ich Sie hier finde. Der Bäumer ist ziemlich erleichtert, dass der Verdacht gegen ihn ausgeräumt ist. Bitter, was der Kraic da für eine Intrige gegen seinen Bühnenpartner in die Welt gesetzt hat.« Er wedelte mit einem Brief. »Natürlich, er hatte Existenzängste, das Geld war knapp, er hatte mich um eine Festanstellung angefleht, aber die konnte ich ihm wegen der prekären finanziellen Verhältnisse hier in Hagen wirklich nicht geben. Aber er hat einfach die Hoffnung zu früh aufgegeben.« Er wedelte wieder mit dem Brief. »Das kam gestern mit der Post.«

»Deutsche Oper Berlin!«, las Albrecht den Briefkopf.

»Sie haben dem Kraic einen Festvertrag angeboten. Er wäre mit einem Schlag alle seine Sorgen losgeworden. Ein grandioses Weihnachtgeschenk.«

Für die barbusigen vier Musen hatte er keinen Blick, als Albrecht auf seinem Nachhauseweg am Hauptbau des Theaters entlangging. Hagen war wie ausgestorben. Es war kalt geworden, der Himmel sternenklar. Die Volme führte kaum Wasser. In der Ferne hörte er ein Weihnachtslied, das zunehmend lauter wurde. Ein Autoradio? Der Wagen kam näher. Albrecht trat drei Schritte vom Zebrastreifen zurück. Sein Blick ging zum Himmel.

Fiel da etwa eine glühende Sternschnuppe herab und verbrannte die ganze Erde?

Wie hatte Heinz eben noch die neue Entwicklung im Fall Kraic kommentiert: Große Oper Hagen!

Silvester

An Silvester schaut man traditionell Dinner for One, *die Fernsehaufzeichnung eines Sketches aus dem Jahr 1963. »The same procedure as last year?«, fragt Butler James, der in einem übermenschlichen Re-Enactment sämtliche vier verstorbenen Freunde der neunzigjährigen Lady Sophie beim Geburtstagsdinner darstellen muss. Der Satz könnte auch programmatisch über* Silvesterpunsch *stehen, der Silvesterepisode 1973 aus der Serie* Ein Herz und eine Seele, *die langsam dem* Dinner for One *den Rang als Silvesterkultprogramm abläuft. Wenn ›Ekel Alfred‹ Heinz Schubert sich erst mal die Füße in der Schüssel der Silvesterbowle wäscht, ehe die Feier losgeht – das hat schon viel von der Komik, durch die in den letzten Jahren Rita Falks Krimis mit dem bayerischen Dorfpolizisten Franz Eberhofer zum Kult wurden. Deshalb wurde mit Rita Falk ein Experiment gewagt und Franz Eberhofer in Ekel Alfreds Heimat nach Gelsenkirchen eingeladen …*

Rita Falk

Ein Bayer in Gelsenkirchen – Wie der Eberhofer auf die Himmelshalde kam

Geschlagene zwei Stunden und vierzig Minuten bin ich mit der Susi jetzt schon beim Einkaufen. Genauer gesagt, beim Shoppen, wie sie es nennt. Ein Partykleid muss her, koste es was es wolle. Weil morgen Silvester ist und da muss man ja schließlich gut ausschauen, sagt die Susi. Dabei gehen wir sowieso bloß auf ein oder zwei Bier zum Wolfi rüber. Aber meine Susi, die will halt trotzdem gut ausschauen.

Wir sind nach Landshut gefahren, weil's bei uns daheim in Niederkaltenkirchen nur ein einziges Bekleidungsgeschäft gibt und die haben alles nur in XXL. Da passt die Susi freilich nicht rein. Drum eben Landshut.

Aber jetzt wird's mir wirklich langsam zu blöd, muss ich schon sagen. Weil, nachdem sich die Susi zuerst in aller Ausführlichkeit mit der rothaarigen Verkäuferin über die Problemzone Bauch unterhalten hat, reden sie anschließend und genauso ausführlich über die Problemzone Arsch. Ich kann's wirklich kaum glauben. Hocke in einem pinkfarbenen Designersessel und spiel mit meinem Telefon rum und irgendwie hoffe ich inständig, es möge läuten und mich aus diesem Delirium retten. Tatsächlich läutet es kurz darauf, aber es ist leider nicht meines, sondern das von der Susi. Das merke ich gleich am Klingelton. Kein AC/DC, sondern Shakira tönt uns entgegen.

»Andrea?«, sagt sie und klingt ein bisschen verwirrt. Ich muss überlegen und komme als erfahrener Polizist ziemlich rasch zu einem Ergebnis. Der Einzige, den ich diesem Namen zuordnen kann, ist der Exlover von meiner Susi. Jetzt beginnt sie, Italienisch zu sprechen, und bestätigt somit meinen Verdacht.

Wie sie endlich auflegt, ist sie ziemlich aufgewühlt.

»Ich muss sofort nach München, Franz«, sagt sie. »Der Andrea, der liegt in Schwabing im Krankenhaus. Er ist verletzt und braucht meine Hilfe.«

»Was ist denn so alles verletzt?«, frag ich und hoffe auf irgendwas echt Gefährliches.

»Er hat sich das Handgelenk gebrochen.«

»Das Handgelenk also. Da ist die Überlebensrate ja relativ hoch, Susi.«

»Das musst du verstehen, Franz«, sagt sie und hat ganz rote Wangen. Natürlich versteht das der Franz. Ich hol mein Telefon hervor.

»Was hast du jetzt vor?«, fragt die Susi, während ich in die Tasten klopfe.

»Ich ruf den Birkenberger Rudi an«, sag ich.

»Das ist nicht dein Ernst, oder?«

»Wenn du zu deinem Don Giovanni fährst, fahr ich zum Birkenberger. Nur dass das klar ist.«

»Wie du willst«, sagt sie, dreht sich ab, wirft ihre Mähne durch die Luft und verschwindet.

»Servus, Rudi«, sag ich, wie er endlich rangeht. Freilich freut er sich, meine Stimme zu hören, und fängt auch gleich an, aus seinem wahnsinnig aufregenden Leben als Privatdetektiv zu berichten.

»Ja, wo bist du denn grade?«, frag ich, wie er endlich fertig ist.

»In Gelsenkirchen. Aber warum fragst du?«

Ich erzähle ihm kurz von den Schandtaten meiner Susi und prompt überredet mich der Rudi, zu ihm nach Gelsenkirchen zu kommen. Da soll es absolut klasse sein, lauter voll nette Typen und Superweiber, und überhaupt mit Schalke und diesen hammermäßigen Currywürsten, die es da überall gibt. Und schon hat er mich irgendwie überredet.

Es ist noch stockmauernfinster, wie ich am nächsten Morgen losfahr. Aber das ist gut so, weil kein Verkehr, kein

Stau, einfach nur Guns N'Roses und rein ins Pedal und ab durch die Mitte. Fünf Stunden später bin ich auch schon in diesem Hotel, das mir der Rudi genannt hat. *Schloss Berge*, da schau einer an. Der Rudi weiß sich standesgemäß einzuquartieren.

»Eberhofer, endlich! Ich hab mir schon Sorgen gemacht«, tönt es durch den Empfang, da bin ich kaum zur Tür rein. Der Rudi kommt mir mit ausgestreckten Armen entgegen und er trägt einen dunkelblauen Anzug.

»Wie schaust du denn aus?«, frag ich zuerst mal.

»Wie ich aussehe? Wie ein Gentleman würde ich sagen. Ich hoffe, du hast noch andere Klamotten dabei als diese zerfetzte Jeans. Schließlich ist heute Silvester«, sagt er und grinst. Ich geh mich lieber erst mal einchecken und bring danach meine Reisetasche aufs Zimmer. Der Rudi steht im Türrahmen und wartet, bis ich vom Klo zurück bin.

»Was meinst du, Franz, sollen wir vielleicht zum Mittagessen zum *Schloss Horst* rüberfahren?«, will er schließlich wissen.

»*Schloss Berge, Schloss Horst*, noble Gegend hier, wie mir scheint«, sag ich und merke, dass meine Vorstellungen von Silvester dann vielleicht doch ein bisschen anders aussehen. »Du, Rudi«, sag ich deshalb. »Ich hab eigentlich mehr so gedacht, wir lassen hier die Sau raus, verstehst? Currywurst, Jeans und Bier bis zum Abwinken. Dass du jetzt hier den Spießer abgibst, hättest du mir vorher sagen müssen. Dann hätt ich natürlich meinen Frack eingepackt.«

»Du bist und bleibst ein Prolet, Eberhofer«, sagt der Rudi und schnauft dabei ganz theatralisch durch. »Na gut, dann gondeln wir erst mal ein bisschen durch die Gegend und hinterher essen wir eine hammermäßige Currywurst. Was meinst du?«

Da muss er mich gar nicht lang bitten, der Rudi, und Augenblicke später sind wir schon unterwegs. Ich persönlich war zuvor ja noch niemals im Ruhrpott und bin ziemlich überrascht, dass dort irgendwie alles aneinanderklebt. Also nicht so wie bei uns daheim, raus aus der Stadt, zwanzig Minuten Autobahn und rein in die nächste. Nein, hier ist es so: Wenn du in Dortmund stehst, kannst du problemlos nach Bochum spucken. Natürlich nur bildlich gesehen, aber egal.

Der Rudi ist ein prima Reiseleiter und zeigt mir sogar die berühmte *Veltins-Arena*. Ja, ganz nett. Wenn auch nicht mit der *Allianz Arena* zu vergleichen. Auf gar keinen Fall.

Irgendwann ist dann aber auch wieder gut mit Sightseeing, weil uns der Magen knurrt. Und so steuert der Rudi auch gleich zielorientiert auf Abhilfe.

Park-Grill steht auf dem winzigen Laden und schon wie ich aussteig, findet die Wurstgeruchswolke direkt den Weg in meinen Riechkolben.

»Der Pommes-Dieter macht die besten Currywürste der Welt, das wirst du gleich sehen«, sagt der Rudi. Leider kann ich nicht antworten, weil mir schon die Zunge am Gaumen klebt. Ich nicke.

»Mensch Rudi, was los? Heute schon fertig mit Maloche?«, dröhnt es hinterm Tresen vor und ich bin einigermaßen verwundert, dass der Birkenberger hier schon bekannt ist wie ein bunter Hund.

»Ja, fertig, Dieter. Seit gestern. Das hier ist übrigens mein Freund, der Franz.«

»Servus«, sag ich.

»Tach, Franz«, sagt der Dieter und wendet sich dann wieder dem Rudi zu. Und ich geh an einen der Tische, hock mich nieder und schau mich erst einmal um. Scheint eine Art Schalke-Mekka hier zu sein. Überall Fotos, Schals, Autogramme und lauter so Zeug. Auf einem Plakat an der Wand steht: *Lieber 4 Minuten Deutscher Meister als 1 Sekunde Bayern-Fan«* Ich leg mal meinen Schlüsselbund mit dem Bayern-Anhänger auf den Tisch. Nur, um die Fronten zu klären.

»Is was?«, fragt mich ein Fremder, vis-à-vis über sein Schaschlik gebeugt, und starrt auf den Schlüsselbund.

»Gerne, was würden Sie denn empfehlen«, frag ich zurück. Der Typ legt seine Gabel beiseite. Dann aber kommt auch schon der Dieter hinterm Tresen hervor.

»Lass mich mal raten, Franz«, sagt er und schaut mir ins Gesicht. »Ne Currywurst extra scharf mit Pommes rot-weiß und dazu ein lecker Bierchen vielleicht?«

Besser hätte ich das nicht hingekriegt.

»Exakt«, sag ich.

»Bayern-Fan? Ist nicht dein Ernst, oder?«, fragt mich das Schaschlik und ich könnte schwören, einen abfälligen Tonfall rauszuhören.

»Was dagegen?«

»Na, was willste dann hier, Mann? Fahr nach Hause und lutsch an deinen Weißwürsten.«

»Kümmer dich um dein Schaschlik und halt einfach dein Maul«, sag ich und zieh dabei mal meine Augenbraue hoch. Das hab ich vorm Spiegel geübt. Und es sieht echt gefährlich aus.

»Mensch, tolles Wetter heute«, sagt der Rudi in einer verkrampften Lockerheit und stellt sich jetzt so an den Tisch, dass Schaschlik und ich uns nicht mehr sehen können.

»Ich hab den Laden jetzt seit über dreißig Jahren und hier war noch nie ne Rauferei oder so was«, sagt der Pommes-Dieter, während er meine Currywurst durch den Häcksler jagt.

»Das kann sich jederzeit ändern«, sagt das Schaschlik.

»Jederzeit«, nicke ich und da schiebt mir der Pommes-Dieter auch schon mein Essen hin. Es schmeckt hammermäßig, wirklich. Vielleicht die beste Currywurst, die ich je gegessen habe. Nein, die vom Seppi aus Ismaning, die ist noch besser. Aber nur ein ganz kleines bisschen.

Auf einmal fliegt die Tür auf und eine Frau kommt herein. Sie schaut sich kurz um und steuert dann schnurstracks auf das Schaschlik zu.

»Sag mal, Jürgen, bist du bescheuert, oder was? Wo warst du heute Nacht?«, fährt sie ihn an. Ihr Tonfall ist, ja wie soll ich sagen, ziemlich gewöhnlich vielleicht. Überhaupt ist sie mehr so der Typ Frau, mit der man eine Nacht verbringt und hinterher kein schlechtes Gewissen hat, wenn man sich nicht noch mal meldet.

»Komm, zieh Leine, Gabi«, sagt Schaschlik-Jürgen irgendwie genervt. Da kann man jetzt schon fast wieder Verständnis dafür aufbringen, dass er ein so unfreundlicher Zeitgenosse ist. Wenn er so ein Weibsstück an der Backe hat. Nein, wirklich. Ich geb ihm ein Bier aus.

Ein paar Bierchen später sind wir dann schon fast so was wie richtige Freunde, der Jürgen und ich. Zuerst reden wir kurz über Weiber, widmen uns dann aber schnell den interessanteren Seiten des Lebens. Und zwar Fußball. Bayern und Schalke natürlich und irgendwann kommen wir auf den Assauer. Auf den Assauer und seine Demenz. Tragische Sache, wirklich. Den hab ich immer echt gut gefunden. Obwohl er beim falschen Verein war.

»Willst du noch ewig hier rumhängen?«, fragt der Rudi plötzlich in einer leicht beleidigten Tonart. »Mir ist schon richtig schlecht von diesem ganzen Fettgestank hier«, sagt er weiter und riecht am Ärmel seines blauen Anoraks, der perfekt zum Blau seines Anzugs passt. Ja, ein Jammer, wenn diese edle Blaukombination jetzt so tierisch nach Pommes stinkt. Der Jürgen sagt, mit sonnem noblen Fetzen sollte man auch nicht zum Pommes-Dieter gehen, sondern auf 'nem Samtsofa sitzen und Austern schlürfen. Jetzt ist er aber echt beleidigt, der Rudi. Um des lieben Friedens willen und weil er wahrscheinlich irgendwie nicht recht von uns lassen kann, schlägt der Jürgen schließlich vor, die Lokalität zu verlassen und auf 'nen Sprung bei der Silvesterfete im alten Vereinsheim von Schalke vorbeizuschauen. Schließlich ist das *die* Kultstätte von Blau-Weiß und als echter Fußballfan muss man die gesehen haben.

Also nix wie hin. Mit dem Jürgen und seiner Gabi sind wir zu viert und wir kriegen mit Ach und Krach noch 'nen Stehplatz am Tresen. Der Jürgen ist hier bekannt und stellt uns erst mal Lydia und Ronny, das Wirtspaar, vor. Ein Hund namens Ratte jagt mit einem Ball zwischen unseren Beinen rum. Unglaublich, hier spielen sogar die Hunde Fußball. Wir trinken ein Bier und eigentlich sind alle ganz nett, wenn man mal davon absieht, dass sie Schalke-Fans sind. Da der Rudi und ich aber schwer in der Unterzahl sind, halten wir uns lieber etwas zurück. Und als der Rudi hinterher einmal aufs Klo geht, sag ich lieber überhaupt nichts mehr. Ein paar Bierchen später aber bricht es plötzlich und unerwartet aus dem Rudi heraus.

»Das Beste an eurer blöden *Veltins-Arena* ist sowieso, dass der Oliver Kahn einmal mit dem Ball an den Videowürfel geschossen hat«, sagt er und ruiniert damit die entspannte Stimmung irgendwie total. Und so beschließen wir zwei, dann doch lieber den Rückzug einzuläuten, ehe es hier noch eskaliert. Draußen auf dem Bürgersteig atmen wir erst einmal tief durch.

»Prima«, sag ich mit Blick auf die Uhr. »In einer Stunde ist Mitternacht. Was machen wir jetzt?« Der Rudi schlüpft in seinen Anorak und schnuppert erneut ein bisschen angewidert am Ärmel. Ich verdreh die Augen.

»Gut«, sagt der Rudi und hört auf zu schnüffeln. »Wir fahren auf die Halde. Auf die Rheinelbe-Halde, zur Himmelsleiter da oben drauf. Da ist es eh viel besser. Um Mitternacht fahren da alle hin. Hammermäßige Aussicht, sag ich dir.«

»Na, wenn da alle hinfahren, warum nicht«, sag ich und so machen wir uns auf den Weg.

Nach zig Serpentinen durch einen dunklen Birkenwald erreichen wir schließlich die vielstufige Treppe, die on the top führt. Die Himmelsleiter macht ihrem Namen alle Ehre. Oben erwarten uns dicke Betonstücke, die wie eine Mayapyramide aufgestapelt sind. Irgendwie schön.

Es sind wirklich Menschenmengen auf der Halde und alle sind ausgelassen, fröhlich und besoffen. Da passen wir ausgezeichnet dazu. Dass kurze Zeit später ausgerechnet der Jürgen mitsamt seiner Tussi nun ebenfalls hier erscheint, ist zwar ärgerlich, aber nicht zu ändern. Weil es aber, wie gesagt, nur so wimmelt von Menschen, kann man sich auch ganz prima aus dem Weg gehen. Wie ich kurz darauf merke, kann sogar der Jürgen seiner Gabi ganz prima aus dem Weg gehen. Er macht sich nämlich urplötzlich mit einem ganz anderen Weibsbild aus dem Staub. Zustände sind das hier ja, wie bei Schweins hinterm Haus. Erst kurz vor Mitternacht kommt er wieder zurück und hat sein Hosentürl offen und 'ne Sektflasche in der Hand. Die schüttelt er ein paar Mal ganz kräftig und lässt schließlich den Korken knallen. Und du liebe Scheiße, die ganze Fontäne spritzt ausgerechnet auf den nagelneuen Anorak vom Rudi. Der kriegt auch gleich Zuckungen, das kann man gar nicht erzählen. Reißt sich das nasse Teil vom Leib, wirft es theatralisch auf den Boden und nimmt sich dann wutentbrannt den armen Jürgen vor. Und in null Komma nix ist hier die schönste Prügelei im Gange. Die beiden treten und schlagen und brüllen sich Morddrohungen zu und reißen sich sogar an den Haaren. Sofort ist eine Menschentraube um die beiden versammelt und feuert sie frenetisch an. Das hat schon was, dass wir darüber fast den Jahreswechsel verschwitzen. Erst als die ersten Raketen den Himmel zerschießen und rings um uns herum das Geböllere losgeht, löst sich der Pulk wieder auf und auch die zwei Streithähne lassen voneinander ab. Der Rudi hockt sich erst mal auf einen der Bierkästen und ringt nach Luft.

»Schön, gell?«, sag ich mit Blick in den Himmel.

»Geht so«, sagt der Rudi und fummelt an seinem Anzug herum. Ich lass ihn mal lieber und geh ein paar Schritte abseits, damit er sich beruhigen kann. Das Feuerwerk ist klasse, die Stimmung der Hammer und an Lautstärke kaum zu überbieten. Am Ende fallen sich wildfremde Menschen in die Arme und das eine oder andere Pärchen knutscht sich inbrünstig ab. Was wohl meine Susi jetzt grad macht? Ob sie dem blöden Italiener sein lädiertes Händchen hält? Aber was geht mich das an? Schließlich amüsiere ich mich hier mit dem Birkenberger großartig. Wirklich. Die Stimmung ist kaum noch zu toppen.

Nach dem ganzen Feuerwerkspektakel löst sich die Menschenmenge auf der Halde ziemlich schnell wieder auf und alle machen sich auf den Heimweg. Der Rudi Birkenberger hockt noch immer drüben auf seinem Bierkasten.

Ich geh zu ihm hin. »Jetzt hab dich doch nicht so«, sag ich und hau ihm auf die Schulter. »War doch alles halb so wild.«

»Der ganze Abend ist versaut«, sagt er in seinem typisch weibischen Tonfall. Schließlich aber steht er auf, geht ein paar Schritte und schnappt sich den Anorak vom Boden. Wir gehen gerade Richtung Auto und da seh ich den Schaschlik-Jürgen, der noch immer wie angenagelt in seiner alten Position dasitzt.

»Mensch, Jürgen, das war doch echt wie aufm Kindergeburtstag. Jetzt hab dich doch nicht so«, ruf ich ihm zu. Aber nix. Keinerlei Reaktion. Anscheinend ist der tatsächlich noch mädchenhafter als der Rudi.

Ich geh mal hin und leg den Arm um ihn. Dann schau ich ihn an. Sein Kopf hängt leicht vornüber und er hat die Augen offen.

»Du, Rudi«, ruf ich. »Wenn ich's nicht besser wüsste, dann tät ich meinen, der ist tot.«

»Wie tot?«

»Ja, tot halt. Tilt. Game over, quasi.«

»So ein Quatsch. Fühl mal den Puls.«

Und ich tu, wie mir geheißen.

»Nicht vorhanden«, sag ich.

»Red keinen Schmarrn. Ich hab den doch nicht umgebracht, verdammte Scheiße«, brüllt der Rudi jetzt.

Ich lege den Jürgen ganz langsam zu Boden und betrachte ihn genau. Er hat ein Einschussloch auf Höhe der Brust. Unglaublich.

»Er hat ein Einschussloch«, sag ich zum Rudi. Der kommt näher, um es mit eigenen Augen zu betrachten.

»Verdammt«, knurrt er dann und tastet in den Innentaschen seines Anoraks.

»Was ist los, Mann?«, frag ich.

»Meine Waffe, verdammt!«, schreit er.

»Du hast deine Waffe dabei? Auf einer privaten Silvesterfeier?«, frag ich und kann ein gewisses Entsetzen nicht ganz verbergen.

»Natürlich hab ich meine Waffe dabei. Die hab ich immer dabei. Als Privatdetektiv kann das Private ganz schnell ins Geschäftliche abdriften«, plärrt er mich an.

»Und was ist jetzt mit der Waffe? Ist sie weg, oder was?«

Der Rudi schüttelt den Kopf. »Nein, weg ist sie nicht. Aber sie ist auch nicht da, wo sie hingehört. Innentasche links unten, das ist ihr Platz. Jetzt ist sie Innentasche links oben, verstehst du? Da muss jemand dran gewesen sein.«

Scheiße! Ich muss nachdenken.

»Wer wusste davon? Ich meine, wer hat mitbekommen, dass du 'ne Waffe mit dir rumschleppst?«

Jetzt muss der Rudi nachdenken. Und er fängt an, auf und ab zu laufen.

»Was ist jetzt, Mensch?«, frag ich nach.

»Die Tussi von ihm, diese Gabi, die hab ich vorher auf dem Weg zum Klo getroffen.«

»Weiter!«

»Ja, keine Ahnung, da hat sie mir halt ein bisschen vorgejammert. Von ihrer Beziehung und so. Dass er ein echtes Schwein ist, dieser Jürgen. Dass er sie ständig bescheißt und ihr Geld durchbringt und wenn sie ihn verlassen will, dann schlägt er sie grün und blau. Lauter so Zeug halt.«

»Weiter!«

»Ja, Scheiße, Mann! Und da hab ich sie halt in den Arm genommen und ein bisschen getröstet. Und da hat sie mich dann eben gefragt, was da so Hartes in meiner Jacke ist«, fährt er fort, dieser Vollidiot.

Ich muss nachdenken. Tausend Gedanken schwirren durchs Hirn. Vom Alkohol mag ich gar nicht erst reden.

»Ich glaub mal, dass du ziemlich im Dreck steckst, Birkenberger. Der Typ ist aller Wahrscheinlichkeit nach mit deiner Waffe erschossen worden. Hunderte von Menschen haben zuvor euren Streit mitbekommen. Ziemlich miese Aussichten, mein Freund.«

»Und was sollen wir jetzt machen?«, fragt er kaum hörbar.

»Ich fürchte, wir müssen erst mal die Kollegen rufen«, sag ich.

Das Hosentürl vom Jürgen ist noch immer offen. Das ist würdelos, darum mach ich es zu. Danach schau ich noch nach seinem Ausweis. Schließlich will man ja wissen, wen man da als Toten so vor sich hat.

Wie schließlich die Kollegen aus Gelsenkirchen kommen, ist es genau so, wie wir befürchtet haben. Sie sind erst mal zu zweit, einer mit Brille, der andere mit Ohrring, und sie haben ihren Mörder schnell gefunden. Der Rudi und ich, wir waren ganz ehrlich und haben ihnen die Geschichte so erzählt, wie sie sich eben zugetragen hat. Und kurz darauf klicken auch schon die Handschellen und der Rudi wird auf die Rückbank des Streifenwagens verfrachtet. Anschließend rollt die Spurensicherung an. Und zuletzt ein älterer Herr auf einem Rennrad. Er fährt stehend und tritt wie wild in die Pedale, um den steilen Berg hochzukommen. Alle Achtung.

»Aha, dann sehen wir mal«, sagt er, nachdem er sein Rad abgestellt hat und in Richtung Leiche geht. Der Polizist mit dem Ohrring informiert den rüstigen Radler kurz über den aktuellen Tatbestand. Danach geht er zum Streifenwagen zurück und steigt ein. Als sie losfahren, wirft mir der Birkenberger die sehnlichsten Blicke zu, die ich Zeit meines Lebens erhalten habe. Dass sie mich nicht auch noch eingepackt haben, verdanke ich einzig und allein der Tatsache, selber Polizist zu sein. Und das ist in solchen Situationen durchaus von Vorteil. Ich muss die Sache regeln, sonst kann der Rudi die nächsten zehn Jahre wohl in Gelsenkirchen im Knast verbringen. Ich mach mich auf den Weg zum Wagen. Und ich überlege.

Wenn wir einmal davon ausgehen, dass der Jürgen mit dieser Gabi nicht nur Bett, sondern auch Tisch geteilt hat, müsste es ja wohl auch ihre Adresse sein, die auf seinem Ausweis stand.

Also mach ich mich erst auf den Weg zu Flöz Sonnenschein. So ein schöner Name für so einen hässlichen Anlass. Ich finde die Hausnummer sofort, steig aus dem Wagen und läute.

»Was willst du hier?«, fragt die Gabi ganz mürrisch durch den Türspalt hindurch.

»Ich muss mit dir reden«, sag ich.

»Ich wüsste nicht worüber«, sagt sie und ist im Begriff die Haustür zu schließen.

»Ich bin nur deinetwegen hier, Gabi. Ich persönlich hab überhaupt nichts davon, verstehst du? Wenn es dich also nicht interessiert …«, sag ich und tu so, als ob ich wieder zum Auto zurückwill.

»Meinetwegen, komm rein«, sagt sie und linst über meine Schulter hinweg den Flöz Sonnenschein runter. Ich betrete den winzigen Flur, von dem eine winzige Treppe nach oben führt, und irgendwie hab ich das Gefühl, hier kämen gleich die sieben Zwerge runter.

»Na, dann komm schon«, sagt sie und geht vor mir her in ein winziges Zimmer. Es ist wohl das Wohnzimmer, jedenfalls steht eine Couch drin. Auf die setz ich mich nieder, lehn mich breitbeinig zurück und schau Gabi an. Sie fuchtelt nervös an einer Zigarettenschachtel, kramt ein Feuerzeug hervor und beginnt zu rauchen. Ich schau sie immer noch an. Sagen tu ich nix. Gar nix.

»Also, was ist jetzt?«, fragt sie, nimmt einen hastigen Zug und drückt die Kippe aus.

»Der Jürgen liegt verletzt auf der Halde«, sag ich ganz langsam.

»Wie verletzt? Was meinst du damit? Und was hab ich damit zu tun?«, sagt sie und zündet eine neue Zigarette an.

»Der Alkohol, die Wut, die anderen Weiber. Wieder eine

Nacht lang nicht heimgekommen. Die Tussi auf der Halde. Da kommt wohl einiges zusammen, oder?«

»Du sprichst in Rätseln, Alter.«

»Wahrscheinlich wäre deine Rechnung sogar aufgegangen, Gabi. Ein Schuss aus der Waffe vom Rudi, noch dazu, wo der grade noch vor hundert Augen einen handfesten Streit mit dem armen Jürgen gehabt hat. Ein einziger tödlicher Schuss und der Kerl wär endlich Geschichte, gell? Aber leider, liebe Gabi, verwendet der Rudi eine spezielle Polizeimunition. Mannstopper heißt die im Jargon. Die dringen nicht so weit in den Körper ein«, sag ich und verschränke meine Arme.

Sie schaut mich kurz an, danach aber gleich wieder weg, und geht schließlich rüber zum Fenster. Sie schaut in die Nacht hinaus und zerrt am Vorhang umeinander.

»Ich schlag dir ein Geschäft vor, Gabi«, sag ich. Sie bleibt noch kurz unschlüssig stehen, wendet sich dann aber zu mir um und schaut mich auffordernd an.

»Sagen wir einmal, du hättest gewusst, dass der Rudi nur diese Mannstopper geladen hat. Dann wär das ja fast schon als Scherz durchgegangen. Du nimmst die Waffe, rein aus einer Silvesterlaune heraus, und drückst ab, so als wenn du eine Wasserpistole in der Hand halten würdest, kapiert? Der Jürgen kriegt kurz einen Schreck und 'nen Kratzer und sonst ist eigentlich gar nichts passiert.«

»Warum sagst du mir das alles?«

»Weil sie dich sonst wegen versuchtem Mord kriegen, Kleine«, sag ich und steh auf. »Die Nummer mit dem Birkenberger, die durchschauen die doch im Handumdrehen. Und dann bist du fällig. Drum rate ich dir, geh lieber gleich zur Polizei und erzähl ihnen, dass es ein Jux war. Ein Spaß und sonst nix.«

Sie starrt auf den Boden.

»Abgesehen davon«, red ich weiter, »dass der Jürgen, ist er erst mal aus dem Krankenhaus raus, wahrscheinlich böse ist mit dir. Richtig böse sogar. Und er kann sich sicherlich erinnern, wie du abgedrückt hast. Aber wenn du ihm sagst, dass du ihm nur einen Schreck einjagen wolltest, dann ist es vielleicht nicht gar so schlimm.«

Jetzt beginnt sie zu weinen.

»Aber wenn die mich fragen, warum ich erst jetzt komme?«, schluchzt sie.

»Dann sagst du einfach, du wolltest zuerst deinen Rausch ausschlafen«, sag ich und steh auf.

Sie starrt wieder auf den Boden.

»Lass dir das durch den Kopf gehen«, sag ich auf dem Weg in die Diele und hoffe inständig, dass sie mir diese Story abkauft. Und dass sie einfach ihren Arsch in Bewegung setzt und in die verdammte Polizeiinspektion fährt, um ein Geständnis abzulegen. Gut, fair war das jetzt nicht. Aber war sie vielleicht fair?

»Warte«, hör ich sie grad noch. Dann schnappt sie ihre Jacke und Tasche vom Haken und folgt mir zum Wagen hinaus.

Gut, besonders glücklich ist sie nicht, als sie auf der Polizeiinspektion nach ihrem ausführlichen Geständnis die reine Wahrheit erfährt. Die Wahrheit, dass ihr Jürgen nun doch übern Jordan ist. Doch richtig unglücklich sieht sie eigentlich auch nicht aus, die Gabi. Mehr erleichtert vielleicht. Aber das gibt es ja häufig. Nein, wirklich, so ein Mörder ist durchaus froh, wenn er seine Taten endlich zugeben kann. Der eine oder andere hat mich nach seinem Geständnis sogar schon umarmt. Das tut die Gabi nicht. Dafür umarmt mich der Birkenberger, wie ich ihn endlich abholen kann. Er umarmt mich so dermaßen, dass es eigentlich schon fast peinlich ist. Außerdem küsst er mich auf jede meiner Wangen. Einige Male sogar. Und er weint ziemlich laut. Anschließend holen wir noch unser Zeug aus *Schloss Berge* und machen uns dann sofort auf den Heimweg. Nichts wie weg von hier. Der Rudi ist froh, dass er nicht mit dem Zug zurück muss. Fahren kann er allerdings nicht, weil er so verheulte Augen hat. Also fahr ich selber. Und ich ruf die Susi an. Silvester war scheiße, sagt sie. So ganz alleine. Und ob wir vielleicht ein bisschen nachfeiern wollen. Nur wir beide. Sie und ich. Und ob wir das wollen!

Autorinnen & Autoren

Jürgen und **Marita Alberts,** geboren 1946 und 1946, leben in ehelicher und schriftstellerischer Gemeinschaft in Bremen. Jürgen Alberts veröffentlichte bisher mehr als drei Dutzend Bücher, darunter die zehnbändige ›Bremen-Polizei‹-Reihe. Er gilt als Mentor und Motor der deutschsprachigen Krimiszene und wurde dafür 2011 mit dem ›Ehrenglauser‹ der Autorengruppe ›Das Syndikat‹ ausgezeichnet. Marita Alberts ist ausgebildete Lehrerin und schrieb zuletzt gemeinsam mit ihrem Mann den Toskana-Roman *Die verliebten Zypressen* (2011) und den Odenwald-Krimi *Der Fremdenführer.*
www.juergen-alberts.de

Jürgen Banscherus, geboren 1949, war unter anderem Journalist, Mitarbeiter in der Forschung, Lehrer und Verlagslektor, ehe er freier Schriftsteller wurde. In den letzten fünfundzwanzig Jahren veröffentlichte er zahlreiche Kinder- und Jugendbücher, für die er unter anderem mit dem ›Literaturpreis Ruhrgebiet‹(1997), dem Berliner Kinderkrimipreis EMIL (2001) dem ›Hansjörg-Martin-Preis‹ (2006) und zuletzt dem ›Annette-von-Droste-Hülshoff-Preis‹ (2010) ausgezeichnet wurde. Seine bekannteste Figur ist der Kaugummi kauende und Milch trinkende Detektiv Kwiatkowski.
www.juergen-banscherus.de

Joe Bausch, geboren 1953 im Westerwald, arbeitet seit 1986 als Regierungsmedizinaldirektor in der Justizvollzugsanstalt Werl und wurde als Schauspieler durch seine Rolle als Rechtsmediziner im Kölner *Tatort* bekannt. Er sammelte seine ersten schauspielerischen Erfahrungen in den Achtzigerjahren neben seinem Medizinstudium in der freien Theaterszene des Ruhrgebiets. Er moderierte die WDR-Serie

Kriminalzeit und ist Co-Moderator bei *Die Ärzte – der Medizintalk im ZDF*. Über seine Erlebnisse als Anstaltsarzt schrieb er den Bestseller *Knast* (2012).

Rita Falk, geboren 1964 in Oberammergau, erfand den bayerischen Dorfpolizisten Franz Eberhofer aus Niederkaltenkirchen, als sie arbeitslos geworden war und eine Beschäftigung suchte. Die ersten drei Eberhofer-Abenteuer *Winterkartoffelknödel, Dampfnudelblues* und *Schweinskopf al dente* stürmten die Bestsellerlisten und ließen Eberhofers kauzig-grantelige Art zu erzählen zum Kult werden.
www.franz-eberhofer.de

Lucie Flebbe, geboren 1977 in Hameln, ist ausgebildete Physiotherapeutin. Sie las ihren ersten Krimi als Elfjährige – *Mord im Orient-Express* von Agatha Christie. Zwanzig Jahre später veröffentlichte sie selbst als ›Lucie Klassen‹ mit *Der 13. Brief* ihren ersten eigenen Kriminalroman, der als bestes Debüt des Jahres mit dem ›Friedrich-Glauser-Preis‹ ausgezeichnet wurde. Unter ihrem neuen Ehenamen Lucie Flebbe folgten 2010 *Hämatom,* 2011 *Fliege machen* und 2012 *77 Tage.*
www.lucieflebbe.de

Nina George, geboren 1973 in Bielefeld, arbeitet seit 1992 als freie Reporterin, sowie als Kolumnistin, etwa fünf Jahre für das Hamburger Abendblatt. Als ›Anne West‹ ist sie die erfolgreichste deutschsprachige Erotikautorin Deutschlands. George schreibt Krimis, Romane, Sachbücher, literarische Reiseführer, Erzählungen und Short Storys. Ihr Roman *Die Mondspielerin* wurde als bester Liebesroman des Jahres mit der DeLiA 2011 ausgezeichnet, ihre Story *Das Spiel ihres Lebens* erhielt 2012 den ›Friedrich-Glauser-Preis‹. Zuletzt erschien von ihr *Verliebt in Hamburg: Ein Stadtverführer* (2012).
www.ninageorge.de

Gunter Gerlach, geboren 1941 in Leipzig, wohnt in Hamburg mit dem Blick über die Dächer St. Paulis. Er ist Miterfinder des ›Hamburger Dogmas‹ und Veranstalter des wöchentlichen ›Literatur-Quickies‹. Er veröffentlichte bisher mehr als zwei Dutzend Romane und Krimis und erhielt dafür mehrere Literaturpreise, darunter 1995 den ›Deutschen Krimi Preis‹ für *Kortison* und 2003 und 2005 den ›Friedrich-Glauser-Preis‹ für Kurzgeschichten. Zuletzt erschien sein Krimi über einen Krimiautor: *Frauen von Brücken werfen* (2012).
www.gunter-gerlach.de

Peter Godazgar, geboren 1967, wuchs in Hückelhoven auf, studierte in Aachen Germanistik und Geschichte und besuchte unter anderem die Henri-Nannen-Journalistenschule in Hamburg. Jetzt ist er Redakteur der Mitteldeutschen Zeitung und lebt seine kriminellen Fantasien in den Abenteuern seines Krimihelden Markus Waldo aus, der bisher *Unter Schweinen, Unter freiem Himmel* und *Unter schrägen Vögeln* ermittelte. Als Ausgleich zu den vielen Toten hat er soeben seinen ersten Liebesroman vollendet.
www.peter-godazgar.de

Frank Göhre, geboren 1943 in der Tschechoslowakei, wuchs in Bochum auf und lebt seit fast vierzig Jahren in Hamburg. Er schrieb mit der Kiez-Trilogie *Der Schrei des Schmetterlings, Der Tod des Samurai* und *Der Tanz des Skorpions* deutsche Krimigeschichte, gab die Werke von Friedrich Glauser heraus, verfasste zahlreiche Drehbücher für Fernsehkrimis und für Sönke Wortmans Kinofilm *St. Pauli Nacht.* Zuletzt erschienen von ihm *Der Auserwählte* (2011) und die Reportagen und Storys *I and I* (2012).
www.frankgoehre.de

Erwin Grosche, geboren 1955 in Anröchte, lebt als Kabarettist, Schauspieler, Autor und Filmemacher in Paderborn. Neben seinen Kleinkunst- und Theaterauftritten schreibt er

Bücher und dreht Filme. 1999 erhielt er den ›Deutschen Kleinkunstpreis‹ und wurde im Jahr 2000 Kulturpreisträger der Stadt Paderborn. Dort spielen auch seine Kriminalromane *Der falsche Priester* und *Miss Paderborn* um den Privatdetektiv Friedrich Maikötter, der gern als Priester auftritt. Im März 2013 wird der dritte und letzte Teil der Maikötter-Reihe erscheinen.

wwww.erwingrosche.de

Thomas Hackenberg, geboren 1962 in Köln, ist Schauspieler, Moderator und Autor. Er gehörte zur ersten Mannschaft von WDR 1LIVE, dann zum Team der RTL-Verbrauchershow *Wie bitte?!* (1992 bis 1998) und fuhr schließlich von 2006 bis 2008 das *Quiz-Taxi.* Außerdem moderiert er für WDR5 *Gans und gar – alles rund ums Essen* und *Spielart* und natürlich die *Telefonische Mordsberatung,* eine in der ARD einzigartige Servicesendung zum Thema Krimi. Thomas Hackenberg moderiert Veranstaltungen beim *Mord am Hellweg* und schrieb mit *Pufferküsser* seinen ersten Krimi.

Kathrin Heinrichs wurde 1970 im sauerländischen Langenholthausen geboren, studierte Germanistik und Anglistik in Köln und lebt heute mit ihrer Familie in Menden. Bekannt wurde sie als Kabarettistin und mit ihren Sauerland-Krimis um Vincent Jakobs. Zuletzt erschien der achte Band *Salamitaktik.*

www.kathrin-heinrichs.de

Stefan Holtkötter, geboren 1973, wuchs auf einem Bauernhof im Münsterland auf. Er arbeitete als Sozialpädagoge und verließ dann Westfalen in Richtung Berlin. Seiner Heimat blieb er mit seinen Kommissar-Hambrock-Krimis verbunden: *Bauernjagd, Bullenball, Düstermühle* spielen im bäuerlichen Münsterland. Zuletzt erschien von ihm der Berlin-Krimi *Todesgarten* (2012)

www.stefan-holtkoetter.de

Norbert Horst, geboren 1956 in Bad Oeynhausen, ist seit 1974 Polizeibeamter. Er arbeitete unter anderem als Ermittler in Mord- und anderen Kommissionen und ist derzeit Kriminalhauptkommissar für Presse- und Öffentlichkeitsarbeit bei der Bielefelder Polizei. Für seine radikal subjektiv erzählten Konstantin-Kirchenberg-Romane *Leichensache, Todesmuster, Blutskizzen* und *Sterbezeit* erhielt er den ›Friedrich-Glauser-Preis‹ und den ›Deutschen Krimi Preis‹. Zuletzt erschien *Splitter im Auge* (2011), ein Polizeiroman mit Schauplatz Dortmund.
www.norbert-horst.de

Jürgen Kehrer, geboren 1956 in Essen, war Journalist und Herausgeber eines Stadtmagazins in Münster. In seinem Krimi-Debüt *Und die Toten läßt man ruhen* (1990) trat ein gewisser Georg Wilsberg auf, ehemaliger Anwalt, Antiquar und Hobbydetektiv in Münster. Damit begann eine der erfolgreichsten deutschen Krimiserien – zunächst in Romanform und später als ZDF-Krimi. Jürgen Kehrer schrieb neben anderen Romanen bisher achtzehn Wilsberg-Krimis und auch einige Drehbücher zur Wilsberg-Fernsehreihe, von der es inzwischen mehr als dreißig Folgen gibt.
www.juergen-kehrer.de

René Kollo, geboren 1937 in Berlin, entstammt einer Berliner Musikerdynastie und machte in den Sechzigerjahren zuerst einmal eine Karriere als Schlagersänger (›Hello, Mary Lou‹) ehe er als lyrischer Tenor besonders durch seine Partien in Wagner-Opern weltbekannt wurde. Seine dritte Karriere als Krimiautor startete er 2011 mit seinem Kriminalroman *Die Morde des kleinen Tannhäuser.*
www.rene-kollo.de

Ralf Kramp, geboren 1963, lebt in der Eifel. Seit 1996 erschienen elf Kriminalromane, vier schwarzhumorige Kurzkrimibände, drei Kinderkrimis und diverse andere Buchveröffentlichungen. Im Jahr 2002 erhielt er den Kulturpreis des

Kreises Euskirchen. Er führt mit seiner Frau Monika in Hillesheim das ›Kriminalhaus‹ mit dem ›Deutschen Krimi-Archiv‹ mit 26.000 Bänden, dem ›Café Sherlock‹ und der Buchhandlung ›Lesezeichen‹.

www.ralfkramp.de und www.kriminalhaus.de

Alexandra Kui, geboren 1973 in Buxtehude, arbeitete nach ihrem Soziologie- und Politikstudium und einem Volontariat bei einer Tageszeitung für verschiedene Zeitungen. 1998 erschien ihr erstes Buch, es folgten rund ein halbes Dutzend literarische Thriller und Jugendromane, die von der Kritik als ›unerhört subtil‹ und ›packend und sprachlich geschliffen‹ gelobt wurden. Zuletzt erschien von Alexandra Kui *Lügensommer* (2011).

www.alexandra-kui.de

Volker Kutscher, geboren 1962 in Lindlar, studierte Germanistik und Philosophie in Wuppertal und Köln und arbeitete als Lokalredakteur in Wipperfürth. 1995 erschien sein erster Kriminalroman, und 2007 begann er mit *Der nasse Fisch* seine hochgelobte Reihe von historischen Kriminalromanen um den aus Köln ins Berlin der Weimarer Zeit versetzten Kommissar Gereon Rath. Inzwischen sind in der auf acht Bände geplanten Reihe auch *Der stumme Tod* (2009), *Goldstein* (2010) und *Die Akte Vaterland* (2012) erschienen.

www.gereonrath.de

Sunil Mann, 1972 als Sohn indischer Einwanderer in der Schweiz geboren, wo er bei Pflegeeltern aufwuchs. Er ist Flugbegleiter bei einer großen Airline und hat längere Auszeiten in Spanien, Ägypten, Indien und Japan verbracht. Als Autor veröffentlichte er zahlreiche Kurzgeschichten und die Romane *Fangschuss, Lichterfest* und *Uferwechsel* mit den Abenteuern von Vijay Kumar, dem ersten und bislang einzigen Schweizer Privatdetektiv indischer Abstammung.

www.sunilmann.ch

Marie-Luise Marjan stammt aus Essen und wuchs bei Pflegeeltern in Hattingen auf, von denen sie später auch adoptiert wurde. Nach dem Abitur und einer Schauspielausbildung arbeitete sie an vielen großen Schauspielhäusern – in Basel, Karlsruhe, Bonn, Berlin und Bochum. Ihre Rolle als Mutter Beimer in der *Lindenstraße* spielt sie vom Beginn im Jahr 1985 an bis heute – in bisher mehr als 1.300 Episoden. 2010 gründete sie die ›Marie-Luise-Marjan-Stiftung‹, die weltweit Projekte zur Unterstützung bedürftiger Kinder fördert.

Edda Minck stammt aus Bochum und hat mehr als zwanzig Jahre für Film und Fernsehen gearbeitet. Heute ist sie als freiberufliche Autorin tätig. Erschienen sind bislang die Maggie-Abendroth-Krimis *totgepflegt* (2007), *abgemurkst* (2008), *umgenietet* (2009), *ausgeträllert* (2010) und *totgequatscht* (2012). Des Weiteren: *Idioten auf zwei Pfoten – Die Mops-Tagebücher* (2010) und *Suppenmord* (2012).
www.eddaminck.de

Peter Probst, geboren 1957 in München, studierte Germanistik, Theologie und italienische Literatur und arbeitet seit Beginn der Achtzigerjahre als Regisseur und Autor für das Fernsehen. Er schrieb mehr als neunzig Drehbücher, darunter auch Episoden für *Das Duo,* den *Tatort* und *Polizeiruf 110.* Gemeinsam mit seiner Ehefrau Amelie Fried schrieb er die Kinderkrimi-Reihe *Taco und Kaninchen* und als Alleinautor bisher drei Romane um den Privatermittler Anton Schwarz. Zuletzt erschien darin *Im Namen des Kreuzes.*
www.peterprobst.com

Raimon Weber, geboren 1961 in Unna, arbeitet als Medientrainer, leitet Schreibwerkstätten, ist Kolumnist und schreibt für den Rundfunk. Bis 2005 war er Autor der Jugendhörspielreihe *Point Whitmark* und der Serie *Gabriel Burns.* Seit 2010 schreibt er für die Serien *Darkside Park, Mindnapping*

und *Terminal 3.* Heute ist er als Regisseur, Produzent und Autor von Hörspielen tätig. 2003 startete er mit *Wir waren unsterblich* die Krimireihe *Ruhr.Tod.Roman.*
www.raimon-weber.de

Herausgeberinnen & Herausgeber

H. P. Karr, geboren 1955, lebt im Ruhrgebiet. Er veröffentlichte rund ein Dutzend Thriller, darunter – gemeinsam mit Walter Wehner – die *Gonzo*-Romane, von denen *Rattensommer* 1996 als bester Krimi des Jahres mit dem ›Friedrich-Glauser-Preis‹ ausgezeichnet wurde. Im Jahr 2000 erhielt das Autorenteam den ›Literaturpreis Ruhrgebiet‹. Er ist seit 2002 Mitherausgeber der Anthologien zum Festival *Mord am Hellweg*. Außerdem ist er Krimiexperte in der *Telefonischen Mordsberatung* auf WDR 5. Zuletzt erschien von ihm *Agentur LUX – Volles Risiko* (2012).

Herbert Knorr wurde 1952 in Gelsenkirchen geboren. Der promovierte Literaturwissenschaftler ist seit 1994 Leiter des Westfälischen Literaturbüros in Unna e.V. und dort zuständig für Autoren- und Literaturförderung für NRW. Unter anderem ist er Ideengeber und einer der Festivalleiter der Krimi-Biennale *Mord am Hellweg*, des größten internationalen Krimifestivals Europas; seit 2011 Intendant des Netzwerkprojektes ›literaturland westfalen‹. Neben zahlreichen Sachbüchern, Satiren, Kurzkrimis und Herausgeberschaften (u. a. für die *Mord-am-Hellweg*-Krimibände I bis VI bei Grafit) schrieb er unter dem Pseudonym Chris Marten zusammen mit Birgit Biehl die bei Lübbe veröffentlichten Thriller *Hydra* (2009) und *Todespfad* (2011).
www.herbert-knorr.de

Sigrun Krauß, geboren 1957 in Großburgwedel/Hannover, lebt seit 1990 in Unna. Studium der Anglistik, Amerikanistik und Romanistik an der Johannes-Gutenberg-Universität Mainz. Freie Lektorin für diverse Verlage und Leitung des ›Open Ohr Festivals Mainz‹. Seit Juli 1990 bei der Stadt Unna und als Bereichsleiterin Kultur verantwortlich für die Kultur und Kulturinstitutionen der Kreisstadt Unna. Initiatorin einer Vielzahl kultureller Projekte und unter anderem seit 2002 eine der beiden Festivalleiterinnen der Krimi-Biennale *Mord am Hellweg*, Europas größtem internationalem Krimifestival. Daneben ist sie Geschäftsführerin des Lichtkunstprojektes im öffentlichen Raum ›Hellweg-ein-Lichtweg‹, einem weiteren regionalen Projekt der Kulturregion Hellweg.

www.unna.de
www.hellweg-ein-lichtweg.de

Das Buch *Kalendarium des Todes* ist Teil des Projektes Mord am Hellweg VI, Europas größtem internationalem Krimifestival. Wir bedanken uns bei allen Förderern, Sponsoren und Medienpartnern des Festivals.

Förderer und Sponsoren

Ministerium für Familie, Kinder, Jugend, Kultur und Sport des Landes Nordrhein-Westfalen

Ministerium für Wirtschaft, Energie, Bauen, Wohnen und Verkehr des Landes Nordrhein-Westfalen

Einzelne Veranstaltungen oder Veranstaltungsreihen werden unterstützt von

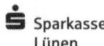

Festivalhotel

Medienpartner

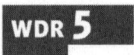

Hauptveranstalter

Westfälisches Literaturbüro in Unna e.V.